21 世纪高等学校物流管理与物流工程规划教材

物流成本分析与控制

（第 2 版修订本）

主　编　赵　钢　周凌云
副主编　罗建锋　林　敏

U0367911

清 华 大 学 出 版 社
北京交通大学出版社
·北京·

内容简介

本书从物流成本核算、物流成本分析、物流成本控制、物流成本预算和物流成本绩效等方面详细阐述物流成本分析与控制的内容，涵盖现代物流成本分析与控制的大部分环节，每个环节都力求细致，并充分与实际紧密结合。编写过程中力求体现系统性、适用性等特点。为了学生在学习中能对物流成本分析与控制理论深入理解和掌握，本书在每章中都附有若干案例分析，这些案例详尽细致，充分将理论和实际紧密结合起来。

本书可作为物流管理专业、物流工程专业、工业工程专业及会计学专业本科生的教材或教学参考书使用，也可作为物流从业人员的培训教材。

图书在版编目（CIP）数据

物流成本分析与控制/赵钢，周凌云主编. —2版. —北京：北京交通大学出版社：清华大学出版社，2014.6（2020.4重印）

（21世纪高等学校物流管理与物流工程规划教材）

ISBN 978-7-5121-1926-0

Ⅰ. ①物… Ⅱ. ①赵… ②周… Ⅲ. ①物流-成本管理-高等学校-教材 Ⅳ. ①F253.7

中国版本图书馆 CIP 数据核字（2014）第 111785 号

责任编辑：郭东青　　特邀编辑：张诗铭

出版发行：清华大学出版社　　邮编：100084　　电话：010-62776969
　　　　　北京交通大学出版社　　邮编：100044　　电话：010-51686414

印 刷 者：北京鑫海金澳胶印有限公司

经　　销：全国新华书店

开　　本：185×260　　印张：15　　字数：374千字

版　　次：2014年6月第2版　　2020年4月第1次修订　　2020年4月第4次印刷

书　　号：ISBN 978-7-5121-1926-0/F·1364

印　　数：4 501～5 500册　　定价：39.00元

本书如有质量问题，请向北京交通大学出版社质监组反映。对您的意见和批评，我们表示欢迎和感谢。

投诉电话：010-51686043，51686008；传真：010-62225406；E-mail：press@ bjtu. edu. cn。

第2版前言

《物流成本分析与控制》出版以来受到广大读者的好评。为更好地满足广大读者的需求并发挥物流管理与物流工程规划教材的作用，我们对全书内容进行了修订和补充。按照物流成本管理的发展和用户的反馈，第2版补充更新了部分内容并修改了一些不够准确的地方。第2版力求紧跟物流运作及其成本管理领域的新的理论发展及企业物流成本实际管理的新需求、新方法和新应用，并努力做到严谨、准确。

本书的内容主要包括物流成本核算基础、仓储成本、运输与配送成本、物流成本分析、物流作业成本分析、物流成本预算、物流成本控制、物流成本绩效评价等方面。本书第2版坚持原书的指导思想，面向培养物流管理与工程的应用型人才，力求体现适用性和前瞻性特点。

本书既可作为物流管理专业、物流工程专业、工业工程专业及会计学专业本科生的教材或教学参考书使用，也可作为物流从业人员的培训教材。

在本书的修订过程中，我们参阅了国内外同行、专家的许多学术成果及文献资料，得到了北京交通大学出版社和清华大学出版社的大力支持，在此表示衷心的感谢！

编者

2014 年 5 月

前　　言

随着现代物流业在我国的不断发展，社会及企业对物流成本的日益重视，降低物流成本已经成为物流管理中的一项非常重要的任务。从某种角度说，物流技术和物流管理的发展过程就是不断追求物流成本降低的过程。物流成本的研究不只是为了控制与降低物流成本，更重要的是通过成本研究来发现物流运作当中存在的问题和缺陷，改善物流系统，提高物流运作效能，实现物流系统的整体优化。

从事物流相关工作的人员和物流管理、物流工程专业的学生对物流成本分析与控制的基本理论的学习是其具备扎实、系统的物流专业知识的一个重要基础。本书以会计学、现代企业成本管理和物流学相结合，对物流成本分析与控制进行了比较全面的阐述。作者从以下几个方面展开了讨论和分析。

（1）对我国企业物流成本分析和控制的内容和方法进行探索。物流成本分析与控制是一项复杂的系统工程，涉及企业从生产到经营再到客户服务的全过程。本书试图从物流成本核算、物流成本分析、物流成本控制、物流成本预算和物流成本绩效等方面构建物流成本分析与控制的框架体系。

（2）物流成本分析与控制基于企业物流成本的会计核算，作者利用现代成本管理的方法并结合物流成本核算的特点来进行物流成本分析与阐述。物流成本控制是指在物流运作过程中，运用各种物流技术和管理方法，提高物流运作效能，降低物流成本。作者从物流目标成本控制、标准成本控制和物流日常成本控制等方面对物流成本控制展开阐述。

（3）科学的物流成本分析是有效的物流成本控制的前提。本书从物流成本性态分析、物流成本效益分析、物流成本量本利分析、物流作业成本分析等方面对物流成本分析进行阐述。

（4）本书对作业成本法在物流成本分析与控制中的运用进行了阐述与研究。本书将成本作业法引入企业物流成本分析与核算之中，有利于更准确、有效地对企业物流成本进行分析与控制，有利于加强物流运作管理，从而推进物流作业流程的优化。

（5）本书在物流成本分析与控制体系中引入物流成本预算的内容。对物流成本预算控制与预算分析及几种预算方法进行了阐述。

（6）在本书中参考了日本、美国等发达国家物流成本的分析与控制方法，并将这些理论与我国企业物流的实际情况结合起来，运用于我国物流成本的分析与控制中。

作者在本书的编写过程中力求体现系统性、适用性和前瞻性等特点，将现代的理论与方法与企业物流管理有机结合起来，在内容和方法上有一定的突破。本书与现有的教材相比，具有以下几个特色。

（1）在内容上涵盖现代物流成本分析与控制的大部分环节，每个环节都力求细致，并充分与实际紧密结合，编写过程中力求体现系统性、适用性等特点。

（2）本书中每章都附有若干案例分析，这些案例详尽细致，充分将理论和实际紧密结合起来，有利于学生对物流成本管理理论的深入理解和掌握。

（3）在本书中参考了物流发达国家物流成本的分析与控制方法，并将这些理论与我国企业物流的实际情况结合起来。本书将我国学者在企业成本理论领域的最新研究成果用于物流成本分析与控制理论的探索中。

（4）本书对作业成本法在物流成本核算及分析控制中的运用进行了详尽细致的阐述。

本书由赵钢、周凌云任主编，罗建锋、林敏任副主编。全书共分8章，赵钢编写第3章、第4章、第7章及其他各章的部分内容，并负责统稿。周凌云编写第5章、第6章和第8章的内容。罗建锋编写第1章和第2章，林敏编写了部分章节内容及部分案例。参加编写工作的还有张清、喻小贤、王刚、宁朋飞等。

在编写过程中，我们参阅了国内外同行、专家的许多学术成果以及文献资料，得到了北京交通大学出版社的大力支持，在此表示衷心的感谢！

由于作者水平有限，加之时间仓促，书中难免会出现一些纰漏和不足之处，敬请原谅。

编者
2011 年 1 月

目　　录

物流成本概论

本章要点

- 掌握物流成本的含义；
- 掌握物流成本构成与分类；
- 熟悉物流成本管理的主要内容；
- 理解物流成本相关学说。

开篇案例

随着不少企业对物流管理意识的进一步增强，"物流是第三利润源"、"物流成本冰山说"等观点越来越普及。有的企业甚至把物流看作是企业的主要盈利点。可见，物流在现代商业社会中对一个企业的重要作用。物流在商业运营中真有如此大的魅力吗？

成都金桥物流有限公司刘总经理为采访者算了一笔账，你在超市里花6元钱买一瓶2.25升的可口可乐时，你也许不太注意，这6元钱里包含了人工成本、原材料成本及物流成本，最后才是一瓶可口可乐的利润。其实，这瓶可口可乐的制造成本（也就是把人工和原材料的费用加在一起），只不过4元左右，利润不过几毛钱，而相比之下，物流的成本却超过了1元钱。一瓶可乐在仓储、运输上消耗的费用能够占到销售价格的20%～30%。

刘经理说，事实上，物流成本已经成为企业生产成本中不可忽视的一笔消耗。在市场竞争日益激烈的今天，原材料和劳动力价格利润空间日益狭小，劳动生产率的潜力空间也有限，加工制造领域的利润趋薄，靠降低原材料消耗、劳动力成本或大力提高制造环节的劳动生产率来获取更大的利润已较为困难。因而，商品生产和流通中的物流环节成为继劳动力、自然资源之后的"第三利润源"，而保证这一利润源实现的关键是降低物流成本。

思考题：阅读以上材料，请思考金桥物流公司为所服务的企业降低了哪些方面的成本，主要通过什么途径和方法？

1.1 物流成本的内涵

随着生产的日益社会化，物流作为一种广泛存在的经济活动，普遍存在于企业内部。从原材料采购开始，到加工成零件，再把零部件组装成产成品，最后产成品出厂投入消费领域，自始至终都离不开物流活动。

企业物流过程，是创造时间价值、使用价值的过程。保证企业物流活动有秩序、高效率、低耗用的进行，需要耗费一定的人力和物力、投入一定的劳动。在商品经济中，一方面，物流劳动同其他生产劳动一样，也创造价值，物流成本在一定程度上，即在社会需要的限度内会增加商品的价值，扩大生产耗费数量，成为一定种类及数量产品的社会必要劳动时间的一项内容，其总额必须在产品销售收入中得到补偿；另一方面，它不完全等同于其他生产劳动，它并不增加产品的使用价值，相反产品总量往往在物流过程中因损失、丢失而减少。同时，为进行物流活动，还要投入大量的人力、物力和财力。因此企业物流成本是"使商品变贵而不增加商品使用价值的费用"。科学地管理物流成本，成为现代企业提高经济效益的重要途径。

物流成本是指伴随企业的物流活动而发生的各种费用，是物流活动中耗费的物化劳动和活劳动的货币变现，是物品在实物运动过程中，如运输、仓储、装卸搬运、包装、流通加工、配送、物流信息处理等各个环节支出的人力、物力的总和。按国家标准《物流术语》（GB/T 18354—2006）将物流成本定义为：物流成本是物流活动中所消耗的物化劳动和活动的货币表现。

物流成本有广义和狭义之分。狭义的物流成本指由于物品位移引起的运输、包装、装卸等成本。广义的物流成本是指生产、流通、消费全过程的物品实体与价值变化而产生的全部费用。广义的物流成本包括狭义的物流成本和客户服务成本。具体包括了从生产企业内部原材料的采购、供应开始，经过生产制造中的半成品、产成品的仓储、搬运、装卸、包装、运输及在消费领域发生在验收、分类、仓储、保管、配送、废品回收等环节的所有成本。

1.2 物流成本管理的目的和内容

物流成本管理是以把握物流成本、分析物流成本为手段而进行的物流管理活动。从本质上讲，物流成本管理仍然是一个成本管理体系，但同时又兼有物流管理的特性。

1. 物流成本管理的目的

企业在进行物流成本管理时，首先要有明确的目的。一般情况下，物流成本管理出发点是：通过掌握物流成本现状，发现物流成本中存在的主要问题；对各个物流相关部门进行比较和评价；依据物流成本核算结果，制订物流计划，确定物流管理战略；通过物流成本管理发现、降低物流成本的环节。但降低物流成本的同时，要注意不能因降低物流成本而影响对客户的物流服务质量。总之，物流成本管理的目的就是在保证客户服务质量的前提下，强化总体物流管理，使物流系统总成本保持最低水平。

2. 物流成本管理的内容

物流成本管理的具体内容包括物流成本预测、物流成本决策、物流成本计划、物流成本控制、物流成本核算、物流成本分析等内容。

1）物流成本预测

在物流成本管理中许多环节都存在成本预测问题，如仓储环节的库存预测、流通环节的加工预测、运输环节的货物周转量预测等。

现代成本管理着眼于未来，它要求做好事前的成本预测工作，制定出目标成本，然后据此对成本加以控制，以促进目标成本的实现。物流成本预测是企业正确进行物流成本决策和编制物流成本计划的前提条件。合理的物流成本预测可以提高物流成本管理的科学性和预见性。

2）物流成本决策

物流成本决策是指为了实现目标物流成本，在现有已知资料的基础上，借助一定的手段、方法，进行计算和判断，比较各种可行方案在不同状态下的物流成本，或将预测的物流成本与收益进行比较，从中选定一个技术上先进、经济上合理的最佳方案的过程。

从物流整个过程来看，有配送中心新建、改扩建的决策，有搬运设备、设施的决策，有流通加工合理下料的决策等。进行物流成本决策、确定目标物流成本是编制物流成本计划的前提，也是实现物流成本事前控制、提高经济效益的重要途径。

3）物流成本计划

企业进行物流成本决策之后，就要根据企业经营目标编制物流成本计划。物流成本计划是以货币指标反映企业在计划期内物流活动情况的一项综合性计划。物流成本计划是根据成本决策所指定的方案、计划期的生产任务、降低成本的要求及有关资料，通过一定的程序，运用一定的方法，以货币形式规定计划期物流各环节耗费水平和成本水平，并提出保证成本计划顺利实现所采取的措施。物流成本计划是物流企业计划体系中的重要组成部分，是物流成本决策的具体化和数量化，同时也是企业组织物流成本管理工作的主要依据。

4）物流成本控制

物流成本控制是指在物流企业整个经营过程中，按照既定的目标，对构成物流成本的一切耗费进行严格的计算、调节和监督，及时揭示偏差，并采取有效措施纠正不利的差异，发展有利的差异，使物流成本控制在预定的目标范围之内。

从整个经营来看，物流成本控制包括物流成本的事前控制、事中控制和事后控制。

（1）物流成本事前控制是整个成本控制活动中最重要的环节，它直接影响到以后各作业流程成本的高低。事前成本控制活动主要有物流配送中心的建设控制，物流设施、设备的配备控制，物流作业过程的改进控制等。

（2）物流成本的事中控制是对物流作业过程中实际劳动耗费的控制，包括设备耗费的控制、人工耗费的控制、劳动工具耗费的控制和其他费用的控制等方面。

（3）物流成本的事后控制是通过定期对过去某个阶段物流成本控制的总结、反馈来控制物流成本。通过物流成本控制，可以及时发现存在的问题，采取纠正措施，保证成本目标的实现。

5）物流成本核算

物流成本核算是根据企业的成本核算对象，采用相应的成本核算方法，按规定的成本项目，将一系列的物流费用进行归集与分配，从而计算出各物流活动成本核算对象的实际成本和单位成本。通过物流成本核算，可以如实反映生产经营过程中的实际耗费；同时，它也是对各种活动费用实际支出的控制过程。

6) 物流成本分析

物流成本分析是在成本核算及其他有关资料的基础上，运用一定的方法，揭示物流成本水平的变动，进一步查明影响物流成本变动的各种因素。通过物流成本分析，可以提出积极的建议，采取合理的措施，合理地控制物流成本。

1.3 物流成本的构成与分类

物流成本从其所处的领域看，可分为流通企业物流成本和生产企业物流成本。领域不同，其物流成本的构成也不同。

1. 按物品流通的环节分类

物流成本流通环节可分为运输成本、仓储成本、流通加工成本、配送成本、包装成本和装卸成本。

1) 物流运输成本

物流运输成本在整个物流业务中占有较大比例。运输合理与否直接影响着物流运输费用的高低，进而影响物流成本的高低。物流运输成本主要包括以下内容。

(1) 人工费用。如工资、福利费、奖金和补贴等。

(2) 营运费用。如营运车辆的燃料费、折旧费、维修费、租赁费、过路过桥费、保险费、公路运输管理费等。

(3) 其他费用。如差旅费、事故损失、相关税金等。

2) 仓储成本

在许多企业中，仓储成本是物流总成本的一个重要组成部分，物流成本的高低常常取决于仓储管理成本的大小。而且，企业物流系统所保持的库存水平对于企业为客户提供的物流服务水平起着重要作用。仓储成本主要包括以下内容。

(1) 仓储持有成本。是指企业为保持适当的库存而发生的成本，仓储设备的折旧费、维修费、仓库职工工资、仓库挑选整理费、仓储商品的毁损和变质损失等。

(2) 缺货成本。是指由于库存供应中断而造成的损失，包括原材料供应中断造成的停工损失、产成品库存缺货造成的延迟发货损失和丧失销售机会损失等。

(3) 在途库存持有成本。如果企业以目的地交货价销售商品，就意味着企业要负责将商品运达客户，当客户收到订购的商品时，商品的所有权才转移。从理财的角度看，商品仍是销售方的库存。因为这种在途商品在交给客户之前仍然属于企业所有，运货方式及所需的时间是存储成本的一部分。在途库存持有成本一般包括库存的资金占用成本、保险、仓储风险成本等。

3) 装卸与搬运成本

装卸搬运成本主要包括以下内容。

(1) 人工费用。如装卸搬运人员的工资、福利费、奖金、补贴等。

(2) 营运费用。如用于装卸搬用的固定资产的折旧费、维修费、能源耗用费、材料费等。

(3) 装卸搬运合理损耗费用。如装卸搬运中发生的货物破损、散失、损耗等费用。

（4）其他费用。办公费、保险费、相关税金等。

4）流通加工成本

在商品从生产者向消费者流动的过程中，为了促进销售、维护商品质量、实现物流高效率所采用的使商品发生形状和性质变化的方式，这就是流通加工。比如，冷冻加工、分装加工、组装加工、剪板加工等。流通加工成本主要包括以下内容。

（1）流通加工设备费用。在流通加工过程中，由于流通加工设备的使用而发生的实体损耗和价值转移。

（2）流通加工材料费用。在流通加工过程中，投入到加工过程中的一些材料耗费的费用。

（3）流通加工劳务费。在流通加工过程中，支付给从事加工活动的工人及有关人员的工资、奖金等费用。

（4）流通加工其他费用。除上述费用外，在流通加工中耗用的电力、燃料及管理费用。

5）配送成本

一般的配送集装卸、包装、保管、运输于一身，特殊的配送还包括加工在内。根据配送流程及配送环节，配送成本主要包括以下内容。

（1）配送运输费用。主要包括配送运输过程中发生的车辆费用和营运间接费用。

（2）分拣费用。主要包括配送分拣过程中发生的分拣人工费用及分拣设备费用。

（3）配装费用。主要包括配装环节发生的材料费用、人工费用。

（4）流通加工费用。主要包括流通加工环节发生的设备使用费、折旧费、材料费及人工费用。

6）包装成本

包装是生产的终点和物流的起点，其所发生的费用占流通费用的 10% ～ 50%。因此，加工包装费用的管理与核算，可以降低物流成本，提高企业经济效益。包装成本主要包括以下内容。

（1）包装材料费用。常见的包装材料有多种，由于包装材料功能不同，成本差异较大。

（2）包装机械费用。主要包括设备折旧费、低值易耗品摊销、维修费等。

（3）包装技术费用。为了使包装的功能能够充分发挥其作用，达到最佳的包装效果，需要采用一定的包转技术，如实施缓冲包装、防潮包装、防伪包装等。这些技术的设计、设施所支出的费用就是包装技术费用。

（4）包装辅助费用。包括包装标记、标志的设计费用、印刷费用、辅助材料费用、赠品费用及相关的能源耗用费用等。

（5）包装的人工费用。指从事包装工作的工人与其他有关人员的工资、奖金和福利费等。

2. 按照支付形态分类

（1）材料费。因物料的消耗而发生的费用，由物资材料费、燃料费、消耗性工具及其他物料消耗等费用组成。

（2）维护费。是指土地、建筑物、机械设备、搬运工具、运载工具及其他工具器具备件等固定的使用、运转和维护修理所产生的费用，包括折旧费、维护修理费、租赁费、保险费、土地车船使用税、房产税等。

（3）委托物流费。是指向企业外支付的物流业务委托费用。包括企业外支付的运费、保管费、包装费、装卸费、出入库手续费等。

（4）人工费。因人力劳务的消耗而发生的费用。包括工资、奖金、福利费、劳动保护费、职工教育培训费、医药费和其他用于职工的费用。

（5）公益费。是指向公益事业所提供的公益服务支付的费用，包括水电费、煤气费、冬季取暖费和其他费用。

（6）一般经费。是指差旅费、交通费、会议费、书报资料费、文具费、零星购进费、物流事故处理费和其他杂费，还包括城市建设税、能源建设税及其他税款。

3. 按物流成本的性态分类

按物流成本的性态分类，可将物流成本分为变动成本和固定成本。

在企业的物流活动中，企业发生的资源耗费与物流业务量之间的关系可以分为两类。一是随物流业务量的变化而近似成比例变化的成本，如包装材料的耗用、工人工资、能源耗用等。二是在一定业务量范围内，与业务量的增减变化无关的成本，前者称为变动成本，后者称为固定成本。

在企业的物流活动中，还存在一些既不与物流业务量的变化成正比变化也非保持不变，而是随着物流业务量的增减变动而适当变动的成本，这种成本称为混合成本，例如，物流设备的日常维修费、辅助费用等。对于混合成本，可按一定方法将其分成变动和固定两部分，并分别划归到变动成本与固定成本。

4. 按物流成本是否具有可控性分类

按物流成本是否具有可控性，可将物流成本分为可控成本与不可控成本。可控成本是指考核对象能够控制的成本。例如，包装部门的经营管理水平与包装材料的耗用量相关，而与包装设备的折旧费无关，所以，包装材料费是包装部门的可控成本，而包装设备折旧费则是不可控成本。由于可控成本对各责任中心来说是可以控制的，因而必须对其负责。不可控成本是指考核对象对成本的发生不能予以控制，因而也不予负责的成本，例如上述的包装设备折旧费。

可控成本与不可控成本都是相对的，而不是绝对的。对于一个部门来说是可控的，对于另一个部门来说是不可控的。但从整个企业来考察，一切费用都是可控的，只是这种可控性需要分解落实到相应的责任部门。

除此以外，物流成本还存在其他一些分类方式。按物流活动范围可分为供应物流费、企业内物流费、销售物流费、退货物流费和废弃物物流费等。

1.4　物流成本相关理论学说

1. 物流冰山说

物流冰山理论是日本早稻田大学的西泽修教授提出的。西泽修在研究物流成本时发现，现行的财务会计制度和会计核算方法都不能掌握物流费用的实际情况，甚至存在很大的虚假性，他把这种状况称为"物流冰山"。其含义是说人们并没有完全掌握物流成本的总体内容，大家只看到露出海水上面的冰山一角，而潜藏在海水里的整个冰山却看不见，海水中的冰山

才是物流成本的主体部分。物流冰山图如图 1-1 所示

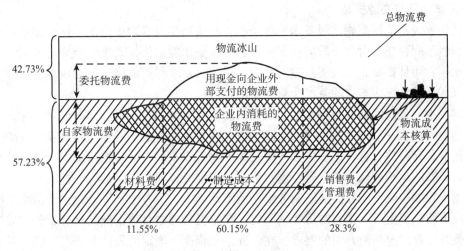

图 1-1　物流冰山图

　　根据以上的理论观点，企业没有把物流成本看作是企业系统运作生产的总费用来计算。一般情况下，在企业财务统计数据中，只能看到支付给外部运输和仓库企业的委托物流成本，而实际上，这些委托物流成本在整个物流成本中确实犹如冰山一角。因为物流基础设施的折旧费、企业利用自己的车辆运输、利用自己的库房保管货物、由自己的工人进行包装、装卸等自家物流成本都计入了原材料、生产成本、销售费用、管理费用和财务费用等科目中。一般来说，企业向外部支付的物流成本是很小的一部分，很大的一部分是企业内部发生的物流成本。从现代物流管理的需求来看，当前的会计科目设置使企业难以准确把握物流成本的全貌。

　　根据冰山理论，要把隐藏在水面下的物流成本全部核算出来是不可能的。传统的会计体系不仅不能提供足够的物流成本分摊数据，而且也没有这个必要。在企业物流管理中，不可能为了建立物流独立核算体系而破坏其他若干成熟的财务会计核算体系，实际上真正需要纳入管理的是有影响的数据。在现实工作中，仍然只应把"冰山浮出水面的一角"作为物流成本核算的对象。主要的核算范围是：运输成本、仓储成本、搬运装卸成本、包装成本、流通加工成本、配送成本、信息管理成本等。

**　　2. 物流"黑大陆"学说**

　　1962 年，美国著名管理学家彼得·德鲁克在《财富》杂志发表了题为《经济的黑色大陆》一文，强调应高度重视流通及流通过程中的物流管理，从而为全面的物流管理起到了一次强大的推动作用。

　　彼得·德鲁克之所以把流通过程中的物流活动看做是经济管理中的黑暗大陆，是因为在日常的财务和经营管理中，物流活动往往是最容易被忽视的领域。在财务会计中把企业的生产费用划分为生产成本、管理费用、营业费用、财务费用和营业外费用，再把营业费用按各种支付形态分类。这样，在损益表中所能看到的物流成本在整个销售额中只占很小的比重，这会造成企业经营者对物流活动的组织管理的不重视，从而使物流成为提高流通绩效的"黑大陆"。彼得·德鲁克是第一位将物流管理和组织提升到战略高度来看待和研究的学者，

也正是因为他的黑大陆学说的提出，使得全社会对物流活动的管理给予了应有的关注。

3. 二律背反与交替损益

降低物流成本，提高物流服务水平是企业在物流运作与管理中追求的两个根本目标。但是，这两者之间存在着对立矛盾的状态。从物流服务角度来讲，要求物流系统提供尽可能高的服务水平，而从提高企业经济效益的角度来讲，又要求尽可能降低物流成本。这样，高水平的服务和低的物流成本之间就产生对立矛盾。

在现实中，最高的物流服务水平和最低的物流成本二者是不可能同时成立，在高水平服务和低物流成本之间存在着一种"二律背反"的关系。高水平的服务要求有大量的库存、足够的运费和充分的仓容，这些势必产生较高的物流成本；而低的物流成本所要求的是少量的库存、低廉的运费和较少的仓容，这些势必会减少服务项目，降低服务标准。

在物流管理中既不能片面强调服务水平而不计成本、不考虑经济效益，也不能单独的追求降低成本而忽视生产和销售的需要。因此，在物流管理中必须正确处理好服务与成本这两者间的关系，合理兼顾两方面的要求。在保证达到企业所确定的最佳服务水平的前提下，以尽可能低的物流成本达到这一标准。

物流系统的构成要素之间及物流的各项活动之间是相互联系、相互制约的，其中一项活动的变化会影响到其他活动相应的变化。所谓交替损益，是指改变系统中的任何一个要素，都会影响其他要素，欲使系统中任何一个要素增益，都将对系统其他要素产生减损作用。

例如，为降低保管费而减少商品存储的数量，但由于存储数量减少，在市场规模不变的前提下，为了满足同样的需求，势必要频繁地进货或送货，增加运输次数，从而导致运输成本上升。这样，就在追求存储合理性时又牺牲了运输的合理性。

因此，虽然物流总成本是由各要素成本组成，但并非是简单的成正比或反比的关系，而是各项成本之间相互影响、相互作用的结果。如前例所述，如果运费的增加额低于存储费用的降低额，此时物流总成本下降，说明这项决策合理。反之，若运费增加额超过存储费用的降低额，物流总成本反而增加，这样，减少商品存储数量不仅没有意义，而且是不合理的。我们只有把所有相关的物流成本放在同一场所，用总成本这一统一尺度来计算，从综合经济效益上衡量比较总的损益、得失才能作出正确的决策。

物流成本与服务之间的二律背反关系，物流活动各要素成本间的交替损益的状态，都使人们无法以某一环节活动的优劣和某单项指标的高低去评价物流系统的合理性。而物流服务与成本之间的协调，物流各项活动之间的相互影响，最终将体现在物流总成本上。因此，物流总成本就成为评价物流综合效益和物流合理化的统一尺度。为了达到利用成本进行物流管理的目的，就必须建立科学、完整的物流成本核算体系，确定正确的物流成本核算方法，为物流管理提供可靠的依据。

4. 第三利润源学说

物流第三利润源学说是日本早稻田大学的西泽修教授于1970年提出的。第三利润源是相对于第一和第二利润源而言的。从社会经济发展阶段和经济环境的演变来看，历史上曾经有过两个大量提供利润的领域。在生产力相对落后、市场处于供不应求的发展阶段，作为生产型企业为了达到规模化生产目的，大力进行设备更新改造，通过规模经济的实现来降低生产成本，以此来创造企业更多的剩余价值，产生了所谓的第一利润源。

随着社会经济的发展，当产品极大丰富，市场格局转为供过于求时，商品的销售产生了极大的阻碍，这时依靠提高生产能力和扩大规模经济来实现的第一利润源达到了极限，很难再为企业的持续发展提供动力，这时企业逐渐将管理的重心放在了依靠科技进步，提高生产率，降低消耗，从而降低成本，增加利润，这就是所谓的第二利润源。

可是，随着社会经济的进一步发展，在今天越来越强调差异化、高增值服务的时代，前两个利润源可挖掘的空间越来越小，企业逐渐意识到物流领域是另一个利润来源，于是出现了"第三利润源"学说，即物流是当今企业增加竞争力、实现最大利润的重要来源。

这三个利润源着重开发生产力的三个不同的要素：第一个利润源挖掘对象是生产力中的劳动对象；第二个利润源挖掘对象是生产力中的劳动者；第三个利润源挖掘对象则是生产力中劳动工具的潜力，同事注重劳动对象与劳动者的潜力，所以更具全面性。

"第三利润源"学说主要基于以下几个方面。

（1）物流活动和其他独立的经济活动一样，它不仅是总体的成本构成因素，而且是单独盈利因素，物流可以成为利润中心。

（2）从物流服务角度来说，通过有效的物流服务，可以给受物流服务的生产企业创造更好的盈利机会，成为生产企业的"第三利润源"。

（3）通过有效的物流服务，可以优化社会经济系统和整个国民经济的运行，降低社会运行成本，提高国民经济总效益。

经济界的一般理解，是从物流可以创造微观经济效益来看待"第三利润源"的。

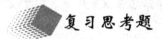 复习思考题

1. 什么是物流成本？
2. 请分别回答狭义物流成本和广义物流成本的含义。
3. 简述物流成本管理的内容。
4. 什么是物流成本控制？
5. 如果按物品流通环节分类，物流成本的构成是什么？
6. 如果按支付形态分类，物流成本的构成主要有哪些？
7. 如果按物流成本性态分类，物流成本的构成主要有哪些？
8. 二律背反与交替损益的含义是什么？
9. 简述物流冰山学说与物流"黑大陆"学说。
10. 第三利润源学说的主要观点是什么？

 案例分析

上海国际物流成本调查

采购、运输、资金筹措及结算物流成本居高不下，正在稀释上海劳动力成本低廉所附加的采购总成本优势。

上海外经贸委服务贸易处和毕博管理咨询公司，通过对上海市 20 家跨国贸易公司的访谈和对 150 家主要进出口企业的问卷调查发现，上海国际物流服务制约了跨国公司在上海的

投资和贸易进出口。

1. 物流支出高在时间成本

中国虽有劳动力成本低的优势，但采购、运输、资金筹措及结算成本却比美国高出40%。调研过程中，进入上海的跨国公司均表示，中国的物流成本明显高于国外的水平。

在计算上海物流费用占销售额的比例中，包括了物流周期引起的货物资金积压费用，上海的物流费用居高不下的一个重要原因是时间成本太高。由于物流费用过高，使在中国利用成本较低的劳动力资源进行生产的优势没有得到充分发挥。

另外，国内分销网络分散也不利于产品销售。物流服务费用高造成了 CIF 价格过高，影响了进出口贸易水平。

2. 更丰富、专业的物流服务无法满足

上海国际物流所能提供的服务相当有限，尚不能满足上海跨国公司更丰富、细致、专业的物流管理和服务。我们对在沪与物流相关的 20 家企业的调研结果发现，跨国公司对上海的货代、长/短途运输和散货运输等物流服务比较满意，但对退税、仓储、货物动态查询不大满意。同时我们还发现，门到门服务、货物动态查询和海关经纪是跨国公司认为非常需要的物流服务，而在这三方面都不尽如人意。

跨国公司希望得到货物去向、到货情况、费用及其他服务内容等信息，但往往无法实现。当前虽然有一些企业提供货物跟踪系统，但功能仍很不完善，实际使用中存在不少缺点，例如，信息实时性不高、信息定位不精确、信息获取不方便、信息管理不规范、由于货物经过不同部门而导致信息中断等。

调查还表明，上海缺少特殊的物流服务：有些跨国公司感到在上海较难获得某些特殊服务。如进口集装箱到货后的额外码头服务（化学制品的降温、加热要求）、危险品疏港、出口危险品/物拼箱服务等。

3. 物流供应商竞争力较弱

通过物流服务需求量和实用量统计，我们发现大部分货主所采用的物流服务超过一种以上，而且往往通过货代或者直接与承运公司联系以解决物流服务需求，而由专业第三方物流公司提供物流服务的较少。

虽然近几年上海第三方物流企业发展很快，但目前成规模的企业为数还很少，特别是这些物流公司不能提供覆盖全国的物流服务。许多外资企业投资中国后，苦于在中国本土找不到较规范的第三方物流企业，不得不把目光投向中国境外。

物流市场无序竞争削弱了企业良性发展，业内企业为了争抢业务盲目压低价格，一方面压缩了行业内的利润空间，另一方面降低了服务质量，损害了国内物流业的声誉，削弱了内资企业的国际竞争力。

信息技术应用水平不高也制约了物流企业的竞争实力。尽管被调研的很多物流服务企业已经建立起公司的互联网站，有的公司还建立了管理信息系统，但普遍没有被用于与供应链上的其他企业进行信息共享。供应链上的信息流并没有很好整合，信息严重不透明。

信息无法共享的另一个原因是上海的物流行业信息系统缺乏统一的接口。货代企业与货主的生产、采购部门之间，货代企业与承运企业、机场港口之间，货代企业与海关之间，其信息系统缺乏统一的接口，彼此间很难实现实时、无缝的信息共享。

另外，基础设施较薄弱，行业管理不规范，有些环节透明度不高也是主要原因。

4. 跨国公司盯紧物流成本

上海要发展成为国际物流枢纽中心，必须满足跨国公司高效低成本的物流服务要求。从服务范围看，上海必须具备完善的国内外原材料和成品进出口、中转、物流联运配送、内陆运输始发、出口航运和空运始发等功能；从服务水平看，上海在物流处理时间、准确、准时程度、信息透明度、手续简便度、服务全面性、灵活性、安全性及特殊服务等效能指标上，还需以香港、新加坡等城市为参照，提供更加高效的服务；从服务成本上，上海还有较大降低整体物流成本的空间。这些都给上海国际物流建设带来了挑战。

进出口物流成本是跨国公司是否选择上海作为进出口口岸的重要指标。目前，上海的劳动力成本优势使跨国公司的采购成本（制造成本）得到降低，但是采购同时产生的附加物流成本却在增加。若不能对物流成本进行有效控制，将会对总采购成本的减少产生制约作用，因此降低国际物流成本是我们的重要工作。

国际物流的整体成本包括许多环节的成本，降低该成本涉及物流基础设施、通关和第三方物流服务等方面的改进，而这些改进也是提高整体物流服务水平的主要措施。

● 在其他因素不变的情况下，预测单位物流成本每降低一个百分点，会给上海带来进出口额增加 50.39 亿美元。

● 在其他因素不变的情况，预测我国平均关税每降低一个百分点，会给上海口岸带来进出口额增加 23.18 亿美元。

● 进出口海运成本占进出口物流成本的九成以上，说明降低进出口海运成本将是今后降低国际物流费用、推动进出口贸易的重心；其次的影响因素为由进出口周期引起的在库货物资金积压成本，以及保险费用、内陆陆上运输成本和进出口空运成本等。

案例思考题： 影响上海国际物流成本的主要因素有哪些？

第2章

物流成本核算

本章要点

- 理解物流成本核算对象的基本构成要素；
- 掌握物流成本核算对象；
- 掌握物流成本归集与分配的含义；
- 理解物流成本核算的基本方法；
- 掌握 ΛBC 成本核算法基本含义；
- 理解隐性物流成本的核算。

 开篇案例

美国物流成本占 GDP 的比重在 20 世纪 90 年代保持在 11.4%～11.7% 范围内，而进入 20 世纪最后 10 年，这一比重有了显著下降，由 11% 以下降到 10% 左右，甚至达到 9.9%，在近几年，美国物流成本占 GDP 的比重还在进一步降低，但物流成本的绝对数量一直上升。美国的物流成本核算主要由三部分组成：一是库存费用；二是运输费用；三是管理费用。比较近二十多年来的变化可以看出，运输成本在 GDP 中比例大体保持不变，而库存费用比重降低是导致美国物流总成本比例下降的最主要的原因。这一比例由过去接近 5% 下降到不足 4%。由此可见，降低库存成本、加快周转速度是美国现代物流发展的突出成绩。也就是说利润的源泉更集中在降低库存、加速资金周转方面。

宏观上，美国物流成本核算包括三个部分，且各自有其测算的办法。第一部分库存费用，是指花费在保存货物上的费用，除了包括仓储、残损、人力费用及保险和税收费用外，还包括库存占压资金的利息。其中，利息是当年美国商业利率乘以全国商业库存总金额得到的。把库存占压的资金利息加入物流成本，这是现代物流与传统物流费用计算的最大区别，只有这样，降低物流成本和加速资金周转速度才能从根本利益上统一起来。

第二部分运输成本包括公路运输、其他运输方式与货主费用。公路运输包括城市内运送费用与区域间卡车运输费用。其他运输方式包括铁路运输费用、国际国内空运费用、货物代

理费用、油气管道运输费用。货主方面的费用包括运输部门运作及装卸费用。近十年来，美国的运输费用占国民生产总值的比重大体为 6%，一直保持着这一比例，说明运输费用与经济的增长是同步的。

第三部分物流管理费用，是按照美国的历史情况由专家确定一个固定比例，乘以库存费用和运输费用的总和得出的。美国的物流管理费用在物流总成本中比例大体在 4% 左右。

思考题：阅读以上材料，请思考美国的物流成本核算分为几部分？请从宏观上回答美国物流成本的核算方法。

2.1　物流成本核算的目的及对象

2.1.1　物流成本核算的目的

降低物流成本的前提就是核算物流成本。只有将物流成本现状揭示出来，才能充分挖掘物流成本节约的潜力这是有效进行物流成本管理、降低物流成本的基础。物流成本核算制度是企业按物流管理目标对物流耗费进行确认、计量和报告的制度。建立企业物流成本核算制度，计算企业物流成本，在企业物流管理中具有十分重要的意义。

1）为企业物流管理决策提供基础信息数据

掌握物流成本数据信息是实施企业物流管理的基本要求，更是物流成本管理的核心内容。物流成本在物流管理决策中起着重要作用。我国现行企业会计制度中，企业物流成本没有单独被纳入实际核算范围，物流成本的各个项目分散在企业成本核算的不同会计科目中，使得企业物流管理决策受到一定的局限。

例如，在评价运输外包还是自营两种方案时，如果没有考虑物流成本，容易出现决策失误，会造成巨大损失。再如在决策是否购置更先进的装卸设备、扩大仓库规模时，由于物流成本难以确定，使得决策的科学性受到影响。

显然，要使物流管理决策建立在切实科学的基础上，首先要掌握准确的各类物流成本信息，开展物流成本及效益的专门核算。通过物流成本的计算可以揭示物流成本的大小，比较本企业与社会企业或同行业的平均物流成本，便于对物流活动进行计划、控制和业绩评价。

2）为制定物流服务价格提供资料

众所周知，成本是制定价格的主要依据。为了考核企业物流工作业绩，企业物流部门对内对外提供物流服务时，也要求按一定的价格进行结算，这使得物流成本成为企业制定物流服务价格的重要依据。只有建立物流成本核算制度，进行物流成本核算，才能为发挥物流价格的杠杆作用提供准确依据。

3）及时发现物流管理活动中存在的问题，促进物流管理水平的提高

企业物流成本是全面反映企业物流活动的综合性价值指标。企业物流组合管理水平的高低，物流设备利用率的好坏，燃料、动力耗用量的大小、企业选址及厂区的规划布置是否合理等，都会在物流成本中反映出来。

通过企业物流成本核算，可以揭示物流成本的全貌，并为物流成本预算、制定标准物流成本提供资料；将实际物流成本与标准物流成本及物流成本预算进行比较，找出差异，并对

差异产生的原因进行分析，就可以发现造成成本超支、节约的各项技术、组织与管理方面的原因，据此采取相关措施，从而达到改善物流管理、降低成本、提高效益的目的。

4）为完善社会物流成本和行业物流成本管理提供准确的数据来源

企业物流是全社会物流系统的基本组成部分，各行各业企业物流基本决定了社会物流成本的水平。在各企业计算所得物流成本经过连续、系统、全面的统计后，将各企业的物流成本数据进行归集和统计，可以提高社会物流成本数据的可靠性，同时还可以采用一定的方法确定出行业平均物流成本，从而使行业内不同企业之间及企业与行业标准物流成本的比较成为可能，为完善社会物流成本和行业物流成本管理奠定基础。

2.1.2　物流成本核算对象

物流成本核算的过程，就是按照一定的成本核算对象分配、归集物流费用的过程。正确确定物流成本核算对象是进行物流成本核算的基础。成本核算对象的选取方法不同，得出的物流成本结果也就不同，从而也就导致了不同的成本评价对象与评价结果。

成本核算对象是指成本核算过程中为归集、分配各项费用而确定的、以一定时期和空间范围为条件而存在的成本核算实体，是归集、分配费用的对象，即费用的承担者。成本核算对象不是由人们主观随意规定的，不同的生产经营类型从客观上决定了不同的成本核算对象。企业可以根据自己生产经营的特点和管理要求的不同，选择不同的成本核算对象来归集、分配物流费用。

确定成本核算对象，是设置成本明细账、分配物流费用和核算物流成本的前提。成本核算对象一经确定就不能随意变更，所有的原始记录都必须按照确定的成本核算对象填写清楚，以便于归集和分配耗费。确定物流成本核算对象需要从物流成本核算对象的基本构成要素进行分析。

1. 物流成本核算对象的三个基本构成要素

1）物流成本核算期

成本核算期，是指汇集生产经营费用、计算生产经营成本的时间范围。物流活动是连续不断地进行的，难以对某一项物流经营活动确定经营期和单独计算成本，必须截取其中的一段时间作为汇集物流经营费用、计算物流成本的时间范围。这个时间范围就是物流成本核算期。一般以月份为计算期，也可以以季、年为计算期，对于一些特殊的物流活动也可以用经营周期作为成本核算期，应当视具体情况而定。

2）物流成本核算空间

成本核算空间是指成本费用发生并能组织企业成本核算的地点或区域。企业的物流成本核算空间的划分一般是指物流功能范围和物流活动范围，是物流成本核算的具体内容，即应取哪些成本费用项目来进行物流成本核算。根据物流成本分析与控制的需要，从物流活动范围的角度看，供应物流费、企业内物流费、销售物流费、回收物流费和废弃物物流费中的哪些应纳入物流成本核算范围；从物流功能范围的角度看，在运输、装卸搬运、仓储、包装、流通加工、配送等物流功能中，应选取哪些功能作为物流成本核算对象。

3）物流成本承担实体

成本承担实体是指其发生并应合理承担各项费用的特定经营成果的体现形式。物流成本的承担实体应根据具体情况，可以是某一类作业、某一客户、物流责任中心等，主要的承担实体是各种不同类型的物流活动或物流作业。

2. 物流成本核算对象

根据对物流成本核算对象三个基本构成要素的分析，物流成本核算对象有以下几种。

1）以按支付形态分类的成本作为物流成本核算对象

将企业的物流成本分为企业内物流费、委托物流费和外企业代垫物流费等项目计算。其中，企业内物流费包括按相应的分摊标准和方法计算的为组织物流活动而发生的材料费、人工费、燃料费、水电气费、办公费、维护费、利息费、折旧费等；委托物流费包括企业为组织物流向外企业支付的包装费、保管费、装卸费等；外企业代垫物流费包括在采购和销售过程中由外企业代垫的物流费用。

按支付形态分类核算企业物流成本是企业物流成本核算的基础。通过支付形态分类进行物流成本核算，可以为制定标准物流成本和编制物流成本预算提供资料，也可以为企业进行有关决策提供资料。例如，企业物流活动是否委托外单位进行，企业应该采用何种交货方式采购物料或销售产品。

2）以物流各功能作为物流成本核算对象

以包装、搬运、运输、存储等物流功能为对象进行成本核算。以各种物流功能作为对象核算物流成本可以看出各种功能所耗费的成本费用，这种核算方式有利于加强每个物流功能环节的管理，提高每个环节的作业水平。而且可以计算出标准成本（单位个数、重量、容器的成本），进行功能作业管理和设定合理化目标。当需要物流服务外包时也便于确定外包物流的招标底价。

将物流功能作为成本核算对象，可以核算得到的物流成本汇总信息如表 2-1 所示。因为按照支付形态进行成本分类是基本的分类方法，所以按照物流每项功能进行物流成本归集得到的物流成本信息表 2-1 中，仍然可以得到支付形态的各个成本项目的构成。

表 2-1　以物流各功能作为物流成本核算对象的物流成本汇总信息

成本项目 \ 功能		运输	存储	搬运	包装	流通加工	信息	物流管理	合计
企业内物流成本	人工费								
	材料费								
	水电费								
	人工费								
	……								
	其他								
小计									
委托物流费									
合计									

3）以物流范围作为物流成本核算对象

以物流范围作为物流成本核算对象，就是对企业连续的物流过程进行分段截取，把企业物流划分成供应物流、企业内物流、销售物流、回收物流和废弃物物流五个物流过程分别计算其物流成本。

通过物流范围进行物流成本核算，便于企业从流程上掌握物流成本在每一环节的数额和物流成本总额，并可依据这些数据计算出产品在整个物流过程和各个环节的单位产品平均的物流成本，与同业同类产品的标杆或行业平均物流成本水平进行分析比较；还有利于发现不同过程物流活动中所存在的问题，分清有关部门责任，并为不同物流活动的协调、控制提供依据。

4）以客户作为物流成本核算对象

以客户作为物流成本核算对象，主要用于物流企业的物流成本核算。物流企业的不同客户给企业带来的价值有一定的差别，以客户作为物流成本核算对象便于将客户进行分类管理，通过对每个客户物流成本分解计算，为物流服务收费水平的制定及有效的客户管理提供依据，为客户提供差别化服务。以客户作为物流成本核算对象对于物流企业加强客户服务管理、制定有竞争力且有营利性的收费价格是很有必要的。以客户作为物流成本核算对象可以得到物流成本汇总信息，如表2-2所示。

表2-2 以客户作为物流成本核算对象的物流成本汇总信息

成本项目	功能	A大客户	B大客户	……	K类中小客户	L类中小客户	……	其他客户	合计
企业内物流成本	人工费								
	材料费								
	水电费								
	人工费								
	……								
	其他								
小计									
委托物流费									
合计									

5）以部门作为物流成本核算对象

以企业各部门作为物流成本核算对象，便于明确企业各部门的物流成本责任、开展物流责任成本管理和对各部门进行绩效考核，对物流成本的控制很有效果。但在实际操作过程中，因为控制物流成本的指标分别落实到部门，各部门因强调自己单方面的利益而对企业物流系统化所要求的作业无缝衔接可能存在不利影响。

6）以产品作为物流成本核算对象

以产品作为物流成本核算对象，主要用于生产流通企业计算为组织该产品的生产、销售所耗费的物流成本开支情况。以某产品为对象计算物流成本可了解各类产品的物流成本情况，便于与不同企业同类产品的物流成本进行比较，分析其物流成本在总成本中的构成比例和产品盈亏状况。但由于生产企业要涉及在制产品与完工产品的成本分配问题，流通企业要考虑进货和出货差额的毛收入与商品周转率之积的交叉比率，因而在实际计算中，以产品为对象计算物流成本要复杂得多。

7) 以地区作为物流成本核算对象

以地区作为物流成本核算对象，就是按物料购入和产品销售地区不同进行核算。以地区作为物流成本核算对象的物流成本汇总信息，如表 2 - 3 所示。

表 2 - 3 　以地区为物流成本核算对象的物流成本汇总信息

地区 \ 功能 \ 费用		运输费	保管费	装卸费	包装费	流通加工费	合计
甲地区	直接费用						
	间接费用						
	小 计						
乙地区	直接费用						
	间接费用						
	小 计						
丙地区	直接费用						
	间接费用						
	小 计						
合 计	直接费用						
	间接费用						
	小 计						

2.2　物流成本的归集与分配

物流成本的归集是对企业生产经营活动中发生的各种物流费用按照一定的成本对象所进行的成本数据的收集或汇总；物流成本分配是在多个成本核算的情况下，为求得各成本核算的费用，在按照费用发生的地点和用途或其他对象归集后，按一定的分配标准将成本划分后计入成本对象。物流成本的归集和分配是物流成本核算的主要工作。首先是成本归集，然后是成本分配，两者是密切联系、交错进行的。

2.2.1　物流成本归集

物流成本的归集，是指对企业经营过程中所发生的各种物流费用按一定的对象，如产品种类、作业、各个车间或部门所进行的成本数据的收集和汇总。收集某类成本的聚集环节，称为成本归集点。

正确的成本归集是保证成本核算的质量的关键。要做到成本归集的正确，一是费用划分要正确，如果费用划分错误，应由甲对象负担的费用，误归入乙对象的成本，则成本核算就不可能正确；二是要按一定的程序进行，如果汇总程序搞乱了，就会发生费用漏记或重复登记的情况，影响成本核算的正确性。

对于直接材料、直接人工，应按成本核算对象，如物流服务的品种、批别、步骤进行归集；而对于间接费用，则应按发生地点或用途进行归集，然后计入各成本对象的成本。

物流成本如何归集与计算，取决于对所评价与考核的成本核算对象的选定。物流成本核算对象的选取，主要取决于物流范围、物流功能范围、物流成本范围和物流成本控制等。物流成本核算对象的选取，不仅影响成本核算方法的选择，而且会直接影响物流成本的计算结果。

2.2.2　物流成本分配

物流成本分配是在有多个物流成本核算对象的情况下，为求得各成本核算对象的成本，对不能直接计入成本核算对象的费用，在按照费用发生的地点和用途归集后，按一定分配标准所进行的分配。

成本的分配，是指将归集的间接成本分配给成本对象的过程，也叫间接成本的分摊或分派。物流成本分配包括物流成本位置分配和物流成本承担者分配。

物流成本位置核算要解决的问题是：在某一核算期内，各个成本位置发生哪些成本，各是多少？成本位置核算是在成本归集的基础上完成的。通过成本位置核算，还可以将不能直接计入最终产品的成本分摊到最终产品上去。

物流成本承担者核算要解决的问题是：在某一核算期内，企业发生了哪些成本，为谁发生的，各是多少？成本承担者具有双重任务，一是要对每个效益单位的成本进行评价，二是对核算期内总生产成本进行评价。前者称为单位产品成本核算，后者称为企业经济效益核算。

成本分配要使用某种参数作为成本分配的基础。成本分配基础是指能联系成本对象和成本的参数。可供选择的成本分配基础有许多：机器台时、人工工时、占用面积、直接人工工资、订货次数、品种数、直接材料成本、直接材料数量等。

2.3　物流成本核算基本方法

从物流成本的核算过程来看，物流成本的核算实际上就是物流成本的归集与分配的过程。在成本的归集与分配中，直接物流费用（如材料、直接人工费等）可以采取一定的计算方法和步骤获得，直接计入成本对象而得出结果。关键的问题是涉及多个成本对象的间接物流费用（直接物流费用与间接物流费用的显著区别在于能否直接计入物流成本对象）如何分离、归集和分配，对于这些成本基础数据的处理必须遵循一定的原则和方法。

2.3.1　会计方式的物流成本核算方法

所谓会计核算方法，就是通过凭证、账户、报表对物流耗费予以连续、系统、全面的记录、计算和报告的方法。具体包括两种模式。

1. 单独建立物流成本核算体系模式

这种模式把物流成本核算与财务会计核算体系截然分开，单独建立物流成本的凭证、账户和报表体系。物流成本的核算体系与正常的会计核算体系同步进行，物流成本的内容在两个体系内都同时得到反映，即所谓的双轨制。具体做法是，对于每项物流业务，均由车间成本员或者基层核算员根据原始凭证编制物流成本记账凭证一式两份，一份连同原始凭证转交财务科，另一份留基层成本员据以登记成本账户。

这种模式提供的成本信息比较系统、全面、连续，且两套计算体系分别按不同要求进行，向不同的信息要求者提供各自需要的信息，对现行成本核算的干扰不大。但是这种计算模式的工作量较大，在财会人员数量不多，素质有限的情况下容易引起核算人员的不满。另外，基层核算员财务核算知识的缺乏，也会影响物流成本核算的准确性。

　　2. 结合财务会计体系的物流成本核算模式

　　这种模式就是所谓的单轨制，即物流成本的核算与企业现行的其他成本核算如产品成本核算、责任成本核算、变动成本核算等结合进行，建立一套能提供多种成本信息的共同的凭证、账户、报表核算体系。在原核算体系中增加"物流成本"科目，将与物流成本无关的费用计入会计核算中其他有关的成本费用科目，而将发生的属于物流成本的费用记入"物流成本"科目，在会计期末，再将各个物流成本账户归集的物流成本余额按一定标准分摊到相关成本费用账户上。

　　运用这种模式进行物流成本核算时，提供的成本信息比较全面、系统、连续、准确，且由于在企业已有的会计科目基础上增设明细科目，可以避免增加会计额外工作量。但是这种方法比较复杂，或者需要重新设计新的凭证、账户、报表核算体系，或者需要对现有体系进行较大的甚至是彻底的调整。

2.3.2　统计方式的物流成本核算方法

　　统计方式物流成本核算方法不要求设置完整的凭证、账户和报表体系，而是在不影响当前财务会计核算体系的基础上，通过对有关物流业务的原始凭证和单据进行再次的归类整理，对企业现行成本核算资料的剖析，从中分离出物流成本的部分，然后再按物流管理的要求对上述费用按不同的物流成本核算对象进行重新归类、分配和汇总，加工成物流管理所需的成本。

　　由于统计方法不需要对物流成本做全面的、系统的和连续的反映，运用时较简单方便，可随时根据需要采用。但在期末要一次性地进行物流成本归类统计，所存在的不确定因素较多，由于日常处理一次性费用归属时未明确物流成本的归类划分，其计算结果的精确性及计算规则的连续性和稳定性受到制约，如果在日常会计处理过程中没有做相应的基础工作，按不同物流成本核算对象进行成本归集时，有时也无法确定某项成本的具体归属。该方法一次性工作量大，同时也影响物流信息的及时性。

　　统计方式的物流成本核算方法具体做法如下。

　　（1）通过对材料采购、管理费用账户的分析，分离出供应物流成本部分，如材料采购账户中的外地运输费、管理费用账户中的材料市内运杂费、原材料仓库的折旧修理费、保管人员的工资等，并按照功能类别或者支付形态类别进行统计核算。

　　（2）从生产成本、制造费用、辅助生产、管理费用等账户中分离出生产物流成本，然后按功能类别、形态类编进行分类核算。例如，折旧修理费用按物流固定资产占用资金比例确定，人工费用按物流人员的人数比例或物流活动工时比例确定。

　　（3）从销售费用中分离出销售物流成本部分，包括销售过程发生的运输、包装、装卸、保管、流通加工等费用，委托物流费按直接发生额核算。

　　（4）企业对外支付的物流成本部分。根据企业实际订货情况确定每次订货的装卸费、运输费、专门为此次订货支付的包装费等，以及企业外购货物时可能产生的仓储费。

（5）物流利息的确定，可以按照企业物流作业占用资金总额乘以同期银行存款利率上浮一定的百分比或者企业内部收益率来计算，其实质就是计算物流活动占用资金的机会成本。

（6）从管理费用中分离出专门从事物流管理人员的耗费，同时推估企业管理人员用于物流管理的时间占其全部工作时间的比率。

（7）从管理费用中分离出退货物流成本。由于客户退货成本及相应物流成本都计入管理费用，也应该在计算物流成本时，将退货物流成本分离出来。

（8）当废弃物流成本较小时，可以将其并入其他物流成本一并计算。

计算物流成本时总的原则是单独作为物流作业所消耗的费用直接计入物流成本；间接为物流活动消耗的费用，以及物流作业和非物流作业共同消耗的费用，应按照从事物流工作的人员比例、物流工作量比例、物流作业所占资金比例等确定。

2.3.3　会计核算和统计相结合的物流成本核算方法

采用会计核算与统计相结合获得物流成本数据的方法，就是指物流耗费的部分数据采用会计核算方法获得，另外一部分内容通过统计方法予以核算。运用这种方法也需要设置一些物流成本账户，但不像第一种方法那样全面、系统，而且这些物流成本账户不纳入现行成本核算的账户体系，对现行成本核算来说，它是一种账外核算，具有辅助账户记录的性质。具体做法如下。

（1）设置物流成本辅助账户。按照物流活动范围设置供应、生产、销售和退货、回收、废弃物流成本二级明细账户（物流成本总账是一级账，核算企业发生的全部物流成本），在各明细账户下按照物流功能设置运输费、保管费、装卸费、流通加工费、包装费及物流信息费和物流管理费等三级账，并按照费用支付形态设置人工费、材料费、办公费、水电费、维修费等专栏。实际上账户的设置不是固定的，而是可以根据企业自身的要求来确定。

（2）对相关的物流成本辅助账户进行登记。对现行的成本核算体系中已经反映但分散于各科目之中的物流成本，如计入管理费用中的对外支付的材料市内运杂费、物流设施设备的固定资产折旧、本企业运输车队的费用、仓库保管人员的工资、产成品和原材料的盘亏损失，计入制造费用的物流人员工资及福利、物流相关固定资产折旧、修理费、保险费、在产品盘亏或毁损等，在按照会计制度的要求编制凭证、登记账簿、进行正常成本核算的同时，据此凭证登记相关物流成本辅助账户，进行账外的物流成本核算。

例如，企业以银行存款支付购进材料账款及运输费用共 9 000 元，其中材料买价 8 000 元，运费 1 000 元。企业可根据这项业务做如下会计分录：

借：材料采购　　　　　　　　　　　　　　　　　　　　　　　　　　8 000

　　物流成本　　　　　　　　　　　　　　　　　　　　　　　　　　1 000

　　贷：银行存款　　　　　　　　　　　　　　　　　　　　　　　　9 000

据此分录，一方面登记材料采购和银行存款账户，另一方面在有关的物流成本总账、二级账、三级账户中登记。

（3）对于现行成本核算中没有包括但应该计入物流成本的费用，根据有关统计资料进行计算，并单独设置台账反映。其计算方法与统计方式下的计算方法相同。

（4）月末根据各物流成本辅助账户所提供的资料编制范围类别、功能类别、形态类别等各种形态的物流成本报表。

这种方法的优缺点介于会计方式的物流成本核算方法和统计方式的物流成本核算方法之间。这种方法的优点是：物流成本在账外进行计算，既不需要对现行成本核算的账表系统进行系统的调整，又能相对全面地提供物流成本资料，方法也较为简单，易于财会人员采用。它没有会计方式的物流成本核算方法复杂，操作相对简单，但可能没有会计方式得到的成本信息准确；而与统计方式的物流成本核算相比较，这种方法提供的物流成本信息相对准确，但要比统计方式的物流成本核算要复杂一些。

2.3.4　采用 ABC 成本法核算物流成本

ABC 成本核算法是基于活动的成本管理，又称作业成本核算法。现行的会计制度有时不能反映出所从事的活动与成本之间的直接联系。而 ABC 成本法相当于一个滤镜，它对原来的成本方法做了重新调整，使得人们能够看到成本的消耗和所从事工作之间的直接联系，这样人们可以分析哪些成本投入是有效的，哪些成本投入是无效的。

以作业为基础，是把企业消耗的资源按资源动因分配到作业，以及把作业收集的作业成本按作业动因分配到成本对象的核算方法。其理论基础是：生产导致作业的发生，作业消耗资源并导致成本的发生，产品消耗作业，因此，作业成本法下成本核算程序就是把各种资源库成本分配给各作业，再将各作业成本库（作业成本池）的成本分配给最终产品或劳务。

以作业为中心，不仅能提供相对准确的成本信息，而且还能提供改善作业的非财务信息。以作业为纽带，能把成本信息和非财务信息很好地结合起来，即以作业为基础分配成本，同时以作业为基础进行成本分析和管理。

应用作业成本法核算企业物流并进行管理可分为如下四个步骤。

（1）界定企业物流系统中涉及的各个作业。作业是工作的各个单位，作业的类型和数量会随着企业的不同而不同。例如，在一个顾客服务部门，作业包括处理顾客订单、解决产品问题及提供顾客报告三项作业。

（2）确认企业物流系统中涉及的资源。资源是成本的源泉，一个企业的资源包括有直接人工、直接材料、生产维持成本（如采购人员的工资成本）、间接制造费用及生产过程以外的成本（如广告费用）。资源的界定是在作业界定的基础上进行的，每项作业涉及相关的资源，与作业无关的资源应从物流核算中剔除。

（3）确认资源动因，将资源分配到作业。作业决定着资源的耗用量，这种关系称做资源动因。资源动因联系着资源和作业，它把总分类账上的资源成本分配到作业。

（4）确认成本动因，将作业成本分配到产品或服务中。作业动因反映了成本对象对作业消耗的逻辑关系，例如，问题最多的产品会产生最多顾客服务的电话，故按照电话数的多少（此处的作业动因）把解决顾客问题的作业成本分配到相应的产品中去。

ABC 成本核算法框架图如图 2-1 所示。

2.3.5　隐性物流成本核算

隐性成本是一种隐藏于经济组织总成本之中、游离于财务审计监督之外的成本。隐性成本是由于经济主体的行为而有意无意造成的具有一定隐蔽性的将来成本和转移成本，是成本的将来时态和转嫁的成本形态的总和。

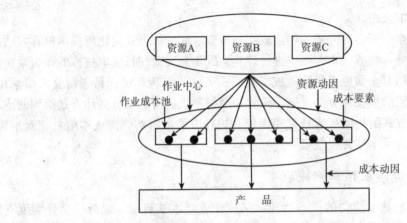

图 2 – 1　ABC 成本核算法（作业成本法）框架图

1. 显性物流成本和隐性物流成本的含义

按照我国《企业会计准则》的规定，费用是指企业生产经营过程中实际发生的、能够用货币计量的各种耗费，企业确认成本费用的一个基本原则是实际发生。也就是说，只有实际发生的成本费用才被确认，而机会成本由于不是实际发生，所以不能被确认为企业的实际成本。

把在会计核算中实际发生的、计入企业成本费用的各项物流支出称为显性物流成本。把那些并不是企业实际发生的，而在物流管理决策中应该考虑的机会成本称为隐性物流成本。

在物流活动中实际发生的人工费、材料费、运输费、办公费、水电费等都是显性物流成本，而主要的隐性物流成本则包括存货所占压资金的机会成本、由于物流服务不到位所造成的缺货损失，以及库存积压降价处理、库存呆滞产品造成的损失等。

物流成本是企业在经营过程中，消耗在物流业务方面的显性物流成本与隐性物流成本之和，大部分的显性物流成本可以通过一些费用单据反映和计算。目前，在企业运营中，只是加强了这些费用的计算，以进行物流成本的核算和控制，而对于隐性物流成本，由于缺乏有关的核算标准和恰当的方法，所以在这方面不仅是加强成本控制的问题，还有需要深入探讨其核算方法的问题。关于隐性物流成本的核算，没有比较统一规范的核算方法。

2. 缺货成本核算

1）缺货成本的类型

由于存货供应中断，可能造成企业停工损失、丧失销售机会等。缺货对企业造成的隐性成本一般有以下几种。

（1）失去某次销售机会。某些客户在缺货时可能会转向其他竞争供应者，而当下次购买时，又会回头再购买本企业的商品。在这种情况下，缺货就造成失销。这时，缺货成本主要就是未售出的商品的利润损失，这时的缺货成本就是一种隐性的物流成本。另外，失销的隐性成本除了利润损失外，还包括当初负责这笔业务的销售人员的人力浪费。

（2）延期交货。在缺货时，如果客户不转向其他企业，一旦恢复存货供应，客户再来购买，则不发生缺货损失。但如果公司为了不失去客户而进行紧急加班生产或进货，利用速度快、收费高的运输方式运输货物，则这些成本就构成了延期交货成本。从这种角度看，这种成本将在实际的会计核算中发生，也可以说不构成隐性成本的内容，而成为一种显性的附加成本。

（3）永远失去某些客户。在缺货时，有些客户会永远的转向其他供应商，这时的缺货成本损失最大，由企业每年从这些客户身上获得的利润和这些客户的寿命期限决定。这样的缺货损失很难估计，需要用管理科学的技术及市场营销研究方法加以分析和计算。在这种情况下，除了利润损失外，还有缺货造成的信誉损失。信誉损失很难度量，在库存成本决策中往往很容易被忽视，但是它对未来的销售及企业经营活动却十分重要。这种缺货成本在传统的财务会计核算中也是不体现的，也是一种隐性成本。

2）缺货成本的计算

在企业库存决策模型中，对缺货损失的估算是十分重要的。缺货成本的确定往往用缺货发生的期望损失来计算。

（1）某次缺货成本的计算。要进行某次缺货成本的计算，首先要分析缺货成本的类型，分析发生缺货可能造成的后果，包括延期交货、失销和失去客户。其次，计算与可能结果相关的成本，即利润损失。

（2）平均一次缺货成本的计算。在企业缺货成本的计算中，如果每次缺货都计算各自的缺货成本是比较困难的。因此可以在充分调查研究的基础上，计算出缺货一次的平均成本，然后企业根据每期缺货的次数就可以估算每期的缺货成本数额。

平均一次缺货成本的计算可以按照下列步骤进行。

① 进行市场调查，分析确定三种缺货成本的比例。

② 计算三种情形下各自的缺货成本。

③ 利用加权平均法计算平均缺货成本。

3. 库存隐性物流成本的核算

美国对社会物流成本的统计分为三个部分：运输费用、存货持有成本和物流管理费。其中，存货持有成本是指花费在保存货物上的费用，除了包括仓储、残损、人力费用及保险和税收费用外，还包括存货占压资金的利息。

在计算存货持有成本时，一般把存货持有成本分成保险费、仓储费、税费、运输费、搬运费、贬值、利息、过时等项目。可以看到，保险费、仓储费、税费、运输费、搬运费都是实际要发生的成本，属于显性物流成本的范畴。而贬值、利息、过时等项目的支出在会计的核算中，并不被当做实际的成本，而在物流决策中，这些成本却是非常重要的，可以看成是一种机会成本，属于隐性物流成本。

在企业微观物流成本的核算中，这部分隐性物流成本的核算原理应该和社会物流成本中该项成本的核算相一致。库存隐性成本的计算公式为可以表示为

$$CS_R = SB_A \times (R_D + R_I + R_O)$$

式中：

CS_R——隐性库存成本；

SB_A——库存平均余额；

R_D——贬值利率，贬值利率可以用每年的通货膨胀率计算；

R_I——利息比率，可以用当年一年期商业贷款利率确定；

R_O——过时比率，要根据不同行业和产品自身特点来确定。

把存货占压的资金利息等隐性物流成本加入物流成本的核算是现代物流与传统物流成本核算的一个最大的区别。只有这样，降低物流成本和加速资金周转速度才从根本利益上统一起来。美国存货占压资金的利息在美国企业平均流动资金周转次数达到 10 次的条件下，约为库存成本的 1/4，为总物流成本的 1/10，数额很大。在我国，由于库存管理水平较低，企业的库存量相对较高，从而这种库存隐性成本在企业物流成本中所占的比重更大。

2.4　企业物流成本核算中存在的主要问题

尽管在理论上物流成本的内涵比较清楚，但由于各企业的具体情况不同，对于如何计算物流成本，往往是基于企业各自对物流成本的理解和认识。就国内企业的情况来看，物流成本存在的问题很多，但基本可以归纳为对物流成本认识的观念性问题和计算物流成本的技术性问题。这些问题的焦点又分别集中体现在计算物流成本的目的，以及计算物流成本技术制度上的障碍问题等方面。

2.4.1　计算物流成本的目的缺乏整体性

物流成本之所以被列入管理成本会计范畴，是为了更好地实现企业物流管理的优化。但在实际工作中，由于对物流成本信息的作用和价值缺乏系统的认识，企业计算物流成本的目的往往比较单一，主要表现在以下三个方面。

● 许多企业往往只是单纯地想了解物流费用究竟是多少，至于如何运用物流成本数据往往不够清晰明确，物流成本管理的视野局限于财务会计的范围。

● 计算物流成本的目的，只是单纯地为了降低某一项或几项物流成本，未能与企业的经营战略和有关技术措施有效地联系起来。

● 物流部门不能够向企业高层管理人员或生产、销售部门提供有关物流成本确切的有价值的信息和分析资料等。

这些都表现为物流成本的计算仅为企业的个别或少数部门或临时性的项目及决策的一时之需提供服务，缺乏长远性的通盘考虑和整体目标，因而导致以下结果。

● 计算方法和标准经常发生变化，有关成本数据缺乏连续性、可比性和及时性。

● 计算所得的成本信息残缺不全，也就不可能通过运用物流成本信息从物流一体化的角度去分析和优化企业的整个物流作业链。

● 计算所得的物流成本数据效用性差，反过来又影响了企业对物流成本的关注和重视程度。

2.4.2　现行企业会计核算制度存在技术障碍

虽然国内有关成本管理的法规和制度越来越完善，但物流成本在现行会计制度框架下仍然存在难以确认和分离的问题。按照国内现行的会计制度，在企业物流成本的确认、物流成本会计科目的设置及物流成本在会计报表中的列示等方面都没有明确规定，总的成本科目体系没有将物流成本纳入常规的结构之中，同时也没有负责物流会计的专门人员，在现行会计核算体系的框架内无法直接得到物流成本数据，计算物流成本在制度上存在以下技术性缺陷。

1）物流成本数据不完整

企业物流成本在会计核算中只涉及或来源于部分物流费用，导致企业物流成本数据不完整。从物流成本会计核算的范围来看，目前企业日常物流会计核算范围着重于采购物流、销售物流环节，忽视了其他物流环节的核算。一般情况下，企业会计科目中，只把支付给外部运输、仓库企业的费用列入成本，实际上由于各种物流成本数据混杂在生产成本、销售费用及财务费用中，因而物流成本容易被忽视。

同时，哪些费用应该归为物流费用也没有明确界定。在现有会计报表中可以得到直接反映的物流成本属于显性成本，但它只是企业物流成本的一部分，而另一类物流隐性成本，如库存积压降价处理、库存呆滞产品、回程空载、产品耗损、退货、缺货损失等不能够在有关报表中直接反映出来。

2）物流成本中的间接物流费用分配不合理

企业现有的会计核算制度是按照劳动力和产品来分摊企业成本的，这种方法不能够反映出企业的成本与各项活动之间的联系，导致经济基础区别很大的活动的成本合并，而属于同一项活动的劳动、原材料和间接成本等相关部分成本又被人为分离。

在企业的物流成本中，部分物流费用是企业间接费用的一部分，按照现行的核算方法其分配是以产量或人工工时等为基础动因，对间接成本进行主观分配。由于企业加快物流设施设备更新的速度和扩大生产规模，造成以折旧和资金成本为主的间接费用大幅度上升，由于间接物流费用比例较高，产量和人工工时等动因与间接费用之间的相关性越来越弱，采用以产量或人工工时等为基础动因的核算方法不能够满足物流成本核算准确性的需要。

3）物流成本数据时效性差

在企业会计报表中，可以经过加工后提取有关物流成本信息的两个主要报表是资产负债表和损益表。资产负债表反映的是一个企业在特定时点上的财务状况，其目的在于归结企业的资产和负债，并指明所有者的盈利；损益表反映的是企业在一定时期内，与企业经营相关的收入和费用成本，其目的在于确认企业的利润。但这些报表中没有物流成本的直接记录，如果企业要对物流成本进行核算，就必须从两个报表数据中重新进行剥离。这样，不仅会影响企业物流成本信息的完整性，势必影响对物流成本数据趋势变化的及时掌握和对成本信息的有效利用。

2.4.3　企业物流成本核算现状

1. 传统的会计实践通常不能提供足够的物流量度

（1）传统会计方法不能满足物流一体化的要求，物流活动及其发生的许多费用常常是跨部门发生的，而传统的会计是将各种物流活动费用与其他活动费用混在一起归集为诸如工资折旧，租金等形态，这种归集方法不能确定运作的责任。

（2）传统会计科目的费用分配率存在着问题，将传统成本的各项费用剥离出物流费用，通常是按物流功能分离的，很难为个别活动所细分。

以库存成本为例：首先，根据企业会计准则，在库存成本中不要求确定及分配有关库存维持的费用，诸如保险、积压物降价处理、呆滞产品成本等未在会计报表中体现的隐性库存成本部分，导致了物流成本的模糊和低估，这是由于库存成本的不完全造成的。其次，对于投入到原料、生产工艺过程中的产品成本，并未从企业发生的其他形式的资产成本费用中剥离出来，确定为物流成本，这是另一类隐性成本。而这些隐性成本在物流成本中占较大部分，如产品损失、退货、缺货损失等都属于隐性成本。

2. 传统的物流成本核算法提供的物流成本信息失真，不利于进行科学的物流控制

现代生产的特点是生产经营活动复杂，产品品种结构多样，产品生产工艺多变，经常发生调整准备，使过去费用较少的订货作业、物料搬运、物流信息系统的维护等与产量无关的物流费用大大增加。在传统成本核算中，间接费用普遍采用与产量关联的分摊基础——直接工时、机器小时、材料耗用额等。这种计算方法使现代企业许多物流活动产生的费用处于失控状态，造成了大量的浪费和物流服务水平的下降，不利于进行科学的物流控制。

3. 传统的成本核算法造成了所谓的"物流费用冰山说"

一般情况下，企业会计科目中，只把支付给外部运输，仓库企业的费用列入成本，实际上这些费用在整个物流费用中犹如冰山一角。因为企业利用自己的车辆运输，利用自己的库房保管货物和由自己的工人进行包装、装卸等费用一直没有列入物流费用科目内，传统的会计方法没有全面显现各项物流费用，在确定、分类、分析和控制成本上都存在许多缺陷。

 复习思考题

1. 物流成本核算对象的三个基本构成要素是什么？
2. 物流成本核算对象分为哪几类？
3. 什么是物流成本的归集？
4. 什么是物流成本的分配？
5. 物流成本的基本核算方法有哪些？
6. 什么是 ABC 成本核算法？
7. 什么是隐性成本？简述缺货成本的计算。
8. 库存隐性成本是如何核算的？
9. 简述企业物流成本核算现状及存在的主要问题。

 案例分析

安利公司如何核减物流成本

1. 用 IT 突破高成本困局

高成本时代来临！不断上涨的石油和原材料价格，已经导致许多航空和交通运输企业亏损严重，其他行业也不太乐观；企业的物流成本变得更加昂贵；高人力成本让很多外资企业另觅去处，一些劳动密集型企业濒临倒闭。降低运营成本，甚至已到了事关生死的地步。那么，优秀的 IT 手段在其中如何发挥作用？

安利是一家非常善于通过减少中间环节压缩成本、增加利润空间的直销企业，它喜欢尝试运用不同新工具和新技术来降低企业的运营成本。譬如安利为它在中国的 30 多家分公司、200 家店铺和工厂安装了思科 IP 电话，最终实现零成本通信。再拿对直销企业很重要的物流来说，这个成本仅占安利全部经营成本的 4.6%，远远低于行业水平。

安利在降低物流成本上到底有什么特别的秘诀呢？通过分析发现，安利采取的策略主要有三条：非核心业务外包；仓库半租半建；核心系统大手笔投入。

2. 非核心业务外包

中国从1998年开始严厉打击非法传销，这促使安利等很多直销企业走上转型之路。安利转型后采取了"店铺销售＋雇用推销员"的方式，分布在全国各地的店铺承担着下订单、顾客数据收集、业绩查阅、物流与资金流周转等任务。而这种业务模式尤其对仓储物流的要求非常之高。

安利物流储运系统的主要功能是：将安利工厂生产的产品及向其他供应商采购的印刷品等，先运送到广州储运中心，然后运抵各地的区域仓库暂时存储，再根据需求转运至设在各省市的店铺，并通过家居送货或店铺等销售渠道推向市场。

但与其他公司不同的是，安利储运部同时还兼管全国几百家店铺的营运、送货及电话订货等服务。因此，物流系统的完善与效率直接影响着整个市场的运作。但由于国内第三方物流供应商的专业程度普遍不高，所以，安利决定采用符合现状的"自有团队＋第三方物流供应商"的运作模式。

核心业务如库存控制等由安利统筹管理，实施信息资源最大范围的共享，使价值链发挥最大的效益。而非核心业务，则通过外包形式完成。如以广州为中心的珠三角地区主要由安利的车队运输，其他绝大部分货物运输都是由第三方物流公司来承担。另外，全国几乎所有的仓库均为外租第三方物流公司的仓库，而核心业务，如库存设计、调配指令及储运中心的主体设施与运作，则由安利团队统筹管理。

目前已有多家第三方物流公司承担安利的配送业务，安利会派人定期监督和进行市场调查，以评估服务供货商是否提供有竞争力的价格，并符合公司要求的服务标准。这样，既能整合第三方物流的资源优势，与其建立坚固的合作伙伴关系，同时又通过对企业供应链的核心环节——管理系统、设施和团队的掌控，保持安利的自身优势。

3. 仓库半租半建

在美国，安利仓库的自动化程度相当高，但在中国，很多现代化的物流设备并没有被采用。这是因为美国土地和人工成本非常高，而中国这方面的成本却比较低。两相权衡，安利弃高就低。

安利2003年启用的物流中心占地面积40 000 m^2，建筑面积16 000 m^2。这样大的物流中心如果全部自建，仅土地和库房等基础设施方面的投资就需要数千万元。因此，安利采取了和另一物业发展商合作的模式，合作方提供土地和库房，安利租用仓库并负责内部的设施投入。

如此一来，安利只用1年时间和1 500万元投入，就拥有了面积充足、设备先进的新物流中心。而国内不少企业，在建自己的物流中心时将主要精力都放在了基建上，不仅占用了企业大量的周转资金，而且费时费力，效果并不见得很好。在国内其他城市，安利也尽量采用租借第三方物流公司仓库的方式。

4. 核心系统大手笔投入

安利在核心系统上从来不吝惜投入。安利单在信息管理系统上就投资了9 000多万元，其中主要的部分之一，就是物流、库存管理系统。这个系统使安利的物流配送运作效率得到了很大提升，成本也因此大大降低。

安利物流系统能将全球各个分公司的存货数据联系在一起，各分公司与美国总部直接联机，详细存储每项产品的生产日期、销售数量、库存状态、有效日期、存放位置、销售价值、成本等数据。有关数据通过数据专线与各批发中心直接联机，使总部及仓库能及时了解各地区、各地店铺的销售和存货状况，并按各店铺的实际情况及时安排补货。在仓库库存不足时，公司的库存及生产系统亦会实时安排生产，并预定补给计划，以避免个别产品出现断货情况。

自1998年开始转型后，安利就大手笔投入对信息化进行改造，每年投入都超过1 000万元。这种大手笔投入既体现了安利的雄厚实力，也是立足其长远的目标。安利IT系统完全能够支持每星期100万订单的业务量和每年300亿元的销售规模，覆盖了整个物流供应链的各个环节，为物流系统的稳健运行提供了源源不断的动力。

案例思考题：安利公司主要是从哪些方面着手来降低物流成本的？阅读材料后，你还能想到降低安利公司仓储成本的方法有哪些？

第3章

仓储成本与运输配送成本分析与核算

本章要点

- 掌握仓储成本的构成与核算；
- 掌握运输成本的构成；
- 掌握公路运输成本的核算；
- 掌握配送成本的构成与核算；
- 掌握装卸搬运成本的核算。

开篇案例

　　某外商独资食品制造企业在中国投资有6个工厂（不包括在建和OEM的工厂），旗下主要有四大品牌，年销售额达到近10亿元。公司目前主要的销售区域仍集中于南方，南北大致销售比例为7∶3（以长江划分南北）。由于生产的是属于低附加值的玻璃罐装食品（暂时只有小部分使用PET瓶），所以公司对物流成本一直比较注视。目前整体物流费用占公司销售成本的4%左右。A厂每天运输数量在300～500 t。省内配送主要使用汽运，而省外港口城市多使用海运集装箱再短驳至客户。省内配送也使用过一段时间的自由车辆，但考虑到成本较高最终也改用第三方物流车辆。运输管理主要工作：监控运作质量；管理合同价格（价格谈判）；日常回顾；提供发货的信息给其他相关部门。运费结算：汽车运输价格设定，按不同吨位不同标准收取（例如，同一目的地1～3 t、3～8 t、8～10 t、10 t以上，计价单位：元/ t）每天客服将订单通知车队（运输供应商），由供应商根据订单情况派出车辆到工厂装货，具体车辆调度由供应商完成（比如某车装哪几票货物，或者每票货装多少）。供应商根据每月发货情况跟客服部门对账确认运费。

　　思考题：阅读以上材料，请思考该公司如果想降低运输费用可以从哪些方面考虑或者关注什么？（目前主要通过每年跟供应商的价格谈判降低价格。）

3.1 仓储成本

3.1.1 仓储对企业物流成本的影响及仓库在物流系统中的作用

仓储成本是企业物流成本的主要组成部分之一，占企业物流总成本的比例很高。仓储对企业物流成本的影响有两重性，既有正面的影响，也有负面的影响。

1. 仓储对企业物流成本负面的影响

在物流系统中，仓储活动是不可避免也是十分必要的，但作为一种商品流转的停滞，不适当的仓储活动会带来物流成本的增加，也常常会对物流系统效益造成较大的减损，从而降低企业利润。这主要是因为实施仓储活动要有成本支出，同时，产品的使用价值可能会在库存的过程中不断降低。

（1）仓储活动有可能占用企业过多的流动资金，从而影响企业正常运转。在企业中，存货往往是最主要的流动资产，在企业全部运营活动中，仓储对流动资金的占用有时可能高达40%～70%，甚至占用企业全部流动资金。当企业的存货积压时，势必会影响企业的现金流动，使企业无法正常运转，甚至倒闭。

（2）机会损失。仓储活动中库存占用资金必须支付利息，以及如果将用于购买（生产）库存的资金用于其他项目可能会带来的收益，都是企业由于仓储活动而必须承担的机会成本。

（3）增加固定资产投资与其他成本的支出。实施仓储活动会引起仓库建设等固定资产投资的增加，从而增加企业成本；而进货、验收、存储、发货、搬运等仓储作业的支出会导致企业收益的降低；随着社会保障体系和安全体系日益完善，我国已开始对库存产品通过投保来分担风险，投保缴纳的保险费在有些企业已达到了相当大的比例，而且这个成本支出的比例还会不断上升；仓库管理成本的出现也使企业成本进一步提高。

（4）陈旧损失和跌价损失。产品在库存期间可能会发生各种化学、生物、物理等方面的变化，从而使产品贬值甚至失去全部使用价值。库存时间与发生陈旧损失的可能性成正比关系，库存时间越长，存货不断发生陈旧变质，产生的损失也就越大。此外，对于技术含量较高且技术发展迅速的产品而言，产品技术过时也会引起跌价损失。如果这些产品的存储时间过长，错过了有利的销售期，企业就只能以较低的价格出售产品，从而带来损失。

2. 仓储对企业物流成本正面的影响

仓储活动虽然会给企业效益带来许多不利的影响，但是适当的仓储是必需和必要的，合理规划与实施仓储活动可以降低企业成本。这体现在以下几个方面。

（1）适当的仓储活动，可以避免由于缺货的紧急采购而引起的成本的提高。

（2）适当的仓储活动，使企业能在有利时机进行销售，或在有利时机实施购进，从而增加销售利润，或减少购进成本。

（3）适当的仓储活动，可以节省加班费用，有利于降低成本。在现实中，仓储是不可或缺的。

3. 仓库在物流系统中的作用

仓库在物流系统中具有极其重要的作用。主要表现在以下几个方面。

1）调节供应和需求，为销售服务

由于生产和消费之间一般会存在时间上或空间上的差异，因此，如果仓库的地理位置能够合理地靠近客户，从而使产品能够适时地送到客户手中，那么仓库就可以帮助企业提高客户的满意度、扩大销售量。这一点对于企业的产成品仓库来说更为重要。

2）降低成本，提高效率

仓库是产品的集散地，它的存在可以降低运输作业的成本，提高运输作业的效率。企业一般是从多个供应商处分别购进原材料或零部件并运至仓库，经过必要的加工处理后，整批运至下一道工序或下一个客户；或者将产品从工厂大量运至仓库，然后按客户的要求加工处理后，再小批量地运到市场或运给客户。这时，与直接运输相比，作为集散中间环节的仓库的存在，可以大大降低运输成本，调节运力差异，提高运输效率。

3）进行产品整合

如果考虑到形状、大小、颜色等方面的差异，一个企业往往可以生产出成百上千种产品。而客户的需求往往也是多样化的，为了满足客户的这种多样化需求，企业常常在仓库中对产品进行加工、分拣、包装、配套等，然后再将产品运给客户。因此，原有的单纯的保管型仓库已不能适应生产和市场的需要，增加配送和流通加工功能的流通型仓库是现代仓库的发展方向。

3.1.2　仓储成本的构成与核算

1. 现代仓库中的仓储作业

现代仓库是随着流通系统中产品品种多样化、产品配送小批量、多频次、小单位化及新型生产、流通体制的进化而逐渐演变而来的。流通系统中的种种变革带来了仓库机能上的重大变化。例如，随着产品品种多样化，仓储管理的复杂程度日益增加；客户要求对产品进行小批量、多频次的配送，使得以整箱为单位的大件产品配送减少，而小包装的小件产品配送增加；JIT 制度要求缩短从订货到发货之间的周期，同时要求仓库能在最短时间内迅速完成订发货、备货和配送等业务，并要求有很好的流通加工功能。

所有这些变化导致了企业仓库作业的强度不断增加、复杂度不断提升。现代仓库内的主要作业包括以下几方面。

1）出入库作业

现代仓库都比较注重通过网络将企业本部与各供应商、仓库与经营最前沿的销售终端连接起来。这种信息传递模式，使得订货（发货）与进货信息能够通过信息系统传输到仓库，在准备发货与接货的同时，平行进行制作发货票、账单等业务，并将信息传递给相关部门。发货与接货时，制作相关单据、传递相关信息的作业属于出入库作业。现代仓库的出入库作业包括以下内容。

（1）入库作业。对入库货品进行登记，制作相应的单据并进行部门间的信息传递；为入库货品贴附方便仓储管理的条形码。

（2）出库作业。根据产品订单或出库通知，对出库货品进行登记，并制作相应单据及进行部门间的信息传递。

2）验货作业

在现代仓库里，在货品出入库活动的同时，检验作业也在进行。

（1）入库时的验货作业。根据入库清单对即将进入仓库的货品进行数量、货品种类与规格的核对，同时还要进行货品质量方面的检验。

（2）出库时的验货作业。根据出库清单或者客户的订货清单，对即将出库的货品进行数量、种类与规格的核对，同时还要进行货品质量方面的检验。

3）场所管理作业

现代仓库内的场所管理有两种形式，一种是固定型的场所管理，即利用信息系统事先将货架进行分类、编号，并贴附货架代码，各货架内存放的货品事先加以确定；另一种管理方式是流动型管理，即所有货品按顺序摆放在空的货架中，不事先确定各类货品专用货架。一般来讲，固定型管理适用于非季节性货品，而流动型管理由于周转较快，出入库频繁，更适应于季节性货品或流行性变化剧烈的货品。

4）日常养护与管理作业

对在库的货品要进行日常养护，以保证货品的完好状态，减少货品的损耗，同时还要预防货品被盗或发生火灾等。

5）备货作业

备货作业是指在接受订货指令、发出货票的同时，工作人员按照发货清单在仓库内寻找、提取所需货品的作业。备货作业的进行方式一般有全面分拣、批处理分拣、分区分拣、分拨分拣等四种。

6）装卸搬运作业

装卸是指货品在指定地点以人力或机械装入运输等设施设备或从运输等设施设备卸下的作业。搬运是指在同一场所内将货品进行水平位移为主的作业。装卸搬运就是指在同一地域范围内进行的，以改变货品的支撑状态和空间位置为主要目的的活动。一般来说，改变货品的支撑状态，叫做装卸；改变货品的空间位置，叫做搬运。

7）流通加工作业

流通加工是在货品从生产领域向消费领域流动过程中，为了促进销售、维护货品质量和提高物流效率，对货品进行简单的加工，包括对货品进行包装、分割、计量、组装、贴附标签等简单作业。

流通加工是现代物流系统中重要的一环。流通加工能够提高物流系统服务水平，提高物流效率和货品的利用率，从而对物流活动具有增值作用。流通加工作业通常是由仓库来完成的，这也是现代仓库与传统仓库的主要区别之一。

2. 仓储作业成本构成

1）出入库操作、验货、备货、日常货品养护与管理、场所管理作业成本的构成

（1）人工成本。包括从事该项作业的员工工资、加班费、奖金、福利劳保等。该项成本从相关会计科目中抽取出来即可。当某个员工从事多项作业时，应当根据员工从事各项作业的时间，将其费用进行分配。

（2）如果该项作业中使用了机器设备或工具，应当以计提折旧的形式，将机器设备、工具的成本计入相关作业。此外，该机器设备、工具的维修费也应计入。

（3）如果该项作业中有能源、低值易耗品的耗费，则应当将这些费用计入相关的作业

成本。

（4）该项作业应当分摊的管理费等间接成本。

（5）若机器设备、工具不是自有而是通过租赁获得时，应该用租金代替折旧；当租赁方负责设备与工具的维修时，租金中包含了维修费，因此，就不必再计算维修费用了；当租赁方不负责设备与工具的维修时，租金中未包含维修费，此时，在租金以外，还应计入维修费用。

2）装卸搬运成本构成

（1）人工费。按规定支付给装卸搬运工人、装卸搬运机械司机、装卸搬运管理人员的工资、加班费、各种工资性津贴、职工福利费（指按工人、管理人员的工资总额和规定比例计提的职工福利费）、劳动保护费（从事装卸搬运业务使用的劳动保护用品、防暑、防寒、保健饮料及劳保安全措施所发生的各项成本）。该项成本从相关会计科目中抽取出来即可。当某个员工从事多项作业时，应当根据员工从事各项作业的时间，将其费用进行分配。

（2）燃料和动力。指装卸搬运机械在运行和操作过程中耗用的燃料、动力所产生的成本。

（3）折旧。指装卸搬运机械和工具按规定计提的折旧费。

（4）修理。指为装卸搬运机械和工具进行维护和小修所发生的工料成本。装卸搬运机械维修领用的周转总成本和按规定预提的装卸搬运机械的大修成本，也列入本项目。

（5）耗费的低值易耗品。指装卸搬运机械领用的外胎、内胎、垫带及装卸搬运机械在运行的工程中耗用的机油、润滑油的成本等。

（6）租费。指企业租赁装卸搬运机械或设备进行作业时，按合同规定支付的租金。当由租赁方负责机械设备维修时，租金中包含维修费，因此，就不必再计算维修费用了；当租赁方不负责机械设备的维修时，租金中未包含维修费，此时，在租金以外，还应计入维修费用。

（7）应由装卸搬运作业承担的管理费等间接成本。

（8）外付装卸搬运费。指支付给外单位支援装卸搬运工作所发生的成本。

（9）运输管理费。指按规定向运输管理部门缴纳的运输管理费用。

（10）损失。指在装卸搬运作业过程中，因此项工作造成的应由本期成本负担的货损、机械损坏、外单位人员伤亡等事故所发生的损失，包括货物破损丢失和损坏机械设备所支付的修理成本。

3）流通加工成本的构成

在物流系统中进行流通加工所消耗的物化劳动和活劳动的货币表现即为流通加工成本。

（1）流通加工过程中，需要消耗一些材料，同时这些材料最终成为了产品的一部分，如标签等，这些材料成本，就是流通加工材料成本。

（2）人工成本。在流通加工过程中从事加工活动的管理人员、工人等人员的工资、奖金、各项福利等成本的总和，即流通加工人工成本。

（3）在流通加工过程中耗费的低值易耗品的成本，如润滑油等。

（4）在流通加工中耗用的燃料与动力成本，也是流通加工成本的构成成本之一。

（5）因为流通加工产生的废品损失。

（6）折旧。流通加工设备因流通加工形式、服务对象不同而不同。现代化仓库常见的流通加工设备包括剪板加工需要的剪板机、印贴标签的喷印机、拆箱需要的拆箱机等。购置这些设备所支出的成本，通过折旧的形式将其计入流通加工成本。

（7）流通加工作业应分担的管理费等间接成本。

（8）设备租赁费。如果流通加工设备是通过租赁获得的，则应将租赁费用计入流通加工成本。当租赁设备维修由出租方负责时，租赁费中包含了维修的费用，因此，不必再计算维修费用。当租赁方不负责设备的维修时，租金中未包含维修费，此时，在租金以外，还应计入维修费用。

（9）维修费。流通加工的维修费用，也应计入流通加工成本。

（10）流通加工作业外包及流通加工作业事故损失。

3. 仓储作业成本核算

仓储成本在财务会计中没有直接对应的科目，而是与其他部门发生的费用混合在一起。因此，计算仓储成本既要分析其构成，也要考虑仓储成本与其他费用分离的方式。计算仓储成本可以从以上分析的仓储作业成本构成入手，也可以从以下方面着手。

1）人工费计算

仓储成本中人工费包括仓库管理人员和仓库作业人员的员工工资、奖金、加班费、福利费等。人工费根据工资和福利费分配表中有关仓储人员的部分计入仓储成本。

2）材料费计算

仓储成本中的材料主要是仓储过程中使用的衬垫、苫盖材料等。材料费根据材料出入库记录中各种材料的领用数量乘以单价后的数额计入仓储成本。

3）管理费计算

管理费无法从财务会计方面直接得到相关数据，可以按仓库工作人员比例推算。

4）对外支付保管费用核算

对外支付的保管费用应全额计入仓储成本。

5）物业管理费计算

物业管理费包括水、电、气等费用，可从安装在仓库设施上的用量记录装置获得相关数据，也可以按其他比例推算，如仓库建筑设施的比例、仓库工作人员的比例等。

6）营业外费用计算

仓储成本营业外费用包括折旧、利息等。折旧根据仓库中设施设备确定的折旧方法计算，利息根据购置有关资产的贷款利率计算。

仓储成本主要包括上述几个方面的内容。此外还包括仓库内的装卸搬运成本。装卸搬运成本将在3.3节中详细介绍。

计算仓储成本时，将各项成本分离出来，加总后可得到总仓储成本。

3.2 运输成本分析与核算

3.2.1 运输与运输方式

运输是物流系统中的核心功能，是物品借助于运力在空间上所发生的位置移动，具体地讲，运输是使用运输工具对物品进行运送，以实现物流的空间效用。运输在物流系统中提供两大功能：物品转移和物品存储。

（1）物品转移是运输的主要功能，运输的主要目的就是以最少的时间、财务和资源成本，将物品从供应地转移到需要的地点。

（2）将运输车辆作为相当昂贵的存储设施，对物品进行临时存储只是一个附属的运输功能；然而，如果转移中的物品需要短时间存储，又将重新转移，这种存储就是必要的。因为将物品卸下来再装上去的成本可能会超过存储在运输工具上的成本。

常见的运输方式有五种：铁路、公路、水路、管道和航空。公路运输主要承担近距离、小批量的货运，以及水路、铁路运输难以到达地区的长途、大批量货运。由于公路运输具有灵活性，近年来，在有铁路、水运的地区，长途大批量运输也开始用公路运输。公路运输的主要优点是灵活性强，公路建设期短，易于因地制宜，对收货站设施要求不高，可采取"门到门"运输形式。公路运输也可作为其他运输方式的衔接手段。

铁路运输主要承担长距离、大批量的货运，在没有水运条件的地区，几乎所有大批量货物部是依靠铁路，是在干线运输中起主力作用的运输形式。铁路运输的优点是运输速度较快，不受自然条件限制、载运量大、运输成本较低，主要缺点是灵活性差，只能在固定线路上实现运输，需要与其他运输手段配合和衔接。

水路运输是最古老的运输方式。水路运输的主要优点是能够运送数量极大的货物。主要缺点是其营运范围和运行速度受到限制，除非其起始地和目的地都接近水道，否则需要铁路和公路补充运输。当需要较低的期望运费费率而运输速度则是次要考虑的因素时，这种运输方式就能在较低的变动成本条件下承运大批量的货物。

航空运输是最新的但也是利用程度最低的运输方式。它的主要优点在于托运货物的运输速度上，通过航空运输大洋两岸的货物仅需几个小时。对航空货运具有抑制作用的就是高成本。高成本能够换来高速度。航空货运一般没有特定的商品；与其他运输方式最大的区别也许就在于大多数航空货运是在紧急的情况下，而不是在日常的基础上处理的。高价值或易腐烂的产品最有可能成为正常空运的产品；而当一种产品的营销期极为有限时，例如，节日产品、高级时装或鲜活之类的产品，航空运输也许是物流作业唯一最实际的运输方法；零部件或消费类的日常物流产品也可能成为航空货运的候选对象。

管道运输是运输体系中的一个重要组成部分。除石油外，通过管道运输的其他产品主要是天然气。此外，管道还可以利用来运输化学制品、粉末化的水泥类、干散材料和通过液压悬浮的面粉，以及在城市内用做市政当局的下水道和供水道。与其他运输方式相比，管道运输具有独特的性质，仅受到完全更换运输商品和管道维修保养的限制。与其他运输方式不同，它不存在必须回程运输空的集装箱或运输工具。

3.2.2　运输成本构成

除产品采购成本外，运输成本在企业总成本构成中所占的比重非常大。是成本消耗最大的物流活动，约占物流总成本的 1/3～2/3。运输成本与产品的种类、装运的规模、距离直接相关。许多具有溢价服务特性的物流系统所依赖的高速度、小批量的运输，是典型的高成本运输。要减少运输成本，就要实现整合运输。一般来说，运输规模越大，运输距离越长，则单位运输成本越低，就需要把小批量的运输聚集成集中的、具有较大批量的整合运输。运输具有十分重要的意义和可见成本。

一般来说，运输总成本包括货运、车队、燃料、设备维护、劳动力、保险、装卸、逾期/滞留费用、税收、跨国费用等。不同的运输方式所包含的运输成本有不同的构成类别和范围。总的来讲，运输成本可按不同的标准分类如下。

1. 按计入成本的方式划分

运输成本可分为直接成本和间接成本。可直接计入成本核算对象的成本，如运输工具的燃料费用等，称为直接成本。需要按一定方式分配计入成本核算对象的成本，如生产管理人员的工资等，称为间接成本。正确划分直接成本和间接成本对成本核算有重要的意义。

2. 按成本性态划分

运输成本可分为固定成本和变动成本。固定成本是指一定条件下，其总额不随业务量发生任何数额变化的那部分成本，如管理人员的工资和职工福利费等。变动成本是指一定条件下，其总额随业务量成正比例变化的那部分成本。如营运车船耗用燃料费、按行驶里程计提车船折旧费等。运输成本按成本性态进行分类，便于分析运输成本升降的原因。

运输成本也可以按照营运成本和期间费用进行分类。我国《企业会计准则》将费用严格划分为生产经营成本和期间费用两大类，这种划分同样适用于运输企业。结合运输生产耗费的实际情况，在物流的运输功能环节中，其成本和费用包括营运成本和期间费用。

1）营运成本

构成运输企业营运成本的内容如下。

（1）企业直接从事营运生产活动所发生的工资、福利费、奖金和各种津贴、补贴。

（2）企业在营运生产过程中实际消耗的各种燃料、材料、配件、润滑材料、垫隔材料、航空高价周转件、轮胎、专用工器具、低值易耗品等支出。

（3）企业在营运生产过程中发生的修理费、租赁费、固定资产折旧费、线路绿化费、铁路护路护桥费、飞行训练费、港口费（拖轮、港务、引水、代理、理货、开关舱、扫洗舱等费用）、航道养护费、集装箱费用（包括空箱保管费、清洁费等）、运输管理费、过境税、行车杂费、车辆牌照检验费、车辆清洗费、公路过路过桥费、司机途中费用（包括住宿费、取暖费等）、停工损失、办公费、差旅费、劳动保护费、职工福利、事故净损失等支出。

企业的下列支出，一般不列入成本：为购置和建造固定资产、无形资产和其他资产的支出；对外投资的支出；支付的滞纳金、罚款、赔偿金；国家法律、法规规定的各种付费；企业赞助、捐赠支出；被没收的财物等其他支出。

2）期间费用

（1）管理费用。指运输企业行政管理部门为管理和组织运营生产活动的各种费用。包括劳动保险费、工会经费、土地使用税、技术转让费、技术开发费等。

（2）财务费用。指运输企业为筹集资金而发生的各项费用。包括企业营运期间发生的利息支出、汇兑净损失、调剂外汇手续费、金融机构手续费、筹资发生的其他财务费用等。

3.2.3 公路运输成本核算

1. 公路运输成本核算对象与计算单位

1）公路运输成本核算对象

公路运输成本的核算可以将不同车辆类型和不同燃料分类作为成本核算对象。物流企业或企业物流经营中的公路运输营运车辆车型一般不同，为了考核同类车型成本和各型车辆的经济效益，一般按车型分类计算成本。如果车型少，可以直接一并计算。

2）公路运输成本核算单位

公路运输成本核算单位是实际运送的货物吨数与运距的乘积，常用"吨千米"表示，即"元/吨千米"。为计量方便，运输成本核算单位也可以使用"千吨千米"，即"元/千吨千米"。集装箱车辆的成本核算单位为"元/标准箱千米"。集装箱以 20 英尺箱为标准箱，小于 20 英尺的箱，每箱按 1 标准箱计算，大于 20 英尺的集装箱，每箱按 1.5 标准箱计算。公路运输企业的成本核算期一般为月份、季度和年度。

2. 公路运输成本项目

一般公路运输成本项目可划分为车辆直接费用和营运间接费用两大类。

1）车辆直接费用

（1）工资与职工福利费。按规定支付给营运车辆司机的基本工资、津贴和按规定计算的各种奖金；按照营运车辆司机的工资总额和规定的比例计提的职工福利费。

（2）燃料。营运车辆运行过程中所耗用的各种燃料费。

（3）修理费。运营车辆进行各级维护和修理所发生的工料费用，修复旧件费用和行车用机油费用等；采用总成互换修理的企业，维修部门领用周转总成价值和卸下总成的修理费用。

（4）折旧。运营车辆按规定计提的折旧费。

（5）轮胎。运营车辆耗用的外胎、内胎、垫带、轮胎翻新和修补充气等费用。

（6）车辆保险费。向保险公司缴纳的运营车辆的保险费用。按实际支付的投保费用和投保期，分月分摊计入运输成本。

（7）运输管理费。按规定向公路运输管理部门缴纳的运输管理费。

（8）税金。运营车辆按规定缴纳的车船使用税。

（9）事故损失。运营车辆在运营过程中，因行车事故所发生的损失和扣除保险公司赔偿后的事故费用。

（10）其他费用。运营车辆在运营过程中发生的不属于以上项目的行车杂费等，如过桥过路费、随车工具、篷布绳索费、司机途中宿食费和劳保费等。

2）营运间接费用

企业运输部门或运输企业以下的基层公司、部门、车站、车队发生的营运管理费用，其中不包括企业行政管理部门发生的管理费用。

3. 公路运输成本核算

1）账户设置

企业物流运输部门或公路运输企业为了按用途归集和分配费用，正确计算运输成本，一般应设置"主营业务成本——运输支出"账户、"运营间接费用"账户、"辅助运营费用"等账户进行成本核算。根据权责发生制原则，为了划清成本核算的时间界限，正确地计算运输成本，还应设置"待摊费用"和"预提费用"等账户。

（1）"主营业务成本——运输支出"账户。"主营业务成本"一级科目下的运输支出明细科目属于损益类科目，用来核算运输企业经营运输业务所发生的各项费用支出。企业经营运输业务所发生的各项费用，应按成本核算对象和规定的成本项目予以归集，能直接计入成本项目的费用，借记本科目，贷记"材料"、"燃料"、"应付工资"、"预提费用"、"轮胎"等科目；不能直接计入成本科目的其他费用，应先在"辅助运营费"、"待摊费用"、"集装箱固定费用"等科目核算。月份终了，再将这些费用按规定的分配标准，分别计入有关的成本核算对象，借记本科目，贷记"辅助运营费"、"待摊费用"、"集装箱固定费用"等科目。期末应将本科目余额转入"本年利润"科目，结转后本科目应无余额。本科目应按运输工具类型或单车设立明细账，按规定的成本项目进行明细核算。

（2）"营运间接费用"账户。"营运间接费用"属于成本类科目，用来核算企业在营运过程中发生的不能直接计入成本核算对象的各种间接费用，不包括企业管理部门的管理费用。发生营运间接费用时，借记本科目，贷记"现金"、"银行存款"、"应付工资"、"材料"、"累计折旧"等科目。月份终了，应按一定标准分配当月发生的营运间接费用，借记"运输支出"、"装卸支出"、"辅助运营费用"等科目，贷记本科目。

（3）"辅助营运费用"账户。"辅助营运费用"属于成本类科目。发生的辅助营运费用，借记本科目，贷记"材料"、"燃料"、"应付工资"、"银行存款"、"营运间接费用"等科目；月终，按照规定的分配标准由各项业务负担时，借记"运输支出"、"装卸支出"、"代理业务支出"、"其他业务支出"等科目，贷记本科目。本科目应该按照单车和辅助生产部门及成本核算对象设置明细账，并按规定的费用项目设置专栏。本科目月终余额反映尚未完工的辅助营运费用。

（4）"待摊费用"账户。待摊费用属于资产类科目，用来核算企业已经支出但应由本期和以后各期分别负担的分摊期在一年以内的各项费用，如低值易耗品摊销、固定资产修理费、预付保险费、一次购买印花税票，以及一次缴纳印花税税额较大需要分摊的数额等。企业发生各项待摊费用时，借记本科目，贷记"银行存款"、"低值易耗品"等科目。分期摊销时，借记"营运间接费用"等科目，贷记本科目。本科目应按费用种类设置明细账。

（5）"预提费用"账户。预提费用属于负债类科目，用来核算企业预提但尚未实际支出的各项费用，如预提的租金、借款利息、保险费、修理费用、轮胎预提费用等。企业预提的各项费用，借记"管理费用"、"财务费用"、"运输支出"等科目。实际支出数与已预提的差额，应计入实际支出期的成本费用。本科目应按费用种类设置明细账。

2）成本费用的归集和分配

（1）燃料费用的归集和分配。公路运输耗用的燃料主要包括车用汽油、柴油等，应按用途归集和分配，车队营运车辆耗用的燃料，应记入"主营业务成本——运输支出"科目及有关明细账的"燃料"项目；辅助生产部门（如车辆保修部门）耗用的燃料，应计入"辅助营运费用"科目及有关明细账；车站、车场、车队等耗用的燃料，应记入"营运间接费用"科目及有关明细账；行政管理部门耗用的燃料，应记入"管理费用"科目及有关明细账。

燃料消耗要按照实际耗用量计入成本费用，燃料实际耗用量的确定方法，取决于企业对车存燃料的管理方式。企业对车存燃料的管理方式一般有满油箱和盘存制两种不同的管理方式。

① 满油箱制车存燃料管理。在这种管理方式下，营运车辆在投入运输生产活动时，按油箱容积加满燃料油作为车存燃料。车存燃料只是保管地点的转移，它仍属于库存燃料的一部分，不能作为燃料已经消耗。以后每次加油时，均加满油箱，补充其车存燃料的原来数量。车辆当月的加油数就是当月的耗用量。在车辆大修、改装、调出、停用时必须办理退料手续。

② 盘存制车存燃料管理。在这种管理方式下，营运车辆在投入运输生产活动前，需要

加满油箱，作为车存燃料，日常根据耗用量进行加油，月终时，对车存燃料进行盘点，按下列公式确定实际耗用数：

$$本月耗用数 = 月初车存数 + 本月领用数 - 月末车存数$$

如果长途运输业务量大，外地加油量也大，油款结算较迟。为了及时计算燃料耗用量，可先按车队统计的燃料消耗数计入成本费用，等外地加油计算凭证到达后，与车队统计数进行核对，再按其差额调整燃料消耗成本。

在实际工作中，企业应于月末根据燃料领用凭证，按领用部门，编制"燃料耗用汇总表"，据以登记有关总账和明细账。

【例 3 – 1】　某物流公司下设车站、货运一队、货运二队及保养场等营运生产单位，运输成本由公司集中核算。对车存燃料采用盘存制管理方式，"燃料耗用汇总表"如表 3 – 1 所示。

表 3 – 1　某年某月燃料耗用汇总表

单位：元

领用单位	期初油箱存油	本月领用	期末油箱存油	本月耗用
货运一队	23 000	120 000	16 000	127 000
货运二队	49 000	113 000	26 000	136 000
保修部门	500	3 000	900	2 600
车队、车站	800	2 000	400	2 400
公司本部	1 200	4 500	700	5 000
合　　计	74 500	242 500	4 4000	273 000

根据表 3 – 1 编制会计分录，据以登记有关总账和明细账。会计分录如下：

借：主营业务——运输支出——货运一队（燃料）　　　　　　127 000
　　　　　　　　　　　　　　货运二队（燃料）　　　　　　136 000
　　辅助营运费用——燃料　　　　　　　　　　　　　　　　　2 600
　　营运间接费用——燃料　　　　　　　　　　　　　　　　　2 400
　　管理费用——燃料　　　　　　　　　　　　　　　　　　　5 000
　　贷：燃料　　　　　　　　　　　　　　　　　　　　　　273 000

（2）工资和福利费用的归集和分配。运输企业支付给职工的工资总额，包括各种工资、奖金、津贴等，以及按工资总额的一定比例提取的福利费，应按其用途和发生部门进行归集和分配。其中，营运车辆司机的工资及福利费，应记入"主营业务成本——运输支出"科目及有关明细账；辅助生产部门的人员工资及福利费，应记入"辅助营运费用"科目及有关明细账；车站、车场、车队基层营运单位管理人员工资及福利费，应记入"营运间接费用"科目及有关明细账；行政管理人员工资及福利费，应记入"管理费用"科目及有关明细账。

营运车辆司机的工资及福利费，有固定车辆的可直接将其计入各自成本对象的成本中，没有固定车辆的则需要按一定的标准（一般为车辆的车日）分配计入各成本核算对象的成本中，计算方法如下：

$$每一车日的工资分配额 = 应分配的司机工资总额 / 各车辆总车日$$

$$某营运车辆应分配的工资额 = 每一车日的工资分配额 \times 该营运车辆总车日$$

职工福利费，按工资总额的一定比例计提计入有关成本、费用。

在实际工作中，企业应于月末根据"工资结算凭证汇总表"，按职工所在部门，编制"工资及福利费分配表"，将工资和福利费计入有关成本费用。

【例 3-2】 某物流公司运输部门工资及福利费分配表如表 3-2 所示。

表 3-2 某年某月工资及福利费分配表

单位：元

借方科目			工资	福利费
总账科目	明细科目		(1)	(1) ×15%
主营业务成本	运输支出	货运一队	50 000	7 500
		货运二队	51 000	7 650
		小计	101 000	15 150
辅助营运费用	保修部门		15 000	2 250
营运间接费用	车站、车队		12 000	1 800
管理费用	工资		22 000	3 300
合　计			150 000	22 500

根据表 3-2 编制会计分录，据以登记有关总账和明细账。会计分录如下。

① 分配工资费用时。

借：主营业务成本——运输支出——货运一队（工资）　　　　　50 000

　　　　　　　　　　　　　　——货运二队（工资）　　　　51 000

　　辅助营运费用——工资　　　　　　　　　　　　　　　　15 000

　　营运间接费用——工资　　　　　　　　　　　　　　　　12 000

　　管理费用——工资　　　　　　　　　　　　　　　　　　22 000

　　贷：应付工资　　　　　　　　　　　　　　　　　　　　　150 000

② 提取福利费时。

借：主营业务成本——运输支出——货运一队（福利费）　　　　7 500

　　　　　　　　　　　　　　——货运二队（福利费）　　　7 650

　　辅助营运费用——福利费　　　　　　　　　　　　　　　　2 250

　　营运间接费用——福利费　　　　　　　　　　　　　　　　1 800

　　管理费用——福利费　　　　　　　　　　　　　　　　　　3 300

　　贷：应付工资　　　　　　　　　　　　　　　　　　　　　22 500

（3）折旧费的归集和分配。折旧是指固定资产因使用磨损而逐渐转移到成本费用中去的价值。企业一般应当按月提取折旧：

● 当月增加的固定资产，当月不提折旧，从下月起计提折旧；

● 当月减少的固定资产，当月仍然计提折旧，从下月起不提折旧；

● 固定资产提足折旧后，不管能否继续使用，均不再提取折旧；

● 提前报废的固定资产，不再补提折旧。

所谓提足折旧，是指已经提足该项固定资产应提的折旧总额，应提的折旧总额为固定资产原价减去预计残值加上预计清理费用。

会计上计算折旧的方法很多,有工作量法、直线法、加速折旧法等。由于固定资产折旧方法的选用直接影响到企业成本的计算,也影响到企业的收入和纳税,从而影响到国家的财政收入,因此,对固定资产折旧方法的选用,应当科学合理。我国企业会计制度规定,企业应当根据固定资产的性质和消耗方式,合理地预计固定资产的使用年限、预计净残值和恰当地选用折旧方法,折旧方法可以采用平均年限法、工作量法、年数总和法、双倍余额递减法等。折旧方法一经确定,不得随意变更。

下面重点介绍四种常用的计算折旧的方法。

① 年数总和法。年数总和法又称合计年限法,是将固定资产的原值减去净残值后的净额乘以一个逐年递减的分数计算每年的折旧额,这个分数的分子代表固定资产尚可使用的年数,分母代表使用年数的逐年数字总和。计算方法如下:

$$年折旧率 = 尚可使用年限/年数总和$$
$$月折旧率 = 年折旧率/12$$
$$月折旧额 = (固定资产原值 - 预计净残值) \times 月折旧率$$

例如,某项固定资产的原值为 50 000 元,预计使用年限为 5 年,预计净残值为 2 000 元。采用年数总和法计算的各年折旧额如表 3 - 3 所示。

表 3 - 3　各年折旧额计算表

年份	尚可使用年限	原值 - 净残值/元	年折旧率	年折旧额/元	累积折旧/元
1	5	48 000	5/15	16 000	16 000
2	4	48 000	4/15	12 800	28 800
3	3	48 000	3/15	9 600	38 400
4	2	48 000	2/15	6 400	44 800
5	1	48 000	1/15	3 200	48 000

② 工作量法。工作量法是根据实际工作量计提折旧额的一种方法,基本计算公式为:

$$每一工作量的折旧额 = 固定资产原值 \times (1 - 净残值率)/预计总工作量$$

【例 3 - 3】　现有货运卡车一辆,原值为 35 万元,预计净残值率为 5%,预计总行驶里程为 30 万 km,当月行驶里程为 1 800 km,该项固定资产折旧计算如下:

$$单位里程折旧额 = 350 000 \times (1 - 5\%)/300 000 = 1.108(元/km)$$
$$本月折旧费 = 1 800 km \times 1.108 元/km = 1 994.4(元)$$

③ 平均年限法。平均年限法也称直线法,是将固定资产的折旧均衡地分摊到各期的一种方法。采用这种方法计算的每期折旧额是等额的。计算方法如下:

$$年折旧率 = (1 - 预计净残值率)/预计使用年限 \times 100\%$$
$$月折旧率 = 年折旧率/12$$
$$月折旧额 = 固定资产原值 \times 月折旧率$$

【例3-4】 某企业有一幢仓库，原值为180万元，预计使用年限为20年，预计净残值率为5%，该仓库的年折旧率、月折旧率和月折旧额计算如下：

$$年折旧率 = (1 - 5\%)/20 \times 100\% = 4.75\%$$
$$月折旧率 = 4.75\% \div 12 = 0.396\%$$
$$月折旧额 = 1\,800\,000 \times 0.396\% = 7128(元)$$

在实际工作中，企业按照固定资产原值乘以月固定资产折旧率，按月计算固定资产折旧额。固定资产折旧率可以分为个别或单项折旧率、分类折旧率和综合折旧率。固定资产个别折旧率，是指某项固定资产在一定期间的折旧额与该项固定资产原值的比率。它是按单项固定资产计算的折旧率。固定资产分类折旧率是指固定资产分类折旧额与该类固定资产原值的比例。采用分类折旧的方法，应先把性质、结构和使用年限接近的固定资产归纳为一类，再按类计算平均折旧率。固定资产的综合折旧率是指某一期间企业全部固定资产折旧额与全部固定资产原值的比例。

④ 双倍余额递减法。双倍余额递减法是在不考虑固定资产净残值的情况下，根据每期期初固定资产账面余额和双倍的直线法折旧率计算固定资产折旧的一种方法。计算方法为：

$$年折旧率 = 2/预计使用年限 \times 100\%$$
$$月折旧率 = 年折旧率/12$$
$$月折旧额 - 固定资产账面净值 \times 月折旧率$$

实行双倍余额递减计提折旧的固定资产，应当在其固定资产折旧年限到期以前两年内，将固定资产净值（扣除净残值）平均摊销。

【例3-5】 某企业进口一台设备，安装完毕后，固定资产原值为30万元，预计使用年限8年，预计净残值收入6 000元。按双倍余额递减法计算该设备的各年折旧额。

$$双倍直线折旧率 = 2/8 \times 100\% = 25\%$$
$$第一年应提折旧 = 300\,000 \times 25\% = 75\,000(元)$$
$$第二年应提折旧 = (300\,000 - 75\,000) \times 25\% = 56\,250(元)$$
$$第三年应提折旧 = (300\,000 - 75\,000 - 56\,250) \times 25\% = 33\,750(元)$$
$$第四年应提折旧 = (168\,750 - 33\,750 - 6\,000)/2 = 64\,500(元)$$
$$第五年应提折旧 = (168\,750 - 64\,500 - 6\,000)/2 = 49\,125(元)$$

每年每月折旧额根据年折旧额除以12来计算。

上述的四种固定资产折旧方法中，双倍余额递减法和年数总和法属于加速折旧法。采用加速折旧法后，在固定资产使用的早期多提折旧，后期少提折旧，其递减的速度逐年加快。加快折旧速度的目的是使固定资产的成本在估计耐用年限内加快得到补偿。

物流企业或企业物流运输部门计提固定资产折旧的方法，对于货运营运车辆一般采用工作量法，其余各类固定资产一般采用平均年限法。企业于月末计提固定资产折旧，并按其使用部门进行归集和分配。营运车辆的折旧费记入"主营业务成本——运输支出"科目及有关明细账。辅助生产部门的固定资产折旧费记入"辅助营运费用"科目及有关明细账。车站、车场等基层单位的固定资产折旧应记入"营运间接费用"科目及有关明细账。行政管理部门的固定资产折旧费应记入"管理费用"科目及有关明细账。每月计提折旧的工作一般是通过编制"固定资产折旧计算表"来完成的。

【例 3－6】 某企业物流部门某年某月的固定资产折旧计算表如表 3－4 所示。

表 3－4 某年某月固定资产折旧计算表

单位：元

借方科目	使用部门	本月计提折旧额				合计
		营运车辆	非营运车辆	机器设备	建筑物	
主营业务成本——运输支出	货运一队	60 000				60 000
	货运二队	58 000				58 000
辅助营运费用	保修部门		800	1 800	600	3 200
营运间接费用	车站、车队		600	500	800	1 900
管理费用	公司本部		1 200	2 200	2 800	6 200
合 计		118 000	2 600	4 500	4 200	129 300

根据表 3－4 编制会计分录如下。

借：主营业务成本——运输支出——货运一队（折旧费） 60 000

               ——货运二队（折旧费） 58 000

    辅助营运费用——折旧费 3 200

    营运间接费用——折旧费 1 900

    管理费用——折旧费 6 200

  贷：累积折旧 129 300

（4）轮胎费用的归集和分配。汽车轮胎包括外胎、内胎和垫带三部分，由于内胎和垫带价值较低，可以视同一般消耗材料，在领用时一次直接计入材料成本费用账户。对于汽车外胎，由于价值较高，更换频繁，所以，营运车辆的轮胎在领用时（管理部门的车用轮胎在领用时一般按实际领用数计入成本费用），可以采用以下方法核算。

① 一次摊销法。是指在营运轮胎领用时，一次将轮胎的价值计入运输成本。会计分录为：

借：主营业务——运输支出

  贷：原材料——轮胎

② 分期摊销法。是指在一次领用营运轮胎数量较大时，将其分期计入运输成本。摊销期以不超过一年为宜。领用轮胎时会计分录为：

借：待摊费用

  贷：原材料——轮胎

按月摊销时，会计分录为：

借：主营业务——运输支出

  贷：待摊费用

③ 按行驶千米数预提的方法。这种核算方法是在新车开始运行后，便逐月按轮胎行驶的千米数（胎千米）预提轮胎费用计入运输成本，待轮胎更换时，再用轮胎的价值冲减预提轮胎费用。

【例 3－7】 某物流公司对管理部门耗用的轮胎按实际领用金额一次计入成本费用，对营运轮胎采用分期摊销的方法进行核算，根据轮胎领用凭证，编制轮胎耗用汇总表如表3-5所示。

表3-5 某年某月轮胎耗用汇总表

单位：元

借方科目	领用部门	规格	实际成本
待摊费用	货运一队	900—20	15 000
	货运二队	900—20	18000
管理部门	公司本部	825—20	3 500
合　计	—		36 500

根据表3-5编制会计分录，据以登记有关总账和明细账。会计分录如下。

借：待摊费用——轮胎　　　　　　　　　　　　　　　　　　　33 000
　　管理费用——轮胎　　　　　　　　　　　　　　　　　　　 3 500
　　贷：原材料——轮胎　　　　　　　　　　　　　　　　　　　　36 500

假设本月领用的营运轮胎费用按6个月的摊销期分摊计入运输成本，经计算得知：本月货运一队负担轮胎费用为2 500元，货运二队负担轮胎费用为3 000元，编制会计分录如下。

借：主营业务——运输支出——货运一队（轮胎）　　　　　　　 2 500
　　　　　　　　　　　　　　货运二队（轮胎）　　　　　　　 3 000
　　贷：待摊费用——轮胎　　　　　　　　　　　　　　　　　　　 5 500

（5）材料费用的归集和分配。材料费用主要包括轮胎内胎、垫带、修理用备件及各种消耗性材料等费用。企业在经营过程中耗用的材料，应按照材料的领用部门和用途归类，车队营运车辆耗用的材料，应记入"主营业务——运输成本支出"科目及有关明细账；辅助生产部门耗用的材料，应记入"辅助营运费用"科目及有关明细账；车站、车场耗用的材料，应记入"营运间接费用"科目及有关明细账；行政管理部门耗用的材料，应记入"管理费用"科目及有关明细账。

在实际工作中，企业应于月末根据"材料发出汇总表"编制"材料费用分配表"，将材料费用计入成本费用。

【例3-8】　某物流公司的材料费用分配表，如表3-6所示。

表3-6 某年某月材料费用分配表

单位：元

借方科目	领用部门	内胎、垫带	修理备用件	消耗性材料	合　计
主营业务成本——运输支出	货运一队	1 600			1 600
	货运二队	1 300			13 00
辅助营运费用	保修部门		2 600	280	2 880
营运间接费用	车队、车站	600			600
管理费用	公司本部	300			300
合　计		3 800	2 600	280	6 680

根据表 3 –6 编制会计分录，据以登记有关总账和明细账。会计分录如下。

借：主营业务成本——运输支出——货运一队（材料）　　　　　　　　1 600

　　　　　　　　　　　　——货运二队（材料）　　　　　　　　1 300

　　辅助营运费用——材料费　　　　　　　　　　　　　　　　　　2 880

　　营运间接费用——材料费　　　　　　　　　　　　　　　　　　600

　　管理费用——材料费　　　　　　　　　　　　　　　　　　　　300

　　贷：原材料　　　　　　　　　　　　　　　　　　　　　　　　　　6 680

（6）保修费用的归集和分配。企业物流部门或物流运输企业车辆的各级保养和修理作业，分别由车队保修班和企业所属保修部门（保修厂）进行。由车队保修班进行的各级保修和小修理的费用，包括车队保修工人的工资及职工福利费、行车耗用的机油和保修车辆耗用的燃料、润滑材料和备品配件等，一般可以根据各项凭证汇总，全部直接计入各成本核算对象的成本。对于保修班发生的共同性费用，可按营运车日比例分配计入各车队运输成本。由保修部门进行保修所发生的费用属于辅助生产费用，在发生时先计入"辅助营运费用"账户，月终按受益对象进行分配后，计入有关成本费用。保修费的分配在后面的"辅助营运费用分配"中介绍。

（7）大修费用的归集和分配。企业货运营运车辆既可由外部专门修理单位进行大修，也可由企业内部专设保修部门进行大修。车辆大修的特点主要表现为修理时间长、费用高、修理范围大。为均衡各期的成本费用，大修费用应当采用待摊或预提的办法核算。但通常均在费用发生时，作为本期费用，一次计入本期营运成本。

① 大修费采用待摊办法的核算。在这种办法下，当发生车辆大修费时，将其计入"待摊费用"账户，再按受益期分期摊入营运成本。会计分录如下。

借：待摊费用

　　贷：银行存款等

按月平均摊销时：

借：主营业务——运输支出

　　贷：待摊费用

② 大修费用采用预提方法的核算。在这种方法下，在车辆进行大修之前，按月预提大修费用，计入当期成本费用，当实际发生大修费时再冲减预提费用。

按月预提大修费时：

借：主营业务——运输支出

　　贷：预提费用

发生大修费时：

借：预提费用

　　贷：银行存款等

同时，还应按大修费的实际发生数与已预提数的差额，借记或贷记"主营业务成本——运输支出"账户。

【例 3 –9】　某企业的物流部门的车辆大修由外部专业修理厂进行，大修费在发生时一次计入本期运输成本。某年某月以银行存款支付车辆大修费用 8 000 元，其中货运一队车辆大修费 2 800 元，货运二队车辆大修费 3 200 元，公司管理部门用车大修费 1 500 元，分别计入相关成本费用账户。会计分录如下。

借：主营业务成本——运输支出——货运一队（保修费）　　　　2 800

　　　　　　　　　　　　——货运二队（保修费）　　　　3 200

　　管理费用——大修费　　　　2 000

　　贷：银行存款　　　　8 000

（8）辅助营运费用的归集和分配。辅助营运费用主要指为本企业车辆、装卸机械进行保养修理而设置的保修车间在提供劳务和生产产品时所发生的各项费用。

辅助营运费用的归集和分配是通过"辅助营运费用"科目进行的。一般应按车间及产品或劳务的种类设置明细账，并按照成本项目或费用项目设置专栏进行明细核算。辅助生产过程中发生的直接材料、直接人工费用分别根据"材料费用分配表"、"工资及福利分配表"和有关凭证，记入该科目及其明细账的借方。辅助生产发生的间接费用，应先记入"营运间接费用"科目借方，然后再分配转入"辅助营运费用"科目。如果辅助生产车间规模较小，发生的间接费用较少，且不对外销售产品和提供劳务，为了简化核算工作，间接费用可以不通过"营运间接费用"账户核算，而直接记入"辅助营运费用"账户。这种情况下，"辅助营运费用"明细账应按照成本项目与费用项目相结合设置专栏。下面举例说明辅助营运费用的归集方法。

【例3-10】　某物流公司下设一个汽车保修部门，某年某月的"辅助营运费用明细账"如表3-7所示，其中各项费用是根据前述各种费用分配表登记的。

辅助生产部门主要是为营运生产部门服务的，月终应将归集在辅助营运费用明细账借方的全部费用转给受益单位。如果受益单位只有一个，应将全部辅助营运费用转给这个受益单位；如果受益单位不止一个，则要根据一定的标准进行分配。

【例3-11】　根据表3-7辅助营运费用明细账归集的本月辅助营运费用为25 930元，按修理工时比例进行分配。本月总修理工时为500 h，其中货运一队耗用220工时，货运二队耗用280工时，则辅助营运费用分配如下：

$$分配率 = 25\ 930/500 = 51.86(元/工时)$$
$$货运一队负担辅助营运费用 = 220 \times 51.86 = 11\ 409.2(元)$$
$$货运二队负担辅助营运费用 = 280 \times 51.86 = 14\ 520.8(元)$$

表3-7　某年某月辅助营运费用明细账

单位：元

摘要	工资福利费	燃料	折旧	材料	其他	合计
根据表3-1		2 600				2 600
根据表3-2	17 250					17 250
根据表3-4			3 200			3 200
根据表3-6				2 880		2 880
合计	17 250	2 600	3 200	2 880		25 930

在实际工作中，辅助营运费用的分配是通过编制辅助营运费用分配表进行的，辅助营运费用分配表如表3-8所示。

表 3 - 8　某年某月辅助营运费用分配表

成本核算对象	分配标准（修理工时）	分配率/%	分配额/元
货运一队	220	51.86	11 409.2
货运二队	280	51.86	14 520.8
合　计	500		25 930

根据表 3 - 8 编制会计分录。

借：主营业务成本——运输支出——货运一队（保修费）　　　　11 409.2

　　　　　　　　　　　　——货运二队（保修费）　　　　14 520.8

　　贷：辅助营运费用　　　　　　　　　　　　　　　　　　　25 930

（9）营运间接费用的归集和分配。营运间接费用是指企业所属的基层货物运输营运单位（车队、车场、车站）为组织和管理营运生产过程所发生的不能直接计入成本核算对象的各种间接费用。

营运间接费用是通过营运间接费用科目进行归集和分配的。企业如果实行站、队两级核算制，则营运间接费用账户应按基层设置明细账，并按费用项目进行核算。企业如果实行公司集中核算制，则可以不按基层营运单位设置明细账，而直接按费用项目进行明细核算。

【例 3 - 12】　某物流公司的营运成本由公司集中核算。某年某月各车队、车场的间接费用，除前述例题中的燃料费、工资及福利费、折旧费外，还有以下几项：以现金支付办公费 300 元，本月应负担水电费 550 元，等等。各项营运间接费用已记入"营运间接费用明细账"，如表 3 - 9 所示。

表 3 - 9　某年某月营运间接费用明细账

摘要	燃料费	工资及福利	折旧费	材料	水电费	办公费	其他	合计
根据表 3 - 1	2 400							2 400
根据表 3 - 2		13 800						13 800
根据表 3 - 4			1 900					1 900
根据表 3 - 6				600				600
略					550			550
略						300		300
合计	2 400	13 800	1 900	600	550	300		19 550

月末应将归集起来的营运间接费用分配给各成本核算对象。实行公司和车队、车站两级核算制的企业，车队、车站等单位发生的营运间接费用（通称车队经费、车站经费）是分别设置明细账归集的。在分配时，车队经费可以分别直接计入车队运输账本。车站经费全部由运输业务负担，一般应按照车队营运车日比例分配计入车队运输成本。实行公司集中核算制的企业，各车队、车站发生的营运间接费用是合并设账归集的，归集起来的全部营运间接费用应按照营运车日比例分配计入各车队运输成本。

【例 3 - 13】　某物流公司只经营货运运输业务，实行公司集中核算制，各站、队合并设账归集营运间接费用，按某年某月的营运间接费用明细账归集的本月营运间接费用为19 550元，按营运车日共计1 955日，其中货运一队955日，货运二队1 000日。根据以上资料，编制营运间接费用分配表如表3 – 10所示。

表3 – 10　某年某月营运间接费用分配表

成本核算对象	分配标准/营运车日	分配率/%	分配额/元
货运一队	955	10	9 550
货运二队	10 00	10	10 000
合　　计	19 55		19 550

根据表3 – 10编制会计分录如下。

借：主营业务成本——运输支出——货运一队（营运间接费用）　　　9 550

　　　　　　　　　　　　——货运二队（营运间接费用）　　　10 000

　　贷：营运间接费用　　　　　　　　　　　　　　　　　　　　　19 550

3）运输成本核算

（1）运输成本明细账的设置与登记。运输成本是在各项运输费用的归集和分配的基础上，通过登记运输支出明细账计算出来的。运输支出明细账应按成本核算对象开设，按成本项目划分专栏进行登记。

【例3 – 14】　某企业某年某月的运输支出明细账如表3 – 11和表3 – 12所示，其中各项费用是根据本节前述各种费用分配表登记的。

（2）运输总成本和单位成本的计算。运输总成本是车辆直接费用与营运间接费用之和。运输单位成本是运输总成本除以运输周转量。企业应于月末编制运输成本核算表，计算出当月运输总成本和单位成本。运输单位成本的计算公式为：

$$运输单位成本（元/吨千米）=运输总成本/运输周转量$$

表3 – 11　运输支出明细表（货运一队）

单位：元

摘　　要	车辆直接费用							营运间接费用	合　计
	燃料	人工	折旧	轮胎	材料	保修	其他		
根据表3 – 1	127 000								127 000
根据表3 – 2		50 000							50 000
根据表3 – 2		7 500							7 500
根据表3 – 4			60 000						60 000
根据表3 – 5				2 500					2 500
根据表3 – 6					1 600				1 600
根据表3 – 8						11 409			11 409
摊销大修费						2 800			2 800
支付车管费等							18 000		18 000
根据表3 – 10								9 550	9 550
合　　计	127 000	57 500	60 000	2 500	1 600	14 209	18 000	9 550	290 359

表 3 – 12　运输支出明细表（货运二队）

单位：元

摘　要	车辆直接费用							营运间接费用	合　计
	燃料	人工	折旧	轮胎	材料	保修	其他		
根据表 3 – 1	136 000								136 000
根据表 3 – 2		51 000							51 000
根据表 3 – 2		7 650							7 650
根据表 3 – 4			58 000						58 000
根据表 3 – 5				3 000					3 000
根据表 3 – 6					1 300				1 300
根据表 3 – 8						14 521			14 521
摊销大修费						3 100			3 100
支付车管费等							23 000		23 000
根据表 3 – 10								10 000	10 000
合　计	136 000	58 650	58 000	3 000	1 300	17 621	23 000	10 000	307 571

【例 3 – 15】　某物流公司某年某个月份的运输成本核算表如表 3 – 13 所示，该公司在这个月份的运输周转量为 3 000 千吨千米，其中货运一队为 1 600 千吨千米，货运二队为 1 400 千吨千米。

表 3 – 13　运输成本核算表

编制单位：　　　　　　　　　　　　　××年×月　　　　　　　　　　　　　单位：元

		本月实际		
		合　计	货运一队	货运二队
车辆直接费用	1. 燃料		127 000	136 000
	2. 工资及福利费		57 500	58 650
	3. 折旧费		60 000	58 000
	4. 轮胎费		2 500	3 000
	5. 材料费		1 600	1 300
	6. 保修费		14 209	17 621
	7. 其他费用		18 000	23 000
营运间接费用			9 550	10 000
运输总成本		597 930	290 359	307 571
运输周转量		3 000 000	1 600 000	1 400 000
运输单位成本		0.199 3	0.181 5	0.219 7

3.3 配送成本分析与核算

3.3.1 配送的流程、方式及作用

配送是流通领域中一种以社会分工为基础的，综合性、完善化和现代化的送货活动。在国家标准《物流术语》（GB/T 18354—2006）中将配送定义为："在经济合理区域范围内，根据用户要求，对物品进行拣选、加工、包装、分割、组配等作业，并按时送达指定地点的物流活动。"在市场经济高度发达的当今社会，客户对货物的品种、质量、数量、包装方式等要求往往是多种多样的。物流企业要做好对客户的配送服务，必须通过一定的准备和流程才能完成。

1. 配送流程

1）集货

集货是配送的重要环节，为了满足对配送货物数量及品种的需求，必须通过物流运输系统从生产厂家或仓库调运大量的货物，集中起来，并按要求将货物分配到指定的容器或场所，这就是集货过程。集货是配送的准备工作或基础工作。配送的优势之一，就是可以集中客户的需求进行一定规模的集货。

2）分拣

分拣是指企业将货物按品种、出入库先后顺序进行分门别类堆放的作业。分拣是配送不同于其他物流形式的功能要素，也是关系配送成败的一项重要支持性工作，它是完善送货、支持送货的准备性工作，是不同配送企业在送货时进行竞争和提高自身经济效益的必然延伸。所以，也可以说分拣是送货向高级形式发展的必然要素。有了分拣，就会大大提高送货的服务水平。

3）配货

配货是指企业使用各种拣选设备和传输装置，将存放的货物按客户的要求分拣出来，配备齐全，送入指定发货地点的物流作业。

4）配装

在向单个客户配送的货物数量不能达到车辆的有效载运负荷时，就存在如何集中不同客户的配送货物，进行搭配装载以充分利用运能、运力的问题，这就需要配装。在配装货物时，既要考虑车辆的载重量，又要考虑车辆的容积，使车辆的载重量和容积都能得到有效的利用。这样就可以节省运力，大大提高送货水平，降低送货成本。所以配装也是配送系统中有现代特点的功能要素，也是现代配送不同于传统送货的重要区别之一。

5）配送运输

配送所包含的那一部分运输处于"末端运输"、"支线运输"、"终端运输"的地位，和一般运输形态的主要区别在于：配送运输是较短距离、较小规模、频度较高的运输形式，一般使用汽车做运输工具。与干线运输的另一个区别是，配送运输的路线选择问题是一般干线运输所没有的。干线运输的干线是唯一的运输线，而配送运输由于配送客户多。一般城市交通线路比较复杂，如何优化最佳配送线路，如何使配装和路线有效搭配等是配送运输的特点。

6）送达服务

将配好的货物运送到客户还不算配送工作的结束，这是因为送达货物和客户接收货物往

往往会出现不协调,使配送前功尽弃。因此,要圆满地完成运送货物的移交,有效地、方便地处理相关手续并完成结算,还应和客户协商卸货地点、卸货方式等。送达服务也是配送独具的特殊功能。

7)配送加工

配送加工是按照配送客户的要求所进行的流通加工。在配送中,配送加工这一功能要素不具有普遍性,但往往是有重要作用的功能要素。这是因为通过配送加工,可以大大提高客户的满意程度。配送加工是流通加工的一种,但配送加工有其自己的特点,即配送加工一般只取决于客户的要求,其加工目的较为单一。

8)回程

在执行完配送任务之后,配送车辆需要回程。在一般情况下,回程车辆往往空驶。这是降低配送效益、提高配送成本的因素之一。在规划配送线路时,回程路线应尽量缩短。在进行稳定的、有计划的配送时,回程车辆可将包装物、残次品等运回集中处理,或者将用户的商品运回配送中心,作为配送中心的资源,向其他用户进行配送。

2. 配送方式

根据不同的分类标志,配送方式有不同的分类方法。按配送的商品种类和数量不同分类,配送服务方式可分为单(少)品种大批量配送、多品种少批量配送、成套配套配送等;如果按照经营形式的不同分类,配送方式可以分为销售配送、供应配送、销售供应一体化配送及代存代供配送;如果按照配送时间和数量多少进行分类,配送方式可以分为定时配送、定量配送、定时定量配送、定时定路线配送和即时配送。下面从配送时间和数量的角度,对配送方式进行说明。

1)定时配送

定时配送是指根据配送企业和客户双方达成的配送时间协议,按照固定的时间和固定的时间间隔进行的配送。配送的品种及配送的数量可预先在协议中确定,实行计划配送;也可以根据用户的实际需要以双方商定的信息联络方式通知配送品种及数量。

定时配送这种方式,由于时间确定,对用户而言,可以根据自己的经营情况,在合适的时间进货,也易于安排接货力量;对于配送企业而言,这种服务方式易于安排工作计划,有利于对多个用户实行共同配送,易于合理安排配送车辆的使用和线路优化。定时配送有以下几种具体的形式。

(1)小时配送。小时配送是指接到配送信息之后,在一个小时之内将货物送达,这种方式适用于一些消费者突发的需求所产生的配送要求。也是配送系统中应急的配送方式。

(2)日配。日配是接到配送信息之后,在 24 小时之内将货物送达的配送方式,日配是定时配送中实行较为广泛的配送方式。一般而言,日配的时间要求方式是以工作日为基本单位,如上午的配送订货,下午送达;下午的配送订货,第二天早上送达。这样就可以使用户获得前置时间的服务保障。

日配方式广泛而稳定开展,可以使用户基本上无须保持库存,进而实现"零库存",降低其库存成本。

(3)准时配送方式。这是指按照双方协议的时间,配送企业准时将货物送到用户指定地点的配送方式。与小时配送和日配送相比,准时配送往往是根据用户的生产节奏,按指定的时间将货送达,配送方式更为精密,可以实现真正的"零库存"。准时制配送方式要求有很高水平的配送系统作为保证。

2）定量配送

定量配送是按事先双方协议规定的数量进行配送。定量配送数量固定，备货工作有较强的计划性，可以按托盘、集装单元及车辆的装载能力来有效地选择配送的数量，配送效率高。

3）定时定量配送

定时定量配送是按照规定的配送时间和配送数量进行配送。定时定量配送兼有定时、定量两种方式的优点，是一种精密的配送方式。这种配送方式计划性更强，要求更高，服务成本高，一般在用户有特殊要求时采用，不是一种普遍适用的方式。

4）定时定路线配送

定时定线路配送是指配送的车辆每天按照固定的行车路线、规定的时间进行配送。用户可以按照配送企业规定的路线及规定的时间选择这种配送服务，并到指定时间及指定位置接货。这种配送方式的服务对象是商业区的繁华地段。

5）即时配送

即时配送是完全按照用户突然提出的配送要求随即进行配送的方式，是有很高灵活性的一种应急方式。即时配送是对配送服务进行补充和完善，也是配送企业应当具有的能力。

3. 配送在物流中的作用

配送业务与运输、仓储、装卸搬运、流通加工、包装和物流信息融为一体，构成物流系统的功能体系。总体而言，实行配送制有利于物流的快速发展，具有十分重要的意义和作用。其作用具体表现为以下几方面。

1）提高企业物流系统运行的经济效益，有助于物流活动实现合理化

采取配送方式，一则通过统一订货，增大订货经济批量，降低进货成本，二则通过将顾客所需的各种商品配备好，集中向客户发货，以及将多个客户所需的小批量商品集中在一起进行发货等方式，减少运输费用；三则通过集中库存，使企业降低库存量。通常，在资源配置方面，配送表现为以专业组织的库存（集中库存）代替社会上的零散库存。很明显，采用这种方式衔接产需关系，客观上可以打破流通分割和封锁的格局，改变相关企业家家户户设仓库及流通分散的状态，进而能够很好地满足社会化大生产发展的需要，最终促进经济高质量、快速向前发展。从这个意义上说，配送是实现物流活动合理化的重要手段。

2）简化手续，方便客户，提高服务质量

采用配送方式，客户只需向一个企业订购，就可以订到以往需要向许多企业订购才能订到的货物，接货手续也可简化。因而，大大减轻了客户工作量，节省了开支，方便了客户，提高了服务质量。

3）配送有利于合理配置资源

常识告诉我们，在库存分散的状态下，经常会出现物资超储积压和设备闲置的现象。而将分散的库存物资集中于配送企业以后，由于后者的服务对象是社会上的众多客户，因而很容易将超储物资派上用场，实现其价值和使用价值。由此不难看出，就集中库存、统筹规划库存和统一利用库存物资这几项配送功能而言，推行配送制也能够使资源趋于合理化。

4）配送有利于开发和应用新技术，从而能够促进物流领域科学技术的不断进步

配送是一种综合性的、小范围内的物流活动，配送包含着备货和送货两项活动。据此，

欲想顺利开展配送活动，就必须配备相应的各种物流设施和设备。实际上，目前在许多物流业较发达的国家，为了适应服务范围的不断扩大及操作频率明显加快的需要，其配送组织已相继淘汰了老式设备和部分通用设备，相应建立起了自动化的立体仓库，安装了自动分拣设备和配备了自动传达装置等。因此，配送的发展在一定程度上起到了促进科技进步的作用。

5）配送可以降低物流成本

有关资料表明，在我国实行配送制的生产企业，其物资库存量比过去降低了 25%～75%。石家庄市实行机电产品配送以后，使参与这项活动的 40 余家生产企业的费用开支减少了 50%。不难看出，配送对生产发展所起的促进作用是非常明显的。

3.3.2　配送成本构成

配送是流通领域中一种以社会分工为基础的，综合性、完善化和现代化的送货活动。配送成本（或称为配送费用），是物流企业向客户提供配送服务过程中所支付的费用总和。配送是拣选、包装、加工、分割、组配、送货等各种物流活动的有机结合，因此，配送成本是由配送运输费用、分拣费用、配装费用及流通加工费用构成的。

1）配送运输费用

配送运输费用主要包括以下几个方面。

（1）车辆费用。车辆费用指从事配送运输生产而发生的各项费用。具体包括驾驶员和助手等的工资及福利费、燃料费、轮胎费、修理费、折旧费、车船使用税等项目。

（2）营运间接费用。营运间接费用是指营运过程中发生的不能直接计入各成本核算对象的站、队经费。包括站、队人员的工资及福利费、办公费、水电费、折旧费等内容，但不包括管理费用。

2）分拣费用

（1）分拣直接费用。

① 工资，指按规定支付给分拣作业工人的标准工资、奖金、津贴等。

② 职工福利费，指按工资总额和规定的提取标准计提的职工福利费。

③ 修理费，指对分拣机械进行保养和修理所发生的工料费用。

④ 折旧费，指分拣机械按规定计提的折旧费。

⑤ 其他费用，指不属于以上各项的直接费用。

（2）分拣间接费用。分拣间接费用是配送分拣管理部门为管理和组织分拣生产，需要由分拣成本负担的各项管理费用和业务费用。

3）包装费用

包装起着保护产品、方便储运、促进销售的作用。绝大多数商品只有经过包装，才能进入流通领域。据统计，包装费用占全部流通费用的 10% 左右，有些商品（特别是生活消费品）的包装费用高达 50%。而配送成本中的包装费用，一般是指为了销售或配送的方便所进行的再包装的费用。

（1）包装机械费用。包装机械费用的应用不仅可以极大地提高包装的劳动生产率，也大幅度地提高了包装的水平。但包装机械的广泛使用，也使得包装费用明显提高。

（2）包装人工费用。从事包装工作的工人及有关人员工资、奖金、补贴等费用的总和。

（3）包装材料费。常见的包装材料有木材、纸、金属、自然纤维和合成纤维、玻璃、塑料等。这些包装材料功能不同，成本相差也很大。物资包装花费在材料上的费用称为包装材料费用。

（4）包装技术费用。为使物资在流通过程中免受外界不良因素的影响，物资包装时一般要采取一定的技术措施，如缓冲包装技术、防震包装技术、防锈包装技术等。这些技术措施的设计、实施所支出的费用，合称为包装技术费用。

（5）包装辅助费用。除上述包装费用外，还有一些辅助性费用，如包装标记、标志的印刷和拴挂物费用等。

4）流通加工费用

为了提高配送效率，便于销售，在物资进入配送中心后，必须按照用户的要求进行一定的加工活动，这便是流通加工。由此而支付的费用称为流通加工费用。

（1）流通加工劳务费用。在流通加工过程中从事加工活动的管理人员、工人及有关人员工资、奖金等费用的总和，即流通加工劳务费用。应当说明，流通加工劳务费用的大小与加工的机械化程度和加工形式存在着密切关系。一般来说，加工机械化程度越高，则劳务费用越低，反之则劳务费用越高。

（2）流通加工材料费用。在流通加工过程中，投入到加工过程中的一些材料消耗所需要的费用，即为流通加工材料费用。

（3）流通加工设备费用。流通加工设备因流通加工的形式不同而不同。比如剪板加工需要剪板机，木材加工需要电锯等，购置这些设备所支出的费用，以流通加工费的形式转移到被加工的产品中去。

（4）流通加工其他费用。除上述费用外，在流通加工中耗用的电力、燃料、油料等费用，也应加到流通加工费用之中去。

3.3.3　配送成本的核算

配送是由拣选、包装、加工、组配、配备、配置、送货等几个基本物流环节的组成，而每个环节又包括若干具体作业活动。因此，配送成本费用的核算是多环节核算，各环节的成本核算都具有各自的特点，如流通加工的费用核算与配送运输费用的核算具有明显的区别，其成本核算对象及成本核算单位都不同。配送的每个环节都应当计算其成本核算对象的总成本，各环节的总成本之和就是配送成本费用总额。

需要指出的是，在进行配送成本费用核算时应避免配送成本费用的重复交叉计算。

1. 分拣成本的核算

分拣成本是指分拣机械及人工在完成货物分拣过程中所发生的各种费用，包括分拣直接费用和分拣间接费用。

1）分拣成本项目和内容

（1）分拣直接费用。

①工资，指按规定支付给分拣作业工人的标准工资、奖金、津贴等。

②职工福利费，指按规定的工资总额和提取标准计提的职工福利费。

③修理费，指对分拣机械进行保养和修理所发生的工料费用。

④折旧费，指分拣机械按规定计提的折旧费。

⑤其他费用，指不属于以上各项的直接费用。

（2）分拣间接费用。是指配送分拣管理部门为管理和组织分拣生产，需要由分拣成本负担的各项管理费用和业务费用。

上述分拣直接费用和分拣间接费用构成了配送环节的分拣成本。

2）分拣成本的计算方法

配送分拣过程中发生的成本费用，应按照规定的成本核算对象和成本项目，计入分拣成本。

（1）工资及职工福利费。根据"工资分配汇总表"和"职工福利费计算表"中分配的金额计入分拣成本。

（2）修理费。辅助生产部门对分拣机械进行保养和修理的费用，根据"辅助生产费用分配表"中分配的分拣成本金额计入成本。

（3）折旧。根据"固定资产折旧计算表"中按照分拣机械提取的折旧金额计入成本。

（4）其他。根据"低值易耗品发出凭证汇总表"中分拣成本领用的金额计入成本。

（5）分拣间接费用。根据"配送间接费用分配表"计入分拣成本。

物流配送企业月末应编制配送分拣成本核算表，以反映配送分拣总成本。

分拣成本核算表的格式如表 3－14 所示。

表 3－14　分拣成本核算表

编制单位：　　　　　　　　　　　　　××年×月　　　　　　　　　　　　　单位：元

项　　目	计算依据	合　　计	分拣品种		
			货物甲	货物乙	
一、分拣直接费用					
工资					
福利费					
修理费					
折旧费					
其他费用					
二、分拣间接费用					
分拣总成本					

2. 配送运输成本的核算

配送运输成本是指配送车辆在配送货物过程中所发生的费用，包括各种车辆费用和配送间接费用。配送运输成本的核算方法与 3.2 节所述运输成本核算方法基本相同，这里只作简单介绍。

1）配送运输成本构成

（1）工资及职工福利费。根据"工资分配汇总表"和"职工福利费计算表"中各车型分配的金额计入成本。

（2）燃料。根据"燃料发出凭证汇总表"中各车型耗用的燃料金额计入成本。配送车辆在本企业以外的油库加油，其领发数量不作为企业购入和发出处理的，应在发生时按照配送车辆领用数量和金额计入成本。

（3）轮胎。轮胎外胎采用一次摊销法的，根据"轮胎发出凭证汇总表"中各车型领用的金额计入成本；采用按行驶胎千米提取法的，根据"轮胎摊提费计算表"中各车型应负担的摊提额计入成本。

发生轮胎翻新费时，根据付款凭证直接计入各车型成本或通过待摊费用分期摊销计入各车型成本。内胎、垫带根据"材料发出凭证汇总表"中各车型领用金额计入成本。

（4）修理费。辅助生产部门对配送车辆进行保养和修理的费用，根据"辅助营运费用分配表"中分配各车型的金额计入成本。

（5）折旧费。根据"固定资产折旧计算表"中按照车辆种类提取的折旧金额计入成本。

（6）运输管理费。配送车辆应缴纳的运输管理费，应在月终计算成本时，编制"配送营运车辆应缴纳管理费计算表"，据此计入配送运输成本。

（7）车船使用税、行车事故损失和其他费用。如果是通过银行转账、应付票据、现金支付的，根据付款凭证等直接计入有关的车辆成本；如果是在企业仓库内领用的材料物资，根据"材料发出凭证汇总表"、"低值易耗品发出凭证汇总表"中各车型领用的金额计入成本。

（8）营运间接费用。根据"营运间接费用分配表"计入有关配送车辆成本。

2）配送运输成本核算表

物流配送企业月末应编制配送运输成本核算表，以反映配送运输总成本和单位成本。配送运输总成本是指成本核算期内成本核算对象的成本总额，即各个成本项目金额之和。成本核算期内各成本核算对象的成本总额除以实际周转量就是输送运输单位成木。

配送运输成本核算表的格式如表3-15所示。

表3-15　配送运输成本核算表

编制单位：　　　　　　　　　　　　　　××年×月　　　　　　　　　　单位：元

项　　　目	核算依据	配送车辆合　　计	配送营运车辆					
			解放	东风				
一、车辆费用								
工资								
职工福利费								
燃料费								
轮胎费								
修理费								
折旧费								
养路费								
行车事故费								
其他费用								
二、营运间接费用								
三、配送运输总成本								
四、周转量（千吨千米）								
五、单位成本（元/千吨千米）								

3. 配装成本核算

配装是配送活动中的一个重要环节，配装是否合理，直接影响配送成本。配装成本是指在进行配装过程中所发生的各种费用。

1）配装成本项目和内容

（1）配装直接费用。

① 工资，指按规定支付给配装作业工人的标准工资、奖金、津贴。

② 职工福利费。指按工资总额和规定的提取标准计提的职工福利费。

③ 材料费用，指配装过程中消耗的各种材料费用，如包装纸、箱、塑料等。

④ 辅助材料费用，指配装过程中耗用的辅助材料费用，如标志、标签等。

⑤ 其他费用，指不属于以上各项的直接费用，如配装工人的劳保用品费等。

（2）配装间接费用。这是指配装管理部门为管理和组织配装生产所发生的，应由配装成本负担的各项管理费用和业务费用。

上述配装直接费用和配装间接费用构成了配装成本。

2）配装成本的计算方法

配送环节的配装活动是配送的独特要求，在配装过程中所发生的费用应按照规定成本核算对象和成本项目计入配装成本。

（1）工资及职工福利费。根据"工资分配汇总表"和"职工福利费计算表"中分配的应由配装成本负担的金额计入成本。

"职工福利费计算表"是依据"工资结算汇总表"确定的各类人员工资总额，按照规定的提取比例计算后编制的。

（2）材料费用。根据"材料发出凭证汇总表"、"领料单"及"领料登记表"等原始凭证，按配装成本耗用的金额计入成本。

直接材料费用中，材料费用数额是根据领料凭证汇总编制"耗用材料汇总表"确定的；在归集直接材料费用时，凡能分清某一成本核算对象的费用，应单独列出，以便直接计入该配装对象的成本核算单中；属于几个配装成本对象共同耗用的直接材料费用，应当选择适当的方法，分配计入各配装成本核算对象的成本核算单中。

（3）辅助材料费用。根据"材料发出凭证汇总表"、"领料单"中的配装领用金额计入成本。

（4）其他费用。根据"材料发出凭证汇总表"、"低值易耗品发出凭证"中的配装领用金额计入成本。

（5）配装间接费用。根据"配送间接费用分配表"计入配装成本。

3）配装成本核算表

物流配送企业应于月末编制配送环节配装成本核算表，以计算配送总成本。

配装成本核算表的格式如表 3 - 16 所示。

4. 流通加工成本的核算

1）流通加工成本项目和内容

（1）直接材料费。流通加工的直接材料费用是指对流通加工产品加工过程中直接消耗的材料、辅助材料、包装材料及燃料和动力等费用。与工业企业相比，在流通加工过程中的直接材料费用，占流通加工成本的比例不大。

表 3 - 16　配装成本核算表

编制单位：　　　　　　　　　　　　　××年×月　　　　　　　　　　　　　单位：元

项　目	计算依据	合　计	配装品种		
			货物甲	货物乙	
一、配装直接费用					
工资					
职工福利费					
材料费					
辅助材料费					
其他费用					
二、配装间接费用					
配装总成本					

（2）直接人工费用。流通加工成本中的直接人工费用，是指直接进行加工生产的生产工人的工资总额和按其工资总额提取的职工福利费。生产工人工资总额包括计时工资、计件工资、奖金、津贴和补贴、加班工资、非工作时间的工资等。

（3）制造费用。流通加工制造费用是物流中心设置的生产加工单位为组织和管理生产加工所发生的各项间接费用。主要包括流通加工生产单位管理人员的工资及提取的福利费，生产加工单位房屋、建筑物、机器设备等的折旧和修理费、生产单位固定资产租赁费、物料消耗、低值易耗品摊销、取暖费、水电费、办公费、差旅费、保险费、试验检验费、季节性停工和机器设备修理期间的停工损失及其他制造费用。

2）流通加工成本项目的归集

（1）直接人工费用的归集。计入成本中的直接人工费用的数额，是根据当期"工资结算汇总表"和"职工福利费计算表"来确定的。

"工资结算汇总表"是进行工资结算和分配的原始依据。它是根据"工资结算单"按人员类别（工资用途）汇总编制的。"工资结算单"应当依据职工工作卡片、考勤记录、工作量记录等工资计算的原始记录编制。

"职工福利费计算表"是依据"工作结算汇总表"确定的各类人员工资总额，按照规定的提取比例计算后编制的。

（2）直接材料费用的归集。直接材料费用中，材料和燃料费用数额是根据全部领料凭证汇总编制的"材料耗用汇总表"确定的；外购动力费用是根据有关凭证确定的。

在归集直接材料费用时，凡能分清某一成本核算对象的费用，应单独列出，以便直接计入该加工对象的成本核算单中；属于几个加工成本对象共同耗用的直接材料费用，应当选择适当的方法，分配计入各加工成本核算对象的成本核算单中。

（3）制造费用的归集。制造费用是通过设置制造费用明细账，按照费用发生的地点来确定的。月末，将归集起来的制造费用按一定的方法分配计入各加工成本核算对象的成本核算单中。制造费用明细账按照加工生产单位开设，并按费用明细账项目设专栏组织核算。流通加工制造费用表的格式可以参考工业企业的制造费用表的一般格式。由于流通加工环节的折旧费用、固定资产修理费用等占成本比例较大，其费用归集尤其重要。

3）流通加工成本核算表

物流配送企业月末应编制流通加工成本核算表，以反映流通加工总成本和单位成本。配送环节的流通加工总成本是指成本核算期内成本核算对象的成本总额，即各个成本项目金额的总和。

流通加工成本核算表的格式如表 3 - 17 所示。

表 3 - 17　流通加工成本核算表

编制单位：　　　　　　　　　　　　　　× × 年 × 月　　　　　　　　　　　　　单位：元

项　　目	核算依据	合　　计	流通加工品种		
			产品甲	产品乙	
直接材料					
直接人工					
制造费用					
合　　计					

3.4　装卸搬运成本分析与核算

3.4.1　装卸搬运成本概述

1. 装卸搬运的概念

装卸是指物品的装上和卸下，是上下方向的移动；而搬运是指物品在小范围内的位移，是水平方向的移动。在物流活动中，装卸与搬运是密不可分的，往往是伴随在一起发生的。因此，在物流科学中把两者作为一种活动来对待，统称为装卸搬运，指在同一地域范围内进行的、以改变物品的存放状态和空间位置为主要内容和目的的活动。具体说，包括装上、卸下、移送、拣选、分类、堆垛、入库、出库等活动。在某些特定场合，单称"装卸"或"搬运"也包含了"装卸搬运"的完整含义。如在物流领域常把装卸搬运称为"货物装卸"；在生产领域常把装卸搬运称为"物料搬运"。

2. 装卸搬运的意义

1）装卸搬运在物流活动转换中起承上启下的联结作用

装卸搬运是伴随输送和保管而产生的必要的物流活动，但是和运输产生空间效用、保管产生时间效用不同，它本身不具有明确的价值。但这并不说明装卸搬运在物流过程中不占有重要地位。物流的主要环节，如运输和存储等是靠装卸搬运活动联结起来的。运输的起点有"装"的作业，终点有"卸"的作业；仓储的开始有入库作业，最后以出库作业结束。物流活动其他各个阶段的转换也要通过装卸搬运联结起来。由此可见在物流系统的合理化中，装卸和搬运环节占有重要地位。

2）装卸搬运是控制物流成本费用和降低产品损坏率的重要环节

在物流过程中，装卸搬运不仅发生次数频繁，而且又是劳动密集型、耗费人力的作业，它所消耗的费用在物流费用中也占有相当大的比重。特别是在人工费用日益上涨的现代，对物流成本的影响尤其值得注意。装卸搬运活动频繁发生，作业繁多，这也是产品损坏的重要原因之一。例如，袋装水泥纸袋破损和水泥散失主要发生在装卸过程中，玻璃、机械、器皿、煤炭等产品在装卸时最易造成损失。因此，为了降低物流成本费用和产品损坏率，必须做到装卸搬运的合理化。

3）装卸搬运是提高物流系统效率的关键

装卸搬运的作业内容复杂，有大致数百吨物品的搬运，小至贴标签的轻巧作业；作业对象物品有笨重的钢材、容易破碎的玻璃制品，也有需要特殊条件的鲜活物品，有液态、固态之分，也有散料和成件物品之分。因此在实施机械化、自动化，提高物流系统效率的过程中，装卸搬运环节的问题常常难以解决，是提高系统效率的瓶颈所在。

3. 装卸搬运的方式及特点

1）按照作业场所分类

（1）仓库、配送中心装卸搬运。该类装卸配合出库、入库、维护保养等活动进行，并且以堆垛、上架、取货等操作为主，如出入库、堆码、上架、取货、分类、分拣、传送、掏集装箱、装车、卸车等作业。

（2）汽车装卸搬运。汽车装卸一般一次装卸批量不大，由于汽车的灵活性，可以转向、调头、靠近货物装卸，也可只装卸，不搬运。因而可以减少或根本减去搬运活动，而直接利用装卸作业达到车与其他物流设施之间货物过渡的目的，包括叉车作业、吊车作业、传送带作业和人工作业等。

（3）铁路装卸搬运。铁路装卸是对火车车皮的装进及卸出，特点是一次作业就实现一车皮的装进或卸出，很少有像仓库装卸时出现的整装零卸或零装整卸的情况。如往车厢中装货、从车厢中卸货，有时直接将汽车、坦克开上火车或开下火车，也有时用传送带直接将煤炭、粮食等散货装进车厢。

（4）港口装卸搬运。港口装卸包括码头前沿的装船，也包括后方的支持性装卸搬运，有的港口装卸还采用小船在码头与大船之间"过驳"的办法，装船卸船一般利用大型岸吊，有时直接吊上火车或卡车，有时利用管道直接将粮食、水泥等散货用气压的方法吸进吸出，或卡车直接开上船或开下船。因而其装卸的流程较为复杂，往往经过几次的装卸及搬运作业才能最后实现船与陆地之间货物过渡的目的。

（5）车间装卸搬运。它是指在车间内部工序间进行的各种装卸搬运活动，如原材料、在产品、半成品、零部件、产成品等的取放、分拣、包装、堆码、输送等作业。

2）按照作业特点分类

（1）间歇装卸搬运。间歇装卸有较强的机动性，装卸地点可在较大范围内变动，主要适用于货流不固定的各种货物，尤其适用于包装货物、大件货物，散粒货物也可采取此种方式。吊装机具、叉车、铲车、抓斗、吸盘（用磁铁吸集废钢、废铁）等作业属此类方式。它的优越性是机动性强、作业范围大，装卸搬运货物种类多。

（2）连续装卸搬运。连续装卸搬运主要是同种大批量散装或小件杂货通过连续输送机械，连续不断地进行作业，中间无停顿，货间无间隔。在装卸量较大、装卸对象固定、货物对象不易形成大包装的情况下适合采取这一方式，如配送中心的辊道式输送线、生产车间里的生产流水线、流水作业台及皮带输送机等都属此类方式。

（3）堆码取拆作业。堆码取拆作业包括在车间内、仓库内、运输工具内的堆码和拆垛作业。

（4）分拣配货作业。分拣配货作业是指按品种、用途、到站、去向、货主等不同特征进行的分拣货物作业。

（5）挪动移位作业。挪动移位作业是指单纯地改变货物的水平空间位置的作业。

3）按照作业方式分类

（1）叉上叉下方式。采用叉车从货物底部托起货物，并依靠叉车的转向和行走进行货物位移，搬运完全靠叉车本身，货物不用中途落地直接放置到目的处。这种方式垂直运动不大而主要是水平运动，属水平装卸方式，如用叉车将货物放上卡车车厢、集装箱箱内、货架或地面之上等。叉车作业最适合托盘货物，使用托盘堆码，叉车的装卸具有明显优势。

（2）吊上吊下方式。采用各种起重机械从货物上部起吊，依靠起吊装置的垂直移动实现装卸，并在吊车运行的范围内或回转的范围内实现搬运或依靠搬运车辆实现小搬运。由于吊起及放下属于垂直运动，这种装卸方式属垂直装卸，如从轮船货仓、火车车厢、卡车车厢将货物吊出或吊进作业均属此类装卸搬运方式。岸边装卸桥（岸吊）、龙门吊、卡车吊和集装箱跨车等作业也多为吊上吊下方式。

（3）滚上滚下方式。这种方式主要是港口装卸的一种水平装卸方式。利用各种轮式、履带式车、卡车或叉车载货直接开上轮船，抵达目的港后再直接开下轮船的方式称"滚上滚下"式装卸。滚上滚下方式需要有专门的船舶，对码头也有不同要求，这种专门的船舶称"滚装船"。

滚上滚下方式在铁路上也有应用，如装有货物的卡车直接开上火车，到达目的车站后直接开下火车，所以这种方式亦称"驮背运输"。2002 年年底，我国的跨海火车轮渡已成功运营，也属此类装卸方式。

（4）移上移下方式。这种方式是在两种运载工具之间（如火车及汽车）进行靠接，然后利用各种方式，不使货物垂直运动，而靠水平移动从一个车辆推移到另一个车辆上。移上移下方式需要使两种车辆水平靠接，因此，对站台或车辆货台需要进行改变，并配合移动工具实现这种装卸。

4）按照作业对象分类

（1）单件作业法。单件作业法是指单件、逐件装卸搬运的方法，这是以人力作业为主的作业方法。

（2）集装作业法。集装作业法是指先将货物集零为整，再进行装卸搬运的方法。有集装箱作业法、托盘作业法、货捆作业法、滑板作业法、网装作业法等。

（3）散装作业法。散装作业法是指对煤炭、矿石、粮食、化肥等块、粒、粉状物资，采用重力法（通过筒仓、溜槽、隧洞等方法）、倾翻法（铁路的翻车机）、机械法（抓、舀等）、气力输送法（用风机在管道内形成气流，利用压差来输送）等方法进行装卸。

5）按作业动态分类

（1）垂直装卸搬运。垂直装卸搬运包括如垂直升降电梯、巷道起重机、气力传输装置及吊车等作业方式。作业机具通用性强、应用范围广、灵活性大等是此类方式的特点。

（2）水平装卸搬运。辊道输送机、链条输送机、悬挂式输送机、皮带输送机及手推车、无人搬运车等作业均属此类。

3.4.2 装卸搬运成本的核算

1. 成本核算对象、成本核算单位与成本核算期

装卸搬运成本的核算对象视具体情况而定，如果以机械装卸为主、人工作业为辅，可以不单独计算人工装卸成本；如果以人工装卸作业为主、机械装卸作业为辅，可以不单独计算机械装卸成本。有时，也可以将两者分别计算。所以，装卸搬运成本核算对象是机械装卸和人工装卸。成本核算单位是元/吨或元/千吨。成本核算期为月份。

2. 装卸搬运成本项目

装卸业务成本项目包括装卸直接费用和营运间接费用两类。

1）装卸直接费用

（1）职工工资和福利费。按规定支付给装卸搬运工人、装卸搬运机械司机的计时工资、计件工资等及装卸搬运管理人员的工资和按工资总额计提的职工福利费等。工资福利费根据工资和福利费分配表中有关装卸搬运的部分计入装卸搬运成本。

（2）燃料和动力。指装卸机械在运行和操作过程中所耗用的燃料、动力和电力等。燃料费用在月末根据领用燃料记录，计算实际消耗数量和金额；电力费用则根据收费单或企业分配单直接计入装卸搬运成本。

（3）轮胎。装卸机械领用的外胎、内胎、垫带及其翻新和零星修补费用。

（4）修理。指为装卸搬运机械和工具进行维护和小修所发生的工料成本。装卸搬运机械维修领用的周转总成本和按规定预提的装卸搬运机械的大修成本，也列入本项目。其中，属于专职装卸机械维修工进行维修的工料费，直接计入装卸搬运成本；其他情况需要通过分析将有关装卸搬运的部分计入装卸搬运成本。对耗用的机油、润滑油等在月末时按领料单直接计入装卸成本。

（5）折旧。指装卸搬运机械按规定方法计提的折旧费。可直接引入财务会计的相应装卸搬运机械设备的折旧费计入装卸搬入成本。

（6）工具。装卸机械耗用的工具费，包括装卸工具的摊销费和工具的修理费。自制装卸工具的制造，应通过辅助营运费用核算，所领用的材料和支付的工资费用，不得列入本项目。

（7）租费。企业租入装卸机械或装卸设备进行装卸作业，按合同规定支付的租金。

（8）劳动保护费。从事装卸业务使用劳动保护用品，防暑、防寒、保健饮料及劳保措施所发生的各项费用。

（9）外付装卸费。支付给外单位支援装卸工作所发生的费用。

（10）运输管理费。按规定向运输管理部门缴纳的运输管理费。

（11）事故损失。在装卸作业过程中，由装卸队责任造成的应由本期装卸成本负担的货损、机械损坏、外单位人员人身伤亡等事故所发生的损失，包括货物破损等货损、货差损失和损坏装卸机械设备所支付的修理费用。

（12）其他费用。不属于以上各项目的其他装卸直接费用。

2）营运间接费用

营运间接费用指装卸队为组织和管理装卸业务而发生的管理费用和业务费用。

3. 装卸搬运成本的核算

物流企业的装卸搬运成本一般实行两级核算制，各装卸队只计算本装卸队的成本，企业汇总各装卸队的成本，计算装卸总成本。为核算装卸费用，企业应设置"主营业务成本——装卸支出"账户，并按成本核算对象设置明细账，按成本项目设专栏进行明细核算。

1）装卸费用的归集和分配

装卸费用的归集和分配方法，与运输费用基本相同，其有关的汇总表、计算表、分配表及会计分录，一般都可并入前述核算运输业务的有关凭证（汇总表、计算表、分配表）及分录中。下面举例简要说明各项装卸费用的归集与分配方法。

（1）工资及福利费。企业的直接人工区可根据"工资结算汇总表"等有关资料，编制"工资及福利费分配表"（格式同表 3-1），据以直接计入各类装卸成本。

【例 3-16】 设某公司装卸队某年某月发生工资费用如下：机械装卸队司机及助手工资 25 000 元、保修工人工资 4 000 元；人工装卸队工资 36 000 元，保修工人工资 2 000 元；队部管理人员工资 10 000 元。作会计分录如下。

借：主营业务成本——装卸支出——机械（直接人工）	25 000
——机械（保养修理费）	4 000
——人工（直接人工）	36 000
——人工（保养修理费用）	2 000
营运间接费用（装卸支出）	10 000
贷：应付工资	77 000

根据工资总额的 14% 计提职工福利费，作会计分录如下：

借：主营业务成本——装卸支出——机械（直接人工）	3 500
——机械（保养修理费）	560
——人工（直接人工）	5 040
——人工（保养修理费用）	280
营运间接费用（装卸支出）	1 400
贷：应付职工福利费	10 780

（2）燃料和动力。对于燃料和动力，企业可于每月终了，根据油库转来的装卸机械领用燃料凭证计算出实际消耗数量计入成本。企业耗用的电力可根据供电部门的收费凭证或企业的分配凭证直接计入成本。

【例 3-17】 某物流公司装卸队某年某月领用的装卸过程耗用的燃料 52 800 元，其中：机械装卸队 47 600 元，人工装卸队 5 200 元。会计分录如下。

借：主营业务成本——装卸支出——机械（燃料及动力）	47 600
——人工（燃料及动力）	5 200
贷：原材料——燃料	52 800

某公司机械装卸队机械操作耗用电力，以银行存款支付电费 3 000 元，有关会计分录如下：

借：主营业务成本——装卸支出——机械（燃料及动力）	3 000
贷：银行存款	3 000

（3）轮胎。物流企业装卸机械的轮胎磨耗是在装卸场地操作过程中发生的，因此轮胎

费用不宜采用胎千米摊提方法处理，一般可于领用新胎时，将其价值一次直接计入装卸成本。如一次集中领换轮胎数量较多，为均衡各期成本负担，可将其作为待摊费用按月份分摊计入装卸成本。

装卸机械轮胎的翻新和零星修补费用，一般在费用发生和支付时，直接计入装卸成本。

装卸队配备的各种车辆所领用新胎及翻新和零星修补的费用，也可按上述方法计入装卸成本。

【例3-18】 某公司机械装卸队某年某月领用外胎3 500元，领用内胎、垫带800元，会计分录如下。

借：主营业务成本——装卸支出——机械（轮胎） 3 500
  贷：原材料——轮胎 3 500
借：主营业务成本——装卸支出——机械（轮胎） 800
  贷：原材料——内胎、垫带 800

某公司机械装卸队送保养场零星修补轮胎，分配修补费用320元，会计分录如下。

借：主营业务成本——装卸支出——机械（轮胎） 320
  贷：辅助营运费用 320

某公司机械装卸队委托外单位翻新轮胎，以银行存款支付翻新费用1 600元，会计分录如下。

借：主营业务成本——装卸支出——机械（轮胎） 1 600
  贷：银行贷款 1600

（4）保养修理费。物流公司由专职装卸机械保修工或保修班组进行装卸机械保修作业的工料费，直接计入装卸成本；由保养场（或保修车间）进行装卸机械保修作业的工料费，通过"辅助营运费用"账户核算，然后分配计入装卸成本。

装卸机械在运行和操作过程中耗用的机油、润滑油及其他材料，月末根据油料库、材料库提供的领料凭证直接计入装卸成本。

【例3-19】 某物流公司机械装卸队某年某月保养修理装卸机械领用备品配件、润料及其他材料5 800元，其中机械装卸队领用5 000元，人工装卸队领用800元。会计分录如下。

借：主营业务成本——装卸支出——机械（保养修理费） 5 000
          ——人工（保养修理费） 800
  贷：原材料 5 800

当月按装卸运转台班和台班大修理计提额计算，大修理费计提额为：机械装卸队11 300元，人工装卸队2 000元，会计分录如下。

借：主营业务成本——装卸支出——机械（保养修理费） 11 300
          ——人工（保养修理费） 2 000
  贷：预提费用——预提修理费用 13 300

（5）折旧费。物流企业装卸机械的折旧应按规定的折旧率计提，根据固定资产折旧计算表（格式与表3-5相似）直接计入各类装卸成本。

装卸机械计提折旧适宜采用工作量法，一般按其工作时间（以台班表示）计提。

【例3-20】 某公司装卸队某年某月应计提固定资产折旧如下：机械装卸队用装卸机

械25 700元，人工装卸队用装卸机械 3 890 元，装卸队用房屋 260 元。会计分录如下。

借：主营业务成本——装卸支出——机械（折旧费）　　　　　　　25 700

　　　　　　　　　　　　——人工（折旧费）　　　　　　　　　 3 890

　　营运间接费用——装卸　　　　　　　　　　　　　　　　　　　 260

贷：累计折旧　　　　　　　　　　　　　　　　　　　　　　　29 850

（6）其他费用。装卸机械领用的随机工具、劳保用品和装卸过程中耗用的工具，在领用时根据领用凭证可将其价值一次直接计入各类装卸成本。一次领用数额过大时，可作为待摊费用处理。

工具的修理费用及防暑、防寒、保健饮料、劳动保护安全措施等费用，在费用发生和支付时，可根据费用支付凭证或其他有关凭证，一次直接计入各类装卸成本。

物流企业对外发生和支付装卸费时，可根据支付凭证直接计入各类装卸成本。事故损失一般于实际发生时直接计入有关装卸成本，或先通过"其他应收款——暂付赔款"账户归集，然后于月终将应由本期装卸成本负担的事故净损失结转计入有关装卸成本。

【例 3 – 21】　某公司装卸队某年某月发生的各项其他费用，进行汇总按用途计入有关成本费用。会计分录如下。

借：主营业务成本——装卸支出——机械（其他费用）　　　　　　 700

　　　　　　　　　　　　——人工（其他费用）　　　　　　　　　810

贷：低值易耗品、银行存款、现金等　　　　　　　　　　　　 1 510

（7）营运间接费用。装卸队直接开支的管理费和业务费，可在发生和支付时，直接列入装卸成本。当按机械装卸和人工装卸分别计算成本时，可先通过"营运间接费用"账户汇集，月终再按直接费用比例分配计入各类装卸成本。

【例 3 – 22】　某公司装卸队某年某月发生的管理费和业务费，除工资及福利费 11 400元、折旧费 260 元以外，还分配水电费、支付办公费、报销差旅费等 2 340 元（有关分录从略），合计 14 000 元。已归集的机械装卸与人工装卸的直接费用，分别为 132 580 元和67 420 元，根据装卸支出明细账和营运间接费用（装卸）明细账记录，可编制营运间接费用（装卸）分配表，如表 3 – 18 所示。

根据营运间接费用（装卸）分配表，作会计分录如下。

借：主营业务成本——装卸支出——机械（营运间接费用）　　 9 280.60

　　　　　　　　　　　　——人工（营运间接费用）　　　　 4 719.40

贷：制造费用——营运间接费用（装卸）　　　　　　　　　 14 000

表 3 – 18　营运间接费用分配表

×× 年 × 月

成本核算对象	分配标准（直接费用）/元	分配率	分配额/元
机械装卸队	132 580	0.07	9 280.60
人工装卸队	67 420	0.07	4 719.40
合　　计	200 000		14 000

2）装卸总成本和单位成本的计算

物流企业的装卸总成本是通过"主营业务成本——装卸支出"账户的明细账所登记的

各项装卸费用总额确定的。装卸支出明细账的格式与登记方法，与前述运输支出明细账相同。

装卸业务的单位成本，以"元/千吨"为计算单位。其计算公式如下：

$$装卸单位成本 = (装卸总成本/装卸操作量) \times 1000$$

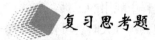

复习思考题

1. 请叙述物流仓储作业成本的构成。
2. 简述仓储作业成本的核算。
3. 运输成本的构成内容是什么？
4. 四种常用的折旧计算方法是什么？请分别说明计算公式。
5. 运输营业间接费用应如何进行归集和分配？
6. 配送成本的构成内容是什么？
7. 配送成本费用是如何进行归集分配的？
8. 请说明配送中流通加工成本的核算方法。
9. 装卸搬运成本项目包括哪些？
10. 简述装卸搬运成本的核算方法。

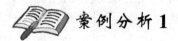

企业运输价格讨论案例

在这一案例分析中，将对这一章的开篇案例进行讨论分析。

在这个案例中，作为物流部门管理者只是关注到了价格表面化的问题。如果只是通过单一的谈判方式来降低运输价格，效果是很差的。

原因主要是企业很难清楚运输企业物流费用构成具体情况是怎样，物流企业一旦咬定价格已经是最低，谈起来就会有一定困难。当然企业可以用其他物流供应商的价格做参照，但由于其他企业并没有操作过企业具体业务，对企业实际物流运作情况并不了解，报价也可能有偏差（比如，业务量、业务特点、线路分布、频率都可能影响到价格）；另外，报价还要考虑物流供应商的规模、运作能力及信用等能力。所以对外部价格的收集，对后备供应商的考察都是物流部门日常很重要的工作。

在此案例中，我们留意到该企业的物流调度管理职能很弱，派单实际是由供应商协助完成的，这样无疑丢失了价格管理的重要管理工具订单管理和线路规划。订单由供应商分配，那其结算方式无疑是按票结算，无法实现线路规划，更无法实现规模管理，订单被迫都按最小基数结算，这样企业就可能会吃亏。比如1个10吨车，装了3票货，其中1车2.5吨到中山、2.5吨到韶关、5吨到江门，这样的话就是用2.5吨到中山+2.5吨到韶关+5吨到江门，有的都是价格表中相对较高的价格。而在实际运作中，更多企业使用的整车到最远一个点的单价加多点的计价方式，当然这些点之间距离不会太远，而且都是一条线路上。以上方式不一定最佳，部分企业通过实践和与供应商沟通还会有所调整。

放弃调度主动权的同时，其实还有两个坏处，对于订单管理而言，控制订单大小、客户下单时间的目的没有完全达到；而对于运输时间控制难度加大。作为物流供应商考虑最多的还是如何使成本最低，所以有时线路安排合理性考虑就少了。线路不合理，运输时间就可能因此而拉长。如果因物流企业线路规划不合理增加了运作成本却要企业承担，那这样的价格无疑更不合理。

案例思考题：一般运输成本的主要构成有哪些，案例中主要考虑了哪些成本影响因素？

 **案例分析 2**

海尔如何降低仓储成本

海尔创造了中国制造业企业的一个奇迹，借助全面的信息化管理手段，整合全球供应链资源，快速响应市场，海尔取得极大成功，其经验值得借鉴。

海尔集团取得今天的业绩，和实行全面的信息化管理是分不开的。借助先进的信息技术，海尔发动了一场管理革命：以市场链为纽带，以订单信息流为中心，带动物流和资金流的运动。通过整合全球供应链资源和用户资源，逐步向"零库存、零营运资本和（与用户）零距离"的终极目标迈进。

1. 以市场链为纽带重构业务流程

海尔现有 10 800 多个产品品种，平均每天开发 1.3 个新产品，每天有 5 万台产品出库；一年的资金运作进出达 996 亿元，平均每天需做 2.76 亿元结算，1 800 多笔账；在全球有近 1 000 家供方（其中世界 500 强企业 44 家），营销网络 53 000 多个；拥有 15 个设计中心和 3 000 多名海外经理人。如此庞大的业务体系，依靠传统的金字塔式管理架构或者矩阵式模式，很难维持正常运转，业务流程重组势在必行。

总结多年管理经验，海尔探索出一套市场链管理模式。市场链，简单地说就是把外部市场效益内部化。过去，企业和市场之间有条鸿沟，在企业内部，人员相互之间的关系也只是上下级或是同事。如果产品被市场投诉了，或者滞销了，最着急的是企业领导人。下面的员工可能也很着急，但是使不上劲。海尔不仅让整个企业面对市场，而且让企业里的每一个员工都去面对市场，把市场机制成功地导入企业的内部管理，把员工相互之间的同事和上下级关系变为市场关系，形成内部的市场链机制。员工之间实施 SST，即索赔、索酬、跳闸：如果你的产品和服务好，下道工序给你报酬，否则会向你索赔或者"亮红牌"。

结合市场链模式，海尔集团对组织机构和业务流程进行了调整，把原来各事业部的财务、采购、销售业务全部分离出来，整合成商流推进本部、物流推进本部、资金流推进本部，实行全集团统一营销、采购、结算；把原来的职能管理资源整合成创新订单支持流程 3R（研发、人力资源、客户管理）和基础支持流程 3T（全面预算、全面设备管理、全面质量管理），3R 和 3T 流程相应成立独立经营的服务公司。

整合后，海尔集团商流本部和海外推进本部负责搭建全球的营销网络，从全球的用户资源中获取订单；产品本部在 3R 支持流程的支持下不断创造新的产品满足用户需求；产品事业部将商流获取的订单和产品本部创造的订单执行实施；物流本部利用全球供应链资源搭建全球采购配送网络，实现 JIT 订单加速流；资金流搭建全面预算系统；这样就形成了直接面对市场的、完整的核心流程体系和 3R、3T 等支持体系。

商流推进本部、海外推进本部从全球营销网络获得的订单形成订单信息流，传递到产品本部、事业部和物流推进本部，物流推进本部按照订单安排采购配送，产品事业部组织安排生产；生产的产品通过物流的配送系统送到用户手中，而用户的货款也通过资金流依次传递到商流、产品本部、物流和供方手中。这样就形成横向网络化的同步的业务流程。

2. ERP + CRM：快速响应客户需求

在业务流程再造的基础上，海尔形成了"前台一张网，后台一条链"（前台的一张网是海尔客户关系管理网站 www.haiercrm.com，后台的一条链是海尔的市场链）的闭环系统，构筑了企业内部供应链系统、ERP 系统、物流配送系统、资金流管理结算系统和遍布全国的分销管理系统及客户服务响应 Call-Center 系统，并形成了以订单信息流为核心的各子系统之间无缝连接的系统集成。

海尔 ERP 系统和 CRM 系统的目的是一致的，都是为了快速响应市场和客户的需求。前台的 CRM 网站作为与客户快速沟通的桥梁，将客户的需求快速收集、反馈，实现与客户的零距离。

后台的 ERP 系统可以将客户需求快速触发到供应链系统、物流配送系统、财务结算系统、客户服务系统等流程系统，实现对客户需求的协同服务，大大缩短对客户需求的响应时间。

海尔集团于 2000 年 3 月 10 日投资成立海尔电子商务有限公司，全面开展面对供应商的 B2B 业务和针对消费者个性化需求的 B2C 业务。通过电子商务采购平台和定制平台与供应商和销售终端建立紧密的互联网关系，建立起动态企业联盟，达到双赢的目标，提高双方的市场竞争力。在海尔搭建的电子商务平台上，企业和供应商、消费者实现互动沟通，使信息增值。

面对个人消费者，海尔可以实现全国范围内网上销售业务。消费者可以在海尔的网站上浏览、选购、支付，然后可以在家里静候海尔的快捷配送及安装服务。

3. CIMS + JIT：海尔 e 制造

海尔的 e 制造是根据订单进行的大批量定制。海尔 ERP 系统每天准确自动地生成向生产线配送物料的 BOM，通过无线扫描、红外传输等现代物流技术的支持，实现定时、定量、定点的三定配送；海尔独创的过站式物流，实现了从大批量生产到大批量定制的转化。

实现 e 制造还需要柔性制造系统。在满足用户个性化需求的过程中，海尔采用计算机辅助设计与制造（CAD/CAM），建立计算机集成制造系统（CIMS）。在开发决策支持系统（DSS）的基础上，通过人机对话实施计划与控制，从物料资源规划（MRP）发展到制造资源规划（MRP－Ⅱ）和企业资源规划（ERP）。还有集开发、生产和实物分销于一体的准时生产（JIT），供应链管理中的快速响应和柔性制造（Agile Manufacturing），以及通过网络协调设计与生产的并行工程（Concurrent Engineering）等。这些新的生产方式把信息技术革命和管理进一步融为一体。

现在海尔在全集团范围内已经实施 CIMS（计算机集成制造系统），生产线可以实现不同型号产品的混流生产。为了使生产线的生产模式更加灵活，海尔有针对性地开发了 EOS

商务系统、ERP 系统、JIT 系统等六大辅助系统。正是因为采用了这种 FIMS 柔性制造系统，海尔不但能够实现单台计算机客户定制，还能同时生产千余种配置的计算机，而且还可以实现 36 小时快速交货。

4. 订单信息流驱动：同步并行工程

海尔的企业全面信息化管理是以订单信息流为中心，带动物流、资金流的运动，所以，在海尔的信息化管理中，同步工程非常重要。

比如美国海尔销售公司在网上下达一万台的订单，订单在网上发布的同时，所有的部门都可以看到，并同时开始准备，相关工作并行推进。不用召开会议，每个部门只要知道与订单有关的数据，做好自己应该做的事就行了。如采购部门一看订单就会作出采购计划，设计部门也会按订单要求把图纸设计好。

3 月 24 日，河北华联通过海尔网站的电子商务平台下达了 5 台商用空调的订单，订单号为 5 000 541，海尔物流采购部门和生产制造部门同时接到订单信息，在计算机系统上，马上显示出负责生产制造的海尔商用空调事业部的缺料情况，采购部门与压缩机供应商在网上实现招投标工作，配送部门根据网上显示的配送清单 4 小时以内及时送料到工位。3 月 31 日，海尔商用空调已经完成定制产品生产，5 台商用空调室外机组已经入库。

海尔电子事业部的美高美彩电也是海尔实施信息化管理、采用并行工程的典型案例。传统的开发过程是串行过程，部门之间相互隔离，工作界限分明，产品开发按阶段顺序进行，导致开发周期长、成本高，这个过程需要 4～6 个月的时间。

海尔电子事业部为保证美高美彩电在 2000 年国庆节前上市，根据市场的要求，原定 6 个月的开发周期必须压缩为 2 个月。以 2 个月时间为总目标，美高美彩电开发项目组建立开发市场链，按信息化管理的思路，组建了两个网络，一个是由各部门参与的、以产品为主线的多功能集成产品开发团队；另一个是由采购供应链为主线的外部协作网络。

在产品设计方面，美高美彩电就是通过技术人员到市场上获得用户需求信息，并把信息转化为产品开发概念。在流程设计方面，通过内部流程的再造和优化，整合外部的优势资源网络，在最短的时间内，以最低的成本满足了订单需求。在设计过程中，一个零部件设计出来后，物流就可以组织采购，而且物流参与到设计中，提高产品质量。

最终海尔美高美彩电从获得订单到产品上市只用了 2 个半月的时间，创造了产品开发的一个奇迹。

5. 零距离、零库存——零运营资本

海尔认为，企业之间的竞争已经从过去直接的市场竞争转向客户的竞争。海尔 CRM 联网系统就是要实现端对端的零距离销售。海尔已经实施的 ERP 系统和正在实施的 CRM 系统，都是要拆除影响信息同步沟通和准确传递的阻隔。ERP 是拆除企业内部各部门的"墙"，CRM 是拆除企业与客户之间的"墙"，从而达到快速获取客户订单，快速满足用户需求。

传统管理下的企业根据生产计划进行采购，由于不知道市场在哪里，所以是为库存采购，企业里有许许多多"水库"。海尔现在实施信息化管理，通过三个 JIT 打通这些水库，把它变成一条流动的河，不断地流动。JIT 采购就是按照计算机系统的采购计划，需要多少，采购多少。JIT 送料指各种零部件暂时存放在海尔立体库，然后由计算机进行配套，把配置好的零部件直接送到生产线。海尔在全国建有物流中心系统，无论在全国什么地方，海尔都

可以快速送货，实现 JIT 配送。

库存不仅仅是资金占用的问题，最主要的是会形成很多的呆坏账。现在电子产品更新很快，一旦产品换代，原材料和产成品价格跌幅均较大，产成品积压的最后出路就只有降价，所以会形成现在市场上的价格战。不管企业说得多么好听，降价的压力就来自于库存。海尔用及时配送的时间来满足用户的要求，最终消灭库存的空间。

运营资本，国内叫做流动资产，国外叫做营运资本。流动资产减去流动负债等于零，就是零营运资本。简单地说，就是应该做到现款现货。要做到现款现货就必须按订单生产。

海尔有一个观念："现金流第一，利润第二。""现金流第一"是说企业一定要有现金流的支持，因为利润是从损益表看出的，但是资产负债表和损益表编制的原则都是权责发生制。产品出去以后就产生了销售，但资金并没有回来。虽然可以计算成销售收入，也可以计算成利润或者是税收，但没有现金支持。所以国家有关部门提出，上市公司必须编制第三张表：现金流量表。

加入 WTO 以后，中国企业将面临更加激烈的竞争。海尔将保持 CRM 精神，优化 SCM 效果，推广 ERP 应用，支持海尔的第三方商流和第三方物流的发展要求，成为第三方的信息应用平台，使海尔融入"全球一体化"经营理念。

案例思考题：海尔公司控制物流成本的主要措施有哪些？结合海尔生产的特点，你还想到什么途径来降低其物流成本？

第4章

物流成本分析

本章要点

- 熟悉物流成本分析的内容和任务；
- 掌握物流成本性态分析；
- 掌握物流成本效益分析；
- 掌握物流成本量本利分析。

 开篇案例

　　据有关权威机构统计，2008 年金融危机以来，对外贸易的下滑使得运输物流行业面临前所未有的巨大压力。国际空运和海运的货运量在 11 月比 2007 年同期分别下降了 7% 和 14%。国内方面，包括铁路、水路、公路和空运所有运输形式的货运量增长率均无一例外地也开始大幅下降。相应地，因为经济放缓而出现的运力过剩，几乎迫使所有运输物流的相关领域出现了降价风潮。目前仓储企业的毛利率已降至 3%～5%，运输企业只有 1%～3%。

　　降价就真的能解决问题吗？据中国物流学会副会长王佐透露，目前已有超过四成的物流企业利润下降，甚至亏损，部分地区中小型物流企业开始退出物流市场。

　　经济规律告诉我们，在经济发生波动、增长率下降的状况下，尤其是在市场出现通货紧缩的趋向时，最先支撑不住的，就是抗风险能力相对较弱的中小型企业。

　　物流企业为什么开始支撑不住？让我们探讨一下其中原因。

　　第一，行业特点因素：物流患了服务行业的通病——"客户群流感"。

　　由于物流行业属于服务行业，所以受用户的行业状况的影响也会比较大，基本上可以说，如果物流行业的客户群得了感冒，那么物流企业也会立刻被传染，可谓是"用户兴，则物流业兴；用户疲软，则物流行业疲软"。众所周知，自 2008 年起，以出口贸易为主的中国南方制造业就已因欧美的金融危机而大量倒闭，这些物流行业的主要"大宗客户"的倒闭，致使物流行业尤其是海运行业受到剧烈震荡。中国的制造业主要集中在广东，这些企业群体式倒闭，致使其相关的一系列供应链和服务链发生连锁反应。制造行业是物流行业的主

要客户群体，物流更是制造行业的第一链条，所以物流行业随着制造行业的波动发生震荡是其必然趋向。其发展态势，即便是全球货轮行业巨头马士基的广州分公司也难以幸免，何况是中小型物流企业。

如何摆脱行业宿命？相信每个企业家都在思考或是正在改革进程中。

第二，宏观因素：国内，政府进行经济转型调整；国外，金融危机催化。

近几年政府有意在把国家经济从"生产制造型"向"知识密集型"缓慢转型，但物流企业的制造业客户却未能快速转型。中国不可能永远扮演"世界工厂"的角色，政府在几年前就已采取政策限制生产含量相对偏低的产品出口。财政部有关负责人曾明确表示，各项关税调整是"为进一步限制高耗能、高污染、资源性（两高一资）产品出口，促进节能降耗，鼓励原材料进口"。内部的国家经济政策的调整，加上外部的金融危机的影响，催化了大量竞争力不强，高耗能、低附加价值的生产企业倒闭。

近两年，广东一带的类似企业成千上万地倒闭，致使其物流服务链也发生严重震荡。市场中留下的企业都是精锐，此时国家又采取了扶持和保护政策，对重要行业进行了出口退税乃至振兴扶持。

第三，直接因素：中小物流企业流动资金不足，抗风险能力弱。

流动资金少，但每天汽车、火车、轮船、人员工资、物业租赁都需要大笔流动支出，一旦资金断流，就会面临倒闭的危险。

客户企业倒闭，或是客户转而选择其他价格更低或服务更好的物流服务商，小企业本身客户不多，在无业务的情况下，资金又有限，则企业经营风险陡然升到"致命"高度，无力应对的企业自然消亡。

思考题：阅读以上材料，请从物流成本的角度思考，2008 年金融危机中物流企业面临困境的原因有哪些？

4.1　物流成本分析概述

4.1.1　物流成本分析的含义

分析是人们认识客观事物本质特征及其发展规律的一种逻辑思维方法。物流成本分析就是利用物流成本核算结果及其他有关资料，分析物流成本水平与构成的变动情况，研究影响物流成本升降的各种因素及其变动原因，寻找降低物流成本的途径。

1）物流成本分析是企业成本管理的重要组成内容

企业物流成本是反映企业物流经营管理工作质量和劳动耗费水平的综合指标。企业在物流过程中原材料、能源耗用的多少，劳动生产率的高低，产品质量的优劣，物流技术状况，设备和资金利用效果及生产组织管理水平等，都会直接或间接地反映到企业物流成本中来，因而，加强物流成本分析，有利于揭示企业物流过程中存在的问题，总结经验，改善管理工作。

通过物流成本分析，可以查明影响成本升降的原因，不断挖掘企业内部降低物流成本的潜力，以节约求增产，为社会提供更多更好的产品，为企业积累更多资金，同时也为降低产品价格，增强企业竞争力创造条件。

物流成本分析并不只是对过去成本管理工作的回顾、总结与评价，更重要的是通过对过去企业物流资金耗费活动规律的了解，正确评价企业物流成本计划的执行结果，揭示物流成本升降变动的原因，为编制物流成本预算和成本决策提供重要依据，达到对未来成本管理工作展望和指导的目的。

2）物流成本分析的任务

物流成本分析的任务是：依据物流核算资料，对照成本计划和历史同期成本指标，了解物流计划完成情况和变动趋势，查找影响物流成本变动的原因，测定其影响程度，为改进物流成本管理工作，降低产品成本提供依据和建议。

4.1.2　物流成本分析的内容

物流成本分析的内容可以概括为以下三个方面。

（1）在核算资料的基础上，通过深入分析，正确评价企业物流成本计划的执行结果，提高企业和职工追求经济效益的积极性。

（2）揭示物流成本升降的原因，正确地查明影响物流成本高低的各种因素及其原因，进一步提高企业管理水平。

（3）寻求进一步降低物流成本的途径和方法。物流成本分析还可以结合企业物流经营条件的变化，正确选定适应新情况的最合适的物流成本水平。

目前，在企业财务会计核算制度中，还没有专门针对物流成本核算的方法，这样在物流成本分析过程中，必须借助本书前面关于物流成本核算的内容取得有关物流成本的相关资料。

实际上，无论是物流成本管理的哪个环节，最终的目的都是为了提高企业的经济效益。由于物流过程分为许多作业过程，很显然，除了通过成本管理来提高企业的效益以外，提高物流作业效率也是最终节约成本的有效途径，因此，4.3 节将对物流作业过程的效率进行专门的分析。

4.1.3　物流成本分析的原则与方法

1. 物流成本分析的原则

1）物流成本分析必须与技术经济指标的变动相结合

技术经济指标，是反映企业物流技术经济状况，与企业物流技术、工业特点密切相关的一系列指标。企业各项技术经济指标完成情况，直接或间接地影响到物流成本的高低。因而，只有结合技术经济指标的变动对物流成本进行分析，才能使物流成本分析深入到技术领域，从根本上查明影响物流成本波动的具体原因，寻求降低物流成本的途径。另一方面，通过物流成本的技术经济分析，也可以从资金耗费效果上促进企业各部门更好地完成各项技术经济指标，有利于从经济的角度，改善物流技术。

2）物流成本分析必须与经济责任制相结合

在企业内部，建立健全完善的经济责任制，把物流成本分析工作与物流各部门经济效果和工作质量的考核、评比和奖惩结合起来，是物流成本分析工作深入持久的必要保证。在完善的经济责任制下，企业应根据各物流部门的特点和责任范围。开展功能成本分析，构成成本分析和总成本分析，把物流成本分析植根于广泛深入的调查研究之中。尤其是物流过程的成本分析，应根据企业物流情况，适当选择一定专题作为分析的主要内容，缩短分析的时间。

2. 物流成本分析的方法

概括而言，物流成本分析有定性分析和定量分析两种方法。

企业物流成本状况及其变动，既有质的特征，又有量的界限，企业成本分析，也包括定性与定量两个方面。对物流成本变动性质的分析，称为定性分析，目的在于揭示影响资金耗费各因素的性质、内在联系及其变动趋势。对物流成本变动数量的分析，称为定量分析，目的在于确定物流成本指标变动幅度及各因素对其影响程度。定性分析是定量分析的基础，定量分析是定性分析的深化。仅有定量分析结果而无定性分析说明，或者仅有定性的说明而无定量分析资料作依据，都不可能发挥成本分析应有的作用。因而，定性分析与定量分析是相辅相成、互为补充的。

物流成本定量分析方法主要有对比分析法、连环替代法、相关分析法。

1）对比分析法

对比分析法是通过成本指标在不同时期（或不同情况下）的数据对比，来揭露矛盾的一种方法，，成本指标的对比，必须注意指标的可比性。比较形式有：

（1）绝对数比较，如上年物流成本与本年物流成本的比较；

（2）增减数比较，如本年物流成本比上年降低若干元；

（3）指数比较，如本年物流成本比上年降低的百分比。

2）连环替代法

连环替代法也称因素分析法，它是确定引起某经济指标变动的各个因素影响程度的一种计算方法。

（1）适用范围。在几个互相联系的因素共同影响着某一指标的情况下，可应用这一方法来计算各个因素对经济指标发生变动的影响程度。

（2）计算分析思路。①在计算某一因素对一个经济指标的影响时，假定只有这个因素在变动而其他因素不变；②确定各个因素替代顺序，然后按照这一顺序替代计算；③把这个指标与该因素替代前的指标相比较，确定该因素变动所造成的影响。

（3）计算原理。设某一经济指标 A 是由 x，y，z 三个因素组成。其计划指标 A_0 是由 x_0，y_0，z_0 三个因素相乘的结果；实际指标 A_1 是由 x_1，y_1，z_1 三个因素相乘的结果：

$$A_0 = x_0 \times y_0 \times z_0$$

$$A_1 = x_1 \times y_1 \times z_1$$

其计划与实际的差异（V）为：

$$V = A_1 - A_0$$

在分析各因素的变动对指标的影响时，首先，确定三个因素替代的顺序依次为 x，y，z；其次，假定其他两个因素 y，z 不变，先计算第一个因素 x 变动对指标的影响；最后，在第一个因素已变的基础上，计算第二个因素 y 变动的影响；以此类推，直到各个因素变动的影响都计算出来为止。

第一个因素变动的影响（V_1）计算如下：

$$A_0 = x_0 \times y_0 \times z_0$$
$$A_2 = x_1 \times y_0 \times z_0$$
$$V_1 = A_2 - A_0$$

也可用下列公式计算出 V_1 来：

$$V_1 = (x_1 - x_0) \times y_0 \times z_0$$

第二个因素变动的影响（V_2）计算如下：

$$A_3 = x_1 \times y_1 \times z_0$$
$$V_2 = A_3 - A_2$$

第三个因素变动的影响（V_3）计算如下：

$$A_1 = x_1 \times y_1 \times z_1$$
$$V_3 = A_1 - A_3$$

将各因素变动的影响加以综合，其结果应与实际脱离计划的总差异相等：

$$V = V_1 + V_2 + V_3$$

3）相关分析法

企业的各项经济指标，存在着相互依存关系，一个指标变了，就会影响到其他经济指标。例如，生产数量的变化，必然引起成本的相应变化。利用数学方法进行相关分析，找出有关经济指标之间规律性的联系，即为相关分析法。

相关分析法是利用物流成本相关的两项数值的比率揭示企业物流成本规律的一种分析方法。在物流成本的分析过程中，相关分析法应用得比较广泛，因为只采用有关数值的绝对值对比不能深入揭示物流成本的许多内在的东西，而采用相对值则能做到这一点，因此相关分析法在物流成本分析中占有重要的地位。当然，相关分析法常常和其他的方法结合起来共同揭示物流成本中的内在规律。

4.2　物流成本性态分析

成本性态也称成本习性，是指成本总额与业务量之间的依存关系。成本总额与业务量之间的关系是客观存在的，而且具有一定的规律性。企业的业务量水平提高或降低时，会影响企业的各种经济活动，进而影响到企业的各项成本，使之增减。在一定的相关范围内，一项特定的成本可能随着业务量的变化而增加、减少或者不变，这就是不同的成本所表现出来的不同的成本性态。

研究成本与业务量的依存关系，进行成本形态分析，可以从定性和定量两方面掌握成本与业务量之间的变动规律，这不仅有利于事先控制成本和挖掘降低成本的潜力，而且有助于进行科学的预测、规划、决策和控制。

4.2.1　物流成本性态

在物流系统的生产经营活动中，发生的成本与业务量之间的关系可以分为两类：一类是随着业务量的变化而变化的成本，如材料的消耗、燃料消耗、工人的工资等。这类成本的特征是业务量高，成本的发生额低，成本的发生额与业务量近似成正比关系。另一类是在一定的业务量范围内，与业务量增减变化无关的成本，例如，固定资产折旧费、管理部门办公费等。这类成本的特征是在物流系统正常经营的条件下，这些成本是必定要发生的，而且在一定的业务量范围内基本保持稳定。对于这两类不同性质的成本，将前者称为变动成本，而将后者称为固定成本。也就是说，按物流成本的性态特性，可将物流成本分为变动成本和固定成本。有部分成本的特征介于变动成本和固定成本之间，称为混合成本。

1. 固定成本

固定成本是指成本总额保持稳定，与业务量的变化无关的成本。应注意的是，固定成本是指其发生的总额是固定的，而就单位成本而言，却是变动的。因为在成本总额固定的情况下，业务量小，单位产品所负担的固定成本就高；业务量大，单位产品所负担的固定成本就低。固定成本具有如下特点。

固定成本总额的不变性，即在相关范围内，其成本总额总是保持在同一水平上的特性。

单位成本的反比例变动性，即单位固定成本与业务量的乘积恒等于一个常数的特性，即单位成本与业务量成反比的关系，如图 4－1（a）所示。固定成本的特点如图 4－1（b）所示。员工工资、按直线法计算的固定资产折旧费及其他与业务量无关的成本费用都属于固定成本范畴。

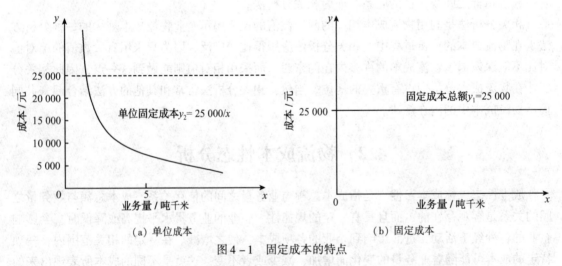

（a）单位成本　　　　　　　　（b）固定成本

图 4－1　固定成本的特点

固定成本按其支出数额是否受管理当局短期决策行为的影响，可将其进一步细分为酌量性固定成本和约束性固定成本两类。区分这两类固定成本的意义在于寻求降低该类成本的最佳途径。

1）酌量性固定成本

酌量性固定成本亦称管理固定成本、规划成本和抉择固定成本，是指通过管理者的短期决策行为可以改变其支出数额的成本项目，如广告费、新产品研发费用、员工培训费、科研试验费等。这类费用的支出与管理者的短期决策密切相关，即管理者可以根据企业当时的具体情况和财务负担能力，斟酌是否继续维持或调整这部分成本，而对企业的长期目标不致产生太大的影响。酌量性固定成本的降低，应在保持其预算功能的前提下，尽可能减少其支出数额，即只有提高酌量性成本的使用效率，才能促使其降低。

2）约束性固定成本

约束性固定成本，是因形成和维持一定的生产经营规模和生产能力而发生的总额保持不变的成本。约束性固定成本亦称为承诺固定成本，是指通过管理者的短期决策行为不能改变其支出数额的成本项目，即投资于房产、机器设备及企业基本组织结构的生产能力成本。如固定资产折旧费、财产税、保险税、租赁费、不动产税金等。

这部分成本是与管理者的长期决策密切相关的，即是和企业经营能力的形成及其正常维护直接相联系，具有很大的约束性，一经形成即能长期存在，短期内难以发生重大改变，即使经营中断或裁剪，改固定成本仍将维持不变，一般生产能力水平没有变动时，这部分成本不可能有实质性的降低。

约束固定成本的降低，主要通过经济合理的形成和利用企业生产能力，提高产品产量和质量，取得相对节约。

应该注意的是，酌量性固定成本与约束性固定成本之间并没有绝对的界限，一项具体的固定成本究竟应归属于哪一类，取决于企业管理当局特定的管理方式。若该企业的管理当局倾向于经常性的分析大多数固定成本项目的可行性，则其固定成本中的酌量性固定成本的比重会较大，反之亦然。

固定成本总额的固定性是对特定的业务量水平而言的。这里所说的业务量水平一般是指企业现有的生产能力水平。因为业务量一旦超过这一水平，势必要增添设备等，期固定成本的固定性就不复存在。同样的变动成本总额和业务量之间的线性依存关系，也存在着一定的相关范围。一旦超出该业务量范围，它们之间就可能表现出非线性关系或者另一种线性关系。

2. 变动成本

变动成本是指其发生总额随业务量的增减变化而近似成正比例增减变化的成本。这里所需强调的是变动的对象是成本总额，而非单位成本。变动成本具有如下特点。

变动成本总额的正比例变动性，即在相关范围内，其成本总额随着业务量的变动而成倍数变动的特性，如图4-2（a）所示。

单位变动成本的不变性，即无论业务量怎样变化其单位成本都保持在原有水平上的特性，如图4-2（b）所示。

一般来说，运输过程中的直接材料消耗、工作量法计算的折旧额，流通加工成本中的直接材料、直接人工消耗，按包装量、装卸搬运量计算工资的包装人工费用等，都属于变动成本的范畴。

变动成本可以根据其发生的原因进一步划分为技术性变动成本和酌量性变动成本两大类。

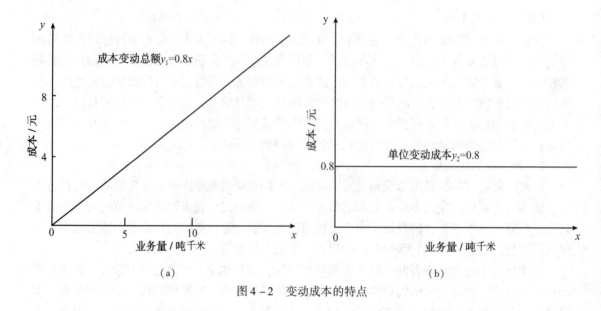

图 4-2 变动成本的特点

1) 技术性变动成本

技术性变动性成本是指在其单位成本受客观因素影响，消耗量由技术因素决定的变动成本。例如，运输车辆的耗油量，在一定的条件下，其成本就属于受设计影响的、与运输量成正比例关系的技术性变动成本。要想降低这类成本，一般应当通过改进技术设计方案，改造工艺技术条件，提高劳动生产率、材料综合利用率和投入产出比率，加强控制及降低单耗等措施来实现。

2) 酌量性变动成本

酌量性变动成本是指消耗量受客观因素决定，其单位成本主要受企业管理部门决策影响的变动成本。例如，按包装量、装卸搬运量计算工资的包装人工费用、装卸搬运人工费用等，就是一种酌量性变动成本。这类成本的主要特点是，其单位变动成本的发生额可由企业管理层来决定。要想降低这类成本，应当通过提高管理人员素质，进行合理的经营决策，优化劳动组合，改善成本—效益关系，全面降低材料采购成本，严格控制制造费用的开支等措施来实现。

与固定成本不同，变动成本的水平一般是用单位额来表示的。因为，在一定条件下，单位变动成本不受业务量变动的影响，直接反映各项要素的消耗水平。所以，要降低变动成本的水平，就应该从降低单位变动成本的消耗量入手。显然，由于变动成本是以相应的业务量为基础的，所以只有通过改进技术、更新设备、提高生产率等手段，才能达到降低单位变动成本以相应降低变动成本总额的目的。

3. 混合成本

混合成本是指全部成本中介于固定成本和变动成本之间，既随业务量变动又不与其成正比例的那部分成本。把企业的全部成本分为变动成本和固定成本两大类，是管理会计规划与控制企业经济活动的前提。但是，在实务中，往往有很多成本项目不能简单地将其归类于固定成本或变动成本，一些成本明细项目同时兼有变动成本和固定成本两种不同的特性。它们既非完全固定不变，也不随业务量成正比例的变动，不能简单地把它们列入固定成本或固定成本，因而统称为混合成本。在实际工作中，有许多成本的明细项目属于这类成本。这是因为全部成本在按其性态分类时，必须先后采用"是否变动"和"是否成正比例变动"双重分类标准，从而全部成本按其性态分类的结果必然产生有利于固定成本和变动成本之间的混合成本。混合成本和业务量之间的关系比较复杂，按照其变动趋势的不同特点，常见的混合成本有半变动成本、半固定成本和延期变动成本等类型。

1）半变动成本

这类成本由两部分组成：一部分是一个固定的基数，一般不变，类似于固定成本；另一部分是在此基数之上随着业务量的增长而增加的成本，类似于变动成本。如企业需要缴纳的大多数公用事业费（电话费、电费、水费、煤气费等）、机器设备的维护保养费及销售人员的薪金等均属于半变动成本。半变动成本又称典型的混合成本，可直接写成 $y = a + bx$，如图 4－3（a）所示。

2）半固定成本（亦称阶梯式固定成本）

通常这类成本在相关范围内，其总额不随业务量的增减而变动，但当业务量一旦超出相应的范围，成本总额便会发生跳跃式的变化，继而在新的业务范围内保持相对稳定，直到业务量超出新的范围，成本总额出现新的跳跃为止，所以半固定成本又称为阶梯式固定成本，如图 4－3（b）所示。

3）延期变动成本

这类成本是指在相关范围内成本总额不随业务量的变动而变动，但当业务量一旦超出相应的范围，成本总额随着业务量的变动而发生相应的增减变动的成本项目。例如，企业在正常工作时间（或正常产量）的情况下，对员工所支付的工资是固定不变的，但当工作时间（或正常产量）超过规定水准，按照加班时间的长短成比例得支付加班费。所有为此而支付的人工成本都属于延期成本。如图 4－3（c）所示。

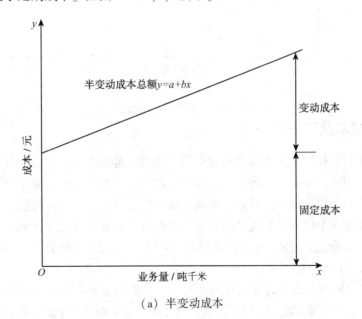

（a）半变动成本

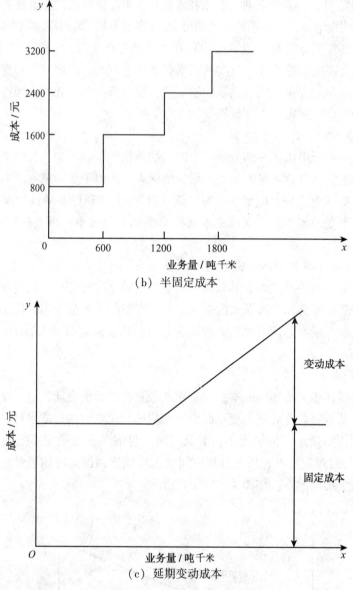

（b）半固定成本

（c）延期变动成本

图 4 - 3　三种形式的混合成本

4.2.2　混合成本及其分解

　　企业为了规划和控制企业的经济活动必须首先将全部成本按其形态划分为固定成本和变动成本两大类。因此，要采用不同的专门方法将混合成本最终分解为固定成本和变动成本两大类中去，这就称为混合成本的分解。对混合成本进行分解后，可以将整个运营成本分为固定成本和变动成本两个部分，在此基础上进行物流成本的分析与管理。事实上，在物流系统的运营过程中，混合成本所占的比重是较大的。因此，混合成本的分解对于有效的成本形态分析起着非常重要的作用。

　　常见的用于分解混合成本的方法有两大类。一类是侧重于定性分析的方法，如账户分析法、合同确认法、技术测定法等。采用这类分析方法，就是根据各个成本账户的性质、合同中关于支付费用的规定、生产过程中各种成本的技术测定等来具体分析，进而确定哪些成本属于固定成本，哪些成本属于变动成本。另一类是历史成本分析法，即利用一定期间的业务量与成本数据，采用适当的数学分析方法进行分析，确定所需分解的混合成本的函数方程，进而将其分解为固定成本和变动成本。常用的此类方法有高低点法、散布点法和回归直线法。

1. 定性分析方法

1）账户分析法

账户分析法也称会计分析法。它是根据各个成本项目及明细项目的账户性质，通过经验判断，把那些与变动成本较为接近的划入变动成本；把那些与固定成本较为接近的划为固定成本。至于不宜简单地划为变动成本或固定成本的项目，则可通过一定比例将它们分解为固定成本和变动成本两部分。账户分析法的优点是简单明了，分析结果能清楚地反映出具体成本项目，使用价值较高；账户分析法的缺点是分析的工作量大，成本性态确定较粗。

2）合同确认法

合同确认法是根据企业与供应单位所订立的合同（或契约）中关于支付费用的具体规定来确认费用性态的方法。如电话费、保险费、水费、电费、燃气费等。例如，电话费，电信局每月向用户收取的基本费用，可以看做是固定成本，按照用户的通话次数计收的费用则是变动成本。合同确认法的优点是成本性态分析比较准确，但其应用范围较小，只限于签有合同生产经营项目的成本的性态分析。

3）技术测定法

技术测定法是根据生产过程中消耗量的技术测定和计算来划分成本的变动部分和固定部分的混合成本分解方法。例如，通过技术测定把热处理电路的预热耗电成本（初始量）划为固定成本，把预热后进行热处理的耗电成本划为变动成本。这种方法的优点是划分比较准确，缺点是工作量较大，一般适用于新建企业或新产品的成本形态分析。

2. 历史成本分析法

历史成本分析法是根据混合成本在过去一定期间内的成本与业务量的历史数据，采用适当的数学方法加以分解，来确定其中固定成本总额和单位变动成本的平均值。在实际工作中最常用的数学方法有高低点法、散布点法、回归直线法三种。

1）高低点法

高低点法亦称为两点法，是根据企业一定期间历史数据中最高业务量（高点）和最低业务量（低点）之差及它们所对应的混合成本之差，计算出单位变动成本，进而将混合成本最终分解为固定成本和变动成本的方法。

由于混合成本包含变动成本和固定成本两种因素，因此它的数学模型同总成本的数学模型类似，也可以用直线方程 $y = a + bx$ 来表示。其中 a 为混合成本中的固定成本部分，b 为混合成本中的单位变动成本，x 表示业务量，y 表示成本总额。高低点法的计算公式为：

$$单位变动成本 = \frac{最高业务量的成本 - 最低业务量的成本}{最高业务量 - 最低业务量}$$

$$固定成本 = 最高业务量的成本 - 最高业务量 \times 单位变动成本$$

$$= 最低业务量的成本 - 最低业务量 \times 单位变动成本$$

例如，某公司去年上半年的设备维修费与机器的运转小时数的数据如表 4 - 1 所示。

表 4 - 1　某公司 2013 年 1—6 月的设备维修费

月　　份	1	2	3	4	5	6
业务量/千机器小时	7	8	5	9	10	6
维修费/元	210	215	200	220	230	205

表 4 - 1 的资料中，最高点是 5 月份，最低点是 3 月份，按上述公式计算如下：

$$b = \frac{230 - 200}{10 - 5} = 6$$

$$a = 230 - 6 \times 10$$

$$= 200 - 6 \times 5 = 170$$

$$y = 170 + 6x (元/千机器小时)$$

反映维修费成本性态的直线方程为：

$$y = 170 + 6x$$

高低点法分解成本简便易行，有助于管理人员迅速确定成本关系。但这种方法只以诸多历史数据中的高点和低点两种情况来取代其他数据，进而确定一条直线，并以该直线代表所有历史数据，如果最高点和最低点是偏离较大的点，它们所代表的可能是非典型的成本—业务量关系，其结果将是不太准确的。

尽管从经济理论上讲，成本函数很少是线性的，通常是二次或三次曲线。但在进行成本形态分析时，假设在相关范围内，成本和成本动因之间的关系是线性或近似线性的。

2）散布点法

散布点法亦称布点法、目测画线法，是指将若干期业务量和成本的历史数据标注在业务量和成本构成的坐标上，形成若干个散布点，然后根据目测尽量画一条尽可能接近所有坐标点的直线，并据以来推测固定成本和变动成本的一种方法。

运用散布点法的第一步就是将各点画出，以便确定生产成本和业务量的关系。该图形称为散布图。以上面例题中的数据为例，作如图 4 - 4 所示的散布图。

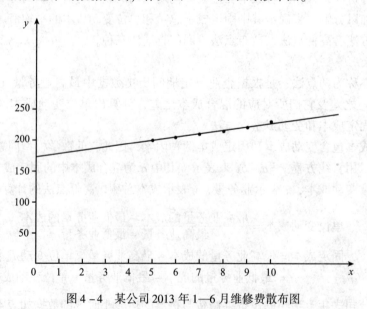

图 4 - 4　某公司 2013 年 1—6 月维修费散布图

在图 4 - 4 中，成本变动趋势直线与 y 轴的交点，即为维修费用中的固定成本 $a = 165$ 元，单位变动成本 b 是这条直线的斜率。即：

$$b = \frac{y - a}{x} = \frac{230 - 165}{10} = 6.5(元 / 千机器小时)$$

则反映成本变动趋势的直线方程为：

$$y = 165 + 6.5x$$

散布点法利用散布图分解混合成本，综合考虑了一系列观测点上业务量与成本的依存关系，因此，分解的结果较高低点法准确。但散布点法的缺陷是选择最佳直线时缺乏客观的标准，成本方程式的质量取决于分析者主观判断的质量，所以有时误差比较大。

3）回归直线法

回归直线法亦称最小平方法，是根据最小平方法原理，从大量历史数据中计算出最能反映成本变动趋势的回归直线方程，并以此作为成本模型的一种成本形态分析方法。

回归直线法的数学推导以混合成本的直线方程式 $y = a + bx$ 为基础，根据这一方程式和实际所采用的一组 n 个观测值 (x_1, y_1)，(x_2, y_2)，…，(x_n, y_n)，即可得到一组用于决定回归直线的方程式：

$$\begin{cases} \sum_{i=1}^{n} y_i = na + b \sum_{i=1}^{n} x_i \\ \sum_{i=1}^{n} y_i x_i = a \sum_{i=1}^{n} x_i + b \sum_{i=1}^{n} x_i^2 \end{cases}$$

解方程组，得：

$$b = \frac{\left(n \sum_{i=1}^{n} y_i x_i - \sum_{i=1}^{n} x_i \sum_{i=1}^{n} y_i \right)}{n \sum_{i=1}^{n} x_i^2 - \left(\sum_{i=1}^{n} x_i \right)^2}$$

求得 b 后，即可解得 a。

利用回归直线法求得上例中的维修费直线方程为：

$$y = 170.51 + 5.17x$$

回归直线法使用了误差平方和最小的原理，相对高低点法和散布图法，结果更为精确；但计算过程较烦琐，适用于计算机操作。

4.2.3 总成本公式及其成本性态模型

根据以上分析，全部成本依其性态可分为固定成本、变动成本和混合成本三大类，其中混合成本又可分解为固定部分和变动部分，因此，企业的总成本公式可以写成：

总成本 = 固定成本总额 + 变动成本总额

= 固定成本总额 + (单位变动成本 × 业务量)

现在用 y 表示总成本，a 表示固定成本总额，b 表示单位变动成本，x 表示业务量，则上述总成本公式可写成：

$$y = a + bx$$

总成本的成本性态模型如图 4 - 5 所示。

成本性态的特定成本对象假设：在对成本进行变动成本或固定成本的性态分析时，都是针对某一特定成本对象而言的，诸如产品、劳务、客户、作业及研发计划。不同的成本对象，某一费用的成本性态可能不同。

成本性态的特定成本动因假设：在研究成本性态时，通常只是针对某一特定的成本动因而言，业务量常用产品或劳务的劳务量，其他成本动因都不变或不重要。

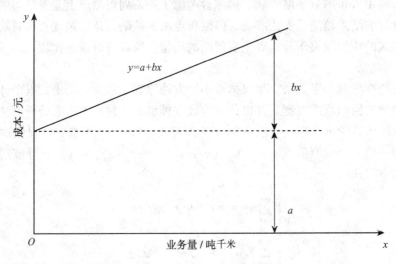

图 4 - 5   总成本的成本性态模型

4.3   物流成本效益分析

计算出物流成本之后，可以计算出各种比率，再用这些比率同企业以前时期比较来考察物流成本的实际状况，还可以与同行业其他企业比较，或者与其他行业比较来发现问题，找出差距，为企业未来改进物流系统设计，为提高物流效益提供依据。

4.3.1   用于物流成本效益分析的财务指标

全面分析是以企业整体的物流成本为依据，通过物流成本和其他要素的相关关系来分析评价企业物流活动的水平。

1）物流成本率

物流成本率是用于反映每单位销售额需要支出的物流成本的指标，其计算公式为：

$$物流成本率 = \frac{物流成本}{销售额} \times 100\%$$

在运用本指标进行成本分析的时候，可以把物流部门作为独立利润中心进行考核，物流成本更为直接地与产品事业部或销售部门经营业绩挂钩，考核产品事业部或销售部门所发生的物流成本。

这里的物流成本是完成特定物流活动所发生的真实成本。在企业统计中的物流成本包括采购成本、运输成本、配送成本、库存成本和包装成本等，由于没有统计和成本划分的标准，很多隐性的物流成本被划入生产成本和销售成本。科学的物流成本应该是以物流活动为基础的，所有与完成物流功能有关的成本都应该包括在以活动为基础的成本分类中。

指标评价：这个比率越高则对其价格的弹性越低，说明企业单位销售额需要支出的物流成本越高，从企业历年的数据中，大体可以了解其动向，另外，通过与同行业和行业外进行比较，可以进一步了解企业的物流成本水平。

该比率受价格变动和交易条件变化的影响较大，因此作为考核指标还存在一定的缺陷。

2）单位成本物流成本率

单位成本物流成本率是用于反映企业物流成本占企业总成本的比重的指标，其计算公式为：

$$单位成本物流成本率 = \frac{物流成本}{企业总成本} \times 100\%$$

在用该指标进行分析时，把物流部门作为一个成本中心来考核，物流成本仍然以统计的企业物流活动的全部成本为依据。

在物流成本分析中，该指标一般作为考核企业内部的物流是否合理化或检查企业是否达到合理化目标的指标来使用。该指标越大，说明物流成本在企业总支出中的比重越大，应分析原因，找出改进的方法。

3）单位营业费用物流成本率

单位营业费用物流成本率是用于反映企业物流成本占营业费用的比重的指标，其计算公式为：

$$单位营业费用物流成本率 = \frac{物流成本}{销售费用 + 一般管理费用} \times 100\%$$

在该指标中，物流成本是以统计的企业物流活动的全部成本为依据，销售费用指企业销售过程中发生的全部支出，一般管理费指企业日常经营过程中发生的支出。

通过物流成本占营业费用的比率，可以判断企业物流成本的比重，而且，这个比率不受进货成本变动的影响，得出的数值比较稳定，因此，适合作为企业物流过程物流合理化的评价指标。

4）物流功能成本率

物流功能成本率是用于反映企业物流各项功能成本占物流总成本比例的指标，其计算公式为：

$$物流功能成本率 = \frac{物流职能成本}{物流总成本} \times 100\%$$

该指标可以明确包装费、运输费、保管费、装卸费、流通加工费、信息流通费、物流管理费等各物流职能成本占物流总成本的比率，为企业物流成本控制提供依据。

在采用该项指标进行成本分析时，企业应合理划分企业的物流职能，采用科学可行的方法统计和计算各项物流职能的成本，为提高物流过程的管理水平提供依据。

5）产值物流成本率

产值物流成本率是用于反映企业创造单位产值需要支出的物流成本的指标，其计算公式为：

$$产值物流成本率 = \frac{物流成本}{企业总产值} \times 100\%$$

一定时期的产值物流成本率反映了该时期物流过程耗费的经济效果，企业投入产出率高，物流成本耗费低，产值物流成本率也低。通过与不同时期或与计划指标的比较，可以说明企业生产耗费经济效果变动情况。

6）物流成本利润率

物流成本利润率是用于反映一定时期生产和销售一定数量产品所发生的物流成本总和与获得利润总额的比率的指标，其计算公式为：

$$物流成本利润率 = \frac{利润总额}{物流成本} \times 100\%$$

该指标表明在物流活动中，耗费一定量的资金，所获得经济利益的能力。一般说来，物流效率高，市场竞争力强，产品成本水平低，则盈利能力增强，该指标也相应提高。通过不同时期的比较与计划指标的比较，可以说明企业资金耗费经济效益的状况。

该指标受到众多复杂因素的影响。主要有：各功能物流成本的大小，生产和销售产品的结构，销售产品价格，产品销售数量，产品销售税金及其他销售收入和营业外收支的情况。

值得指出的是：物流成本的变动，不仅影响该指标的分母，同时也影响该指标的分子，且影响的性质相反，因而该指标对于企业物流成本水平的变化反应是十分敏感的。另外，由于企业生产的连续性及产销平衡关系协调性，本期销售的产品并不一定全部是本期的劳动成果，本期获得的利润总额也不一定完全是本期生产经营的经济利益，同样，物流成本也不一定完全是本期发生的资金耗费，因而，不能把该指标的变动完全归结为本期资金耗费经济效益的体现。

7）物流部门收益分析指标

该指标是将各物流部门作为一个利润中心，分析其物流成本和物流销售收益的关系。其计算公式如下：

物流部门毛收益＝年物流收益总额－年物流成本总额

物流部门收益额＝（物流部门毛收益－管理费用）×物流费用率权重的修正

虽然物流部门是一个利润中心，其利润贡献的最直接衡量指标是销售收益，但为了达到降低物流成本的目的，物流销售收益必须是一定物流费用率下的收益，超过规定物流费用率，部门收益需要打折扣（这里的物流费用只包括运输费用、仓储费用、管理费用，不包括存储成本等）。

如果实际物流费用率比标准费用率高出很多，超过权重上限，则部门收益为零，甚至为负数。物流费用率标准的制定采用目标期望法，为达到费用率逐年降低的目标，可根据去年的物流费用率为本年度物流费用率，同时排除能源、劳动力的价格上涨或下跌及交通法规等变化的影响。

8) 物流效用增长率

物流效用增长率是用于反映企业物流成本变化和销售额变化之间关系的指标，其计算公式为：

$$物流效用增长率 = \frac{物流成本本年比上年增长率}{销售额本年比上年增长率} \times 100\%$$

该指标用于说明物流成本随销售额的变化而变化的水平。该指标合理的比率应该小于1，如果比率大于1，说明物流成本增加的速度超过销售额的增加速度，应引起企业的重视，考核物流费用控制具有的降低空间。

4.3.2 用于物流成本效益分析的非财务指标

传统上，财务评价指标一直在物流成本分析中占主导地位，在各类企业中被广泛应用。但是以会计计量为基础的多数财务指标存在着自身的局限性，除了由于会计数据计量方面存在难以克服的局限性，导致财务数据并不总是能准确地反映企业的经营成果和财务状况，导致影响业绩评价结果外，还有其他方面不利于企业业绩进行评估的因素。①多数财务指标只是一种短期业绩的计量，这样会使管理者过分注重取得和维持短期财务结果，不利于企业长期战略目标的实现。②有些因素难以用财务指标加以衡量，如物流服务的质量水平、市场占有率、创新和服务、员工的努力程度，等等，而这些因素在竞争日益激烈的信息时代，往往会成为企业关键成功因素中的重要方面。③财务指标着眼于过去，不能反映当前状况，对变动的反映比较迟缓，依赖于会计惯例，并且不能报告物流的重要方面。所以仅仅以财务指标进行物流成本的分析是不全面的，为此，在实务中还常常需要采取一些非财务指标作为辅助及补充指标。

由于不同企业的物流规模不同，所面临的市场环境不同，所涉及的行业不同，所采用的生产技术与管理技术不同，各企业采用的非财务指标相差很大，而且种类繁多。最常用的非财务指标是劳动生产率和客户满意度。

1) 劳动生产率

劳动生产率是使用最广泛的物流业绩评价指标。企业物流劳动生产率可以从不同的角度衡量，最常用的是物流总劳动生产率，它把企业物流的吞吐量和资源使用总量联系起来，用公式表示如下：

$$物流总劳动生产率 = 物流总吞吐量/资源使用总量$$

但这个指标在操作上有一定困难。首先吞吐量和资源必须要使用统一单位，一般使用的是货币单位。然而货币数量依赖于所采用的会计处理惯例，自身的局限性会导致指标的不客观。另外，当确定所有的投入和产出量时，对那些无形的投入（如关照、环境等）和产出（如污染、废品、声誉等）的量化比较困难。基于上述原因，几乎没有哪个组织使用总劳动生产率，而一般使用局部劳动生产率或单因素劳动生产率。局部劳动生产率用公式表示如下：

$$物流局部劳动生产率 = 物流总吞吐量/某种资源的使用量$$

一般常用的局部劳动生产率指标有四类，将物流吞吐量和不同类型的资源相联系。

(1) 设备生产率，如每辆客车可载人数、每辆铲车可移动的货物重量、每架飞机的可飞行距离等。

（2）劳动生产率，如每人的送货次数、每班工人所移动的货物吨数、每小时处理的订单份数等。

（3）资本生产率，每元投资所购买的存货量、每单位资本所支付的交货量或投资于机器设备的一元钱所得到的产量。

（4）能源生产率，如每升燃料可行驶的距离、每千瓦时电的存量或每一元钱能源所带来的附加值。

【例4-1】　某公司经营几个仓库。他们收集了过去两年关于物流的数据资料，吞吐量使用标准单位，货币单位为万元，有关资料如表4-2所示。

表4-2　某公司物流的数据资料

项　　　目	2012 年	2013 年
移动物流重量/kg	1 000	1 200
销售价格/万元	100	100
原材料使用量/kg	5 100	5 800
原材料成本/万元	20 500	25 500
工时/h	4 300	4 500
直接劳动成本/万元	52 000	58 000
能源耗费量/千瓦时	10 000	14 000
能源成本/万元	1 000	1 500
其他成本/万元	10 000	10 000

试描述该公司的劳动生产率状况。

根据上述资料，可以使用若干劳动生产率指标。

2012 年物流总劳动生产率 = 总吞吐量/资源使用总量 = (100 × 1000)/(20500 + 52000 + 1000 + 10000) = 1.2，到 2013 年，该指标已上升到 120000/95000 = 1.26，提高了 5%，其他一些指标的计算如表4-3所示。

表4-3　某公司劳动生产率指标

指　　标	2012 年	2013 年	提高百分比/%
总生产率/%	1.200	1.260	5.0
总吞吐量/原材料/kg	0.196	0.207	5.6
总吞吐量/原材料/万元	0.049	0.047	-4.1
总吞吐量/工时/h	0.233	0.267	14.6
总吞吐量/劳动力/万元	0.019	0.021	10.5
总吞吐量/能源/千瓦时	0.100	0.086	-14.0
总吞吐量/能源/万元	1.000	0.800	-20.0

2）客户满意度

客户满意度是指客户接受产品和服务的实际感受与其期望值比较的程度，即客户期望值与最终获得值之间的匹配程度。客户的期望值与其付出的成本相关，付出的成本越高，期望值越高。提高客户的满意度首先需要了解客户的需求，也就是对客户的满意度进行一定的分析和归纳，以方便企业有针对性地作出相应的战略改变。

客户满意度有两种含义，即行为意义上的客户满意度和经济意义上的客户满意度。从行为角度来讲，满意度是客户经过长期沉淀而形成的情感诉求，它是客户在历次交易活动中状态的积累，是一种不仅仅限于"满意"和"不满意"两种状态的总体感觉。从经济角度来讲，客户满意度显得更为重要。企业的客户服务处于一般水平时，客户的反应不大；一旦其服务质量提高或降低一定程度，客户的赞誉或抱怨就会呈指数倍地增多。根据美国《财富》杂志对全球 500 强企业的跟踪调查发现，企业的客户满意度指数若每年提升一个点，则 5 年后该企业的平均资产收益率将提高 11.33%。但无论从哪个角度看，客户满意度都是个难以量化的主观评价。但是该指标又如此重要，可以通过受到客户的投诉次数来衡量客户的满意度，也可以通过下面的公式来计算：

$$客户满意度 = 客户满意次数 / 客户服务总次数$$
$$客户满意度 = 实际产品价格 / 客户期望的产品价格$$

客户满意度数据的收集大多是通过调查方法进行的。调查可以是书面或口头问卷、电话或面对面的访谈，以及专题小组和拦截访谈。可以使用多种形式和设计方案进行调查，关键是使接受调查的人觉得"轻松友好"、容易理解和容易回答。同时，不要把调查做得太长，因为人们在宽泛的调查中会失去兴趣。此外，还可以使用包括座谈会、探访、客户投诉文件分析等定性分析法。

4.4　物流系统量本利分析

4.4.1　量本利分析基本模型

量本利分析（CVP 分析）是业务量—成本—利润关系分析的简称，是指在变动成本核算模式的基础上，以数学化模型与图形来揭示固定成本、变动成本、业务量、单价、营业额、利润等变量之间的内在规律性联系，为预测、决策和规划提供必要财务信息的一种定量分析方法。在介绍其在物流中的应用前，必须了解一些本量利的基本公式与图形，即本量利分析的原理。

量本利分析的基本模型可用以下公式表示：

$$P = R - C_t = R - (V + F) = KQ - (V_c Q + F) = (K - V_c)Q - F$$

式中：P——利润；

V——总变动成本；

V_c——单位业务量（单位产品）的变动成本；

F——固定成本总额；

K——单位业务量（单位产品）销售价格；

Q——业务（销售）量；

R——销售收入；

C_t——总成本。

即可用以下公式描述：

$$利润 = 营业收入 - 变动成本总额 - 固定成本总额$$
$$= 销售单价 \times 业务量 - 单位变动成本 \times 业务量 - 固定成本总额$$
$$= (单价 - 单位变动成本) \times 业务量 - 固定成本总额$$
$$= 单位边际贡献 \times 业务量 - 固定成本总额$$
$$利润 + 固定成本总额 = 边际贡献总额 = 营业收入 - 变动成本总额$$
$$= (单价 - 单位变动成本) \times 业务量$$
$$\frac{利润 + 固定成本总额}{业务量} = 单位边际贡献 = 单价 - 单位变动成本$$
$$\frac{利润 + 固定成本总额}{营业收入} = 边际贡献率 = \frac{单价 - 单位变动成本}{单价} = 1 - 变动成本率$$

若考虑所得税，则用下式将以上格式中的利润替代即可：

$$利润 = \frac{净利润}{1 - 所得税税率}$$

边际贡献是指营业收入与相应变动成本总额之间的差额，又称贡献边际、贡献毛利、边际利润或创利额，它除了主要以总额表示外，还有单位边际贡献和边际贡献率两种形式。单位边际贡献是某产品或服务的单价减去单位变动成本后的差额，亦可用边际贡献总额除以相关业务量求得；边际贡献率是指边际贡献总额占营业收入总额的百分比，又等于单位边际贡献占单价的百分比。

在上面的公式中，单价－单位变动成本就是产品或服务的单位边际贡献，而（单价－单位变动成本）×业务量就是边际贡献总额。从而可以看出，各种产品或物流服务所提供的边际贡献，虽然不是物流的营业净利润，但它与物流的营业净利润的形成有着密切的关系。因为边际贡献首先用于补偿物流系统的固定成本，边际贡献弥补固定成本后的余额即企业或物流系统的利润。本量利分析可以用图4－6表示。

4.4.2 单项物流服务的量本利分析

量本利分析包括盈亏平衡分析和盈利条件下的本量利分析。从上面的分析可以看出，只有当物流系统所实现的边际贡献大于固定成本时才能实现利润，否则物流系统将会出现亏损，而当边际贡献正好等于固定成本总额时，物流系统不盈不亏。所谓盈亏平衡点，又称为保本点，是指企业或物流系统的经营规模（业务量）刚好使利润等于零，即出现不盈不亏的状态。而盈利条件下的本量利分析主要考虑在特定利润要求情况下达到的业务量，以及在一定业务量情况下企业或物流系统的利润及安全边际情况。

本量利分析的应用十分广泛，它与物流经营分析相联系，可促使物流系统降低经营风险；与预测技术相结合，可进行物流系统保本预测，确定目标利润实现的最少业务量预测等；与决策融为一体，可使物流系统据此进行作业决策、定价决策和投资不确定性分析；此外，它还可以应用于物流的全面预算、成本控制和责任会计。

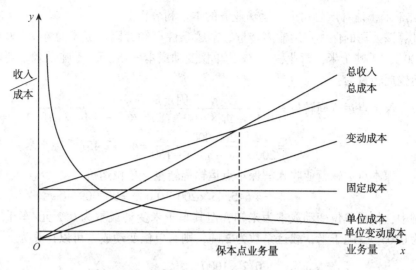

图4-6 量本利分析

单项物流服务的本量利分析也包括保本点和盈利条件下的量本利分析。

1. 保本点分析

单项物流服务保本点是指能使物流达到保本状态的单项业务量的总称，即在该业务量水平上，该项物流业务收入与变动成本之差刚好与固定成本持平。稍微增加一点业务量就有盈利；反之，稍微减少一点业务量就会导致亏损发生。

单项物流服务的保本点有两种表现形式：一是保本点业务量，一是保本点营业收入。它们都是达到收支平衡实现保本的物流业务量指标。保本点的确定就是计算保本点业务量和保本点营业收入的过程。在物流多项作业条件下，虽然也可以按具体品种计算各自的保本业务量，但由于不同服务的业务量不能直接相加，因而往往只能确定它们总的保本点营业收入，而不能确定总保本点的业务量。下面以汽车运输企业的运输业务为例来说明单项物流服务的本量利分析方法。

汽车运输企业的运输收入同运输成本的数量关系，不外乎以下三种情况：运输收入 > 运输成本；运输收入 < 运输成本或者运输收入 = 运输成本。在以上三种情况中，只有运输收入同运输成本相等时企业才处于不盈不亏状态，也就是盈亏平衡状态。因此盈亏平衡点就是企业的运输收入同汽车运输成本相等的点，在这一点以上就是盈利，在这一点以下就是亏损。

运输业务量越大，企业所实现的盈利就越多或亏损越少。运输企业保本点运输周转量的公式如下：

$$保本点运输周转量 = \frac{固定成本总额}{单位运价 \times (1 - 营业税率) - 单位变动成本}$$

其中，单位变动成本也可以用下面的公式计算：

$$单位变动率 = \frac{车千米变动成本}{载运系数} + 吨千米变动成本$$

【例4-2】 某运输公司依据历史数据分析，确定单位变动成本150元/千吨千米，固定成本总额为20万元，营业税率为3%。本月预计货物周转量5 000千吨千米，单位运价为

200 元/千吨千米，请对该公司进行运输业务的本量利分析。

首先计算该公司的保本点运输周转量。本题条件可知，固定成本总额 = 200 000 元；单位运价 = 200 元/千吨千米；营业税 = 3%；单位变动成本 = 150 元/千吨千米。则可以计算保本点货物运输周转量为：

$$保本点运输周转量 = \frac{固定成本总额}{单位运价 \times (1 - 营业税率) - 单位变动成本}$$

$$= \frac{200\ 000}{200 \times (1 - 3\%) - 150} = 4\ 545.45（千吨千米）$$

$$保本点运输营业收入 = 保本点运输周转量 \times 单位运价$$

$$= 4\ 545.45 \times 200/10\ 000 = 90.909（万元）$$

在本例中，如果单位变动成本为未知，但其车千米变动成本为 0.2 元/车千米，吨千米变动成本为 0.05 元/吨千米，载运系数为 2 吨，则其单位变动成本可以计算为：

$$单位变动成本 = \frac{0.2 \times 1000}{2} + 0.05 \times 1000 = 150（元）$$

同样可以计算出其保本点运输周转量及保本点运输营业收入。

2. 安全边际和安全边际率

安全边际是把盈亏平衡点和企业的利润联系起来的一个概念，它是指实际的（或预计的）销售量或销售额与盈亏平衡点的销售量或销售额的差额。它反映了企业从目前状态至盈亏平衡点状态的下降空间有多大，即企业的销售量或销售额降低多少还不至于造成亏损。安全边际可以用于分析企业或物流系统所面临的经营风险大小。

根据定义，安全边际既可以用实物量来表示，也可以用价值量来表示，其公式如下：

$$安全边际量 = 实际（或预计）业务量 - 保本点业务量$$
$$安全边际额 = 实际（或预计）营业收入 - 保本点营业收入$$

显然，对于企业的经营来说，安全边际越大，经营风险越低；安全边际越小，经营风险越高。

此外，反映企业经营安全程度的另一个指标是安全边际率。有：

$$安全边际率 = \frac{安全边际量}{实际或预计业务量}$$

或

$$= \frac{安全边际额}{实际或预计营业收入}$$

在上例中，该公司的安全边际可以计算如下。

安全边际量：5 000 - 4 545.45 = 454.55（千吨千米）

安全边际额：100 - 90.909 = 9.091（万元）

安全边际率：9.09%。

安全边际量与安全边际率都是正指标，即越大越好。在欧美企业一般用安全边际率来评价物流经营的安全程度，表 4-4 列示了安全边际率与评价物流系统经营安全程度的一般标准。

表4－4　物流系统经营安全程度检验标准

安全边际	10%以下	10%～20%	20%～30%	30%～40%	40%以上
安全程度	危险	值得注意	一般安全	比较安全	非常安全

企业或物流系统可以通过降低单位变动成本、降低固定成本、扩大业务量或提高价格等方式来提高安全边际率，降低经营风险。

3. 经营风险

物流企业或者物流系统的经营风险可以用安全边际来衡量，也可以用经营杠杆（或营业杠杆）来衡量。

经营杠杆是本量利分析中的另一个重要概念。根据成本性态的原理，在一定的业务量范围内，销售量的增减不会改变固定成本总额，但它会使单位固定成本随之增减，从而提高或降低单位产品的利润，并使利润的变化率大于业务量的变化率。这种由于固定成本的存在，销售上较小幅度的变动引起利润上较大幅度的变动（即利润变动率大于业务量变动率）的现象，就称为经营杠杆，它可以反映企业的经营风险。

将经营杠杆量化的一个指标是经营杠杆率，亦称经营杠杆程度，它是指利润变动率相当于营业收入变动率的倍数，用公式表示如下：

$$经营杠杆 = \frac{利润变动率}{营业收入变动率}$$

$$= \frac{边际贡献}{利润} = \frac{固定成本 + 利润}{利润}$$

$$= \frac{营业收入 - 变动成本总额}{营业收入 - 变动成本总额 - 固定成本总额}$$

显然，经营杠杆是由于固定成本的存在引起的，所以企业的固定成本与变动成本在其成本总额中所占的比重即成本结构对经营杠杆有着重要的影响。一般来说，固定成本比重较高的企业具有较高的经营杠杆，而变动成本较高的企业则具有较低的经营杠杆。经营杠杆率能反映企业经营的风险，并帮助管理者局进行科学的预测分析和决策分析。

仍然采用上例中的资料，该运输公司的经营杠杆计算如下：

边际贡献 =（200 - 150 - 200×3%）×500 = 220 000(元)

利润 = 220 000 - 200 000 = 20 000(元)

经营杠杆 = 220 000/20 000 = 11

该企业的安全边际率为9.09%，经营杠杆为11，均说明该企业的经营风险较大。

4. 保利点分析

保利点分析是比较特殊的量本利分析，它以利润为零、物流系统不盈不亏为前提条件。从现实的角度看，物流系统不但要保本还要有盈利。因此，只有考虑到盈利存在的条件下才能充分揭示成本、业务量和利润之间的正常关系。除了进行盈亏平衡分析外，还可以进行有盈利条件下的量本利分析，即保利分析。下面介绍一下保利点的计算。

在既定单价和成本水平条件下，企业或物流系统为了实现一定目标利润，就需要达到一定的业务量或营业收入，这可以称为实现目标利润的业务量或营业收入，也可以称为保利点业务量或营业收入。保利点业务量和保利点营业收入的计算公式为：

$$保利点业务量 = \frac{固定成本总额 + 目标利润}{单位价格 - 单位变动成本}$$

$$= \frac{固定成本总额 + 目标利润}{单位边际贡献}$$

$$保利点营业收入 = \frac{固定成本总额 + 目标利润}{边际贡献率}$$

如果考虑所得税因素，需要确定实现目标净利润条件下的业务量和营业收入，则上述公式可以演变为：

$$保利点业务量 = \frac{固定成本总额 + \dfrac{目标净利润}{1 - 所得税税率}}{单位价格 - 单位变动成本}$$

$$= \frac{固定成本总额 + \dfrac{目标净利润}{1 - 所得税税率}}{单位边际贡献}$$

$$保利点营业收入 = \frac{固定成本子总额 + \dfrac{目标净利润}{1 - 所得税税率}}{边际贡献率}$$

【例 4 - 3】 某运输公司依据历史数据分析，确定单位变动成本 150 元/千吨千米，固定成本总额为 20 万元，营业税为 3%，单位运价为 200 元/千吨千米，请计算该公司本期为实现 15 万元利润需完成的运输周转量。则可用以下公式计算：

保利点业务量 = (200 000 + 150 000)/(200 - 200 × 3% - 150) ≈ 7 954.55(千吨千米)

该公司为实现 15 万元利润，本期需实现 7 954.55 千吨千米的运输周转量。

当企业或物流系统在预算期业务量无法达到保利点业务量时，企业需要调整控制其他因素以确保利润的实现。对其他因素的调控要以能否控制为前提。因素的选择可以借鉴因素敏感分析的结论，选择较敏感、易于控制的因素，可以选择一个因素，也可以选择多个因素。

接上例，假设该公司预算期只能实现 7 500 千吨千米的运输周转量，请计算该公司为实现 15 万元利润必须采取措施降低多少变动成本。

保利点变动成本 = [(200 - 200 × 3%) × 7 500 - 200 000 - 150 000]/7 500

≈ 147.33(元/千吨千米)

5. 有关因素变动对量本利指标的影响

上述的本量利分析中，诸因素均是已知和固定的，但实际这种静态平衡是不可能维持长久的，当有关因素发生变动时，各项相关指标也会发生变化。掌握各因素和各指标之间的变化规律，对物流成本控制实践是很有帮助的。

1）考虑相关因素的变动对保本点和保利点的影响

当其他因素保持不变，而单价单独变动时，由于单价变动会引起单位边际贡献或边际贡献率向相同方向变动，从而会改变保本点和保利点。当单价上涨时，会使单位边际贡献和边际贡献率上升，相应会降低保本点和保利点，使物流经营状况向好的方向发展；单价下降时，情况则刚好相反。

当单位变动成本单独变动时，会引起单位边际贡献或边际贡献率向相反方向变动，因而影响到保本点和保利点。当单位变动成本上升时，会提高保本点和保利点，使物流经营状况向不利的方向发展；反之则相反。

当固定成本单独变动时，也会影响到保本点和保利点业务量。显然，固定成本增加会使保本点和保利点提高，使物流成本向不利的方向发展；反之则相反。

当要求的目标利润单独变动时，显然，目标利润的变动只会影响到保利点，但不会改变保本点。营业量的变动不会影响保本点和保利点的计算。

2）考虑相关因素变动对安全边际的影响

当单价单独变动时，由于单价变动会引起保本点向反方向变动，因而在营业业务量既定的条件下，会使安全边际向相同方向变化。

当单位变动成本单独变动时，会导致保本点向同方向变动，从而在营业业务量既定的条件下，会使安全边际向反方向变动。固定成本单独变动对安全边际的影响与之类似。当预计营业量单独变动时，会使安全边际向同方向变动。

3）考虑相关因素变动对利润的影响

单价的变动可通过改变营业收入而从正方向影响利润；单位变动成本的变动可通过改变变动成本总额而从反方向影响利润；固定成本的变动直接会从反方向改变利润；营业量的变动可通过改变边际贡献总额而从正方向影响利润。

上述关系是企业或物流系统进行利润敏感性分析的重要前提。

4.4.3　多项物流服务的量本利分析

一般来说，物流系统提供的物流服务往往不止一项，这种情况下，由于每项物流服务的业务量计量单位都不同，给量本利分析带来了一定的困难。例如，仓储服务业务量的计量单位可能是托盘数、吨等，而运输服务业务量的计量单位可能为吨千米。在这种情况下的量本利分析可以从以下角度进行考虑。

（1）如果在物流成本的核算中可以按照不同的服务分别进行固定成本和变动成本的核算，那么就可以分别按照单项物流服务的本量利分析原理进行分析。

（2）如果物流系统提供多种服务，有一种是主要服务，它所提供的边际贡献占整个物流系统的边际贡献比例很大，而其他服务项目所提供的边际贡献很小或者发展余地不大，那么也可以按照主要服务的有关资料进行本量利分析。

如果各种服务在物流系统中都占有相当大的比重，且没有分项目进行物流成本核算，根据前面的分析，可以知道无法进行保本点业务量和保利点业务量的计算，而只能计算保本点和保利点的营业收入。其计算公式分别为：

$$保本点营业收入 = \frac{固定成本总额}{综合边际贡献率}$$

$$保本点营业收入 = \frac{固定成本总额 + 目标利润}{综合边际贡献率}$$

$$安全边际率 = \frac{安全边际额}{实际或预计营业收入}$$

应当指出的是，在本量利分析的实际应用中，应该结合企业实际需求及物流成本核算基础工作的完成情况来考虑，物流成本的核算是进行量本利分析的前提，离开了物流成本的核算，量本利分析就成了一句空话。而结合实际需要进行量本利分析可以使该项工作发挥更大的效用。例如，如果物流企业针对大客户提供多项物流服务，则可以按照不同的客户进行量本利分析，这可以为物流企业的客户关系管理提供非常有用的信息。

4.4.4 物流系统量本利分析案例

某医药分销企业坐落在上海，目前年销售额为30亿元，其业务范围主要是向上海市内及周边县市的医院、医药分销商店销售各种药品。公司的物流业务有下属的一个独立法人资格的物流公司负责，该公司目前在上海市内有一个配送中心。但是由于总公司销售业务规模的不断扩大，现有的配送中心已经不能适应物流业务发展的需求，于是公司希望建设一个新的物流中心，以适应不断发展的业务需求，同时也可以改善配送中心的环境，利用新型的物流设施设备来提高物流服务水平和物流管理水平。于是，公司请某物流咨询公司进行了项目的可行性研究，下面是可行性研究报告中关于财务分析的部分内容摘选。

1）项目总投资概算

项目总投资概算如表4-5所示。

表4-5 项目总投资概算

序　号	项　　目	投资/万元	备　注
1	土地使用权	1 050	
2	土建设施	1 903	
3	物流中心设备	2 376	
4	计算机管理控制系统	607	
5	公用工程设施	216	
6	流动资金投资	500	
总　计		6 652	

2）项目建成后的收入估算

项目建成后，将有效地促进公司业务量的增长和物流成本的节约。表4-6是对物流中心建成后的出货业务量的预测情况，该预测是建立在公司对未来业务发展预测的基础上的。

表4-6 物流中心出货业务量预测

单位：万元

年份	自营业务出货量	第三方物流服务出货量	总出货量估计
2014	234 000		234 000
2015	269 100		269 100
2016	309 465		309 465
2017	355 885	80 000	435 885
2018	409 267	160 000	569 267
2019	470 658	320 000	790 658
2020	541 256	510 000	1 051 256

按照规划，物流中心在 2014 年建成，2015 年正式投入运营。物流中心的物流服务收入主要是依据表 4 - 6 出货业务量的预测，假设其中零售部分的物流服务收费标准为出货业务量的 2%，批发部分的物流服务收费标准为出货业务量的 0.5%。另外，考虑到物流公司的现有场地出租收入，对 2015 年以后物流中心建成后的收入总计预测如表 4 - 7 所示（考虑到所投资固定资产的综合折旧问题，假定本项目的寿命期为 15 年，即从 2005 年到 2019 年。

表 4 - 7 物流服务业务收入预测

单位：万元

年 份	总出货量估计 (1)	商业批发出货业务量 (2) = (1) × 99.2%	商业批发物流服务业务收入 (3) = (2) × 0.5%	商业零售出货业务量 (4) = (1) × 0.8%	商业零售物流服务业务收入 (5) = (4) × 2%	原有场地出租收入(6)	零售收入总计预测 (7) = (3) + (5) + (6)
2015	435 885	432 397.92	2 161.99	3 487.08	69.74	100	23 331.73
2016	569 267	564 712.86	2 823.56	4 554.14	91.08	100	3 014.65
2017	790 658	784 332.74	3 921.66	6 325.26	126.51	100	4 148.17
2018	1 051 256	1 042 845.95	5 241.23	8 410.05	168.20	100	5 482.43
2019 及以后	1 051 256	1 042 845.95	5 241.23	8 410.05	168.20	100	5 482.43

3）运营成本和费用估算

（1）固定资产折旧。项目的总投资额测算为 6 652 万元。其中，流动资金为 500 万元，其中投资为 6 152 万元。采用综合折旧法，综合折旧年限为 15 年。固定资产残值按固定资产的 5% 计算，为 307.6 万元，则可以计算每年的折旧额为 389.63 万元。

（2）人员工资与福利费。物流中心定员 93 人，工资、福利费、社会保险费合计每年支出 311.55 万元。

（3）其他固定成本与费用。包括固定资产保险和修理费、通信费用、网络专用线使用费、土地使用税、房产税、水电费用等共计 1 124.22 万元。

（4）营业税金及附加。营业税金及附加包括营业税、城建税和教育费附加，共计为营业收入的 3.3%，2008 年投产后的年营业税金及附加计算为 180.92 万元

（5）其他变动成本与费用。物流中心业务运营的变动成本与费用包括：装卸费、燃油费、车辆养护费、维护修理费、运输费、路桥费及其他变动管理费用、营业费用、广告费用等。按照物流运营的一般规律，假定变动成本率为 40%，则投产后的年变动成本总额为 2 192.97 万元。

4）项目经济效益评价指标

基于上述预测数据，计算该项目的经济效益评价指标如下（贴现率以 6.4% 计）：

净现值（NPV）= 5642.39 万元

内部收益率（IRR）= 15.96%

静态投资回收期 = 5.54 年

投资报酬率 = 16.73%

动态投资回收期 = 6.98 年

5）项目风险与盈亏平衡分析

在本项目中，由于物流中心的建设主要是为了本公司自身业务服务的，因此，本项目建

成后的风险主要来自公司的业务发展。根据目前的发展趋势，前面关于业务量的预测是可以实现的。从这个角度看，该项目的风险相对较小。

项目完工投产达到设计能力后，物流公司每年可实现物流服务营业收入 5 482.43 万元，净利润 1 289.30 万元。按照前面关于固定成本和变动成本的分析，可以对该项目进行盈亏平衡分析，如图 4 - 7 所示。

从图 4 - 7 中可以看出，项目投产后的保本点营业收入为 1 982.75 万元，项目安全边际率达到 63.834%。也就是说，项目完成后，物流中心的出货量达到 39.66 亿元以上，就可以达到该物流中心建设项目的盈亏平衡。

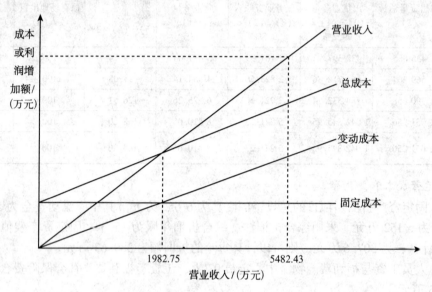

图 4 - 7 项目盈亏平衡分析

6）项目财务可行性评价结论

从上述经济分析可以看出，在计算期内，本项目全部投资的财务净现值为 5 642.39 万元，内部收益率为 15.96%，静态投资回收期为 5.54 年，平均投资报酬率为 16.73%，财务指标较好，因此，项目在财务上是可行的。另外，从盈亏平衡分析看，该项目的安全边际率达到 63.834%，风险相对也不大。

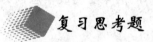 **复习思考题**

1. 物流成本分析的含义是什么？
2. 物流成本分析的主要内容是什么？
3. 物流成本分析的原则有哪些？
4. 物流成本分析的方法有哪些？
5. 什么是物流成本性态分析？
6. 简述对比分析法、连环替代法和相关分析法。
7. 什么是固定成本？什么是变动成本？

8. 变动成本和固定成本的分类有哪些？

9. 常见的混合成本有哪些类型？分解混合成本的方法有哪些？

10. 用于物流成本效益分析的财务指标有哪些？

11. 量本利的基本模型是什么？

12. 什么是安全边际？安全边际量和安全边际率应如何计算？

13. 保利点业务量的计算公式和保利点营运收入的计算公式分别是什么？

 案例分析

钢铁物流业何以告别高成本

我国钢铁物流成本占其产品总成本的 20%～30%，甚至更多，而世界发达国家钢铁物流成本只占其产品总成本的 8%～10%，造成利润空间被相关的费用所占据。

1. 现状：高效回报、引发投资浪潮、资源上涨、钢铁背负高压

我国铁矿资源探明量达 475 亿吨，仅次于俄罗斯和巴西，排在世界第 3 位，但富矿少、贫矿多，大于 50% 的铁矿石只占 5.7%。

近年来，我国钢铁行业表现出强劲的发展势头。钢铁行业的投资回报率较高，一些新的钢铁企业陆续在我国建起，钢铁行业的老字号也相继增产，造成国内铁矿资源供应严重不足，为保证企业的正常生产，钢铁企业不得不大量从国外进口富矿粉和精矿。

由于钢铁企业产品成本 50%～70% 是由原燃料采购费和运输费组成，所以，2008 年铁矿石价格比 2007 年上涨 65%，加上这两年海运费、煤、电、油等与钢铁产业链相关的价格因素同步上涨，导致了进厂钢铁物流成本大幅涨价。

钢铁物流成本包括采购成本、运输成本、库存成本、管理成本、回收成本等，我国的钢铁物流成本占到产品总成本的 20%～30%，甚至更多，而世界发达国家钢铁物流成本只占其产品总成本的 8%～10%，造成利润空间被相关的费用所占据。

有资料显示，在长三角地区，已建成和在规划中的钢铁物流园区有 60 多个，几乎是珠三角园区规划的 2 倍。这个数字占全国目前规划建设中的物流园区的 1/5。再加上在国内其他地区建设的物流园区和剪切加工配送中心 300 多个。钢铁物流占的比重将越来越大，让人们不得不关心钢铁物流的成本居高不下对整个行业建设和社会资源合理利用背后的经济效益和社会效益的影响。

2. 原因：渠道冗长、信息难通上下、规划缺失、效率调剂维艰

除前面提到的背景外，造成我国钢铁企业物流成本过高的原因如下。

（1）我国大多数钢铁企业物流管理制度还存在着很大的缺陷，钢材产品从生产到终端用户的流通渠道过于冗长、分级不清。由钢厂直供到最终用户占的比例仅为 20%，70% 多的资源都是经贸易商倒手，导致了企业的交易成本过高。

（2）许多大型钢铁企业厂内没有合理的物流运输管理体制，造成车辆的空载率较高，运输效率低下，加上厂内运输车辆众多，容易造成道路阻塞，物料不能及时运送，影响了企业的正常生产秩序。造成物流无效作业的增加，使得物流速度下降，成本提高。

（3）企业的物流化和信息化不到位，现代营销和经营水平太低，不能准确掌握物流信

息和有效运用相关资源，在产品的生产、运输、调配和销售等方面不能及时地进行调整和沟通，使企业物流成本过高。

（4）我国钢铁企业缺乏整体规划、各环节没有理顺、布局不合理、物流市场无序竞争，导致整个钢铁行业效益不佳，物流成本过高。

我国钢铁物流企业在物流成本的管理与控制方面还存在着很大的缺陷，与国外发达国家的差距还很远。我国的钢铁企业，在减少库存、提高资金利用率方面还有很大的发展空间。要充分发挥我国现有资源，大力发展现代化物流和信息化管理制度，最大限度地满足客户需求，降低物流成本，从而实现我国传统钢铁企业向现代化钢铁物流企业的转变。

3. 方案：稳定供应、改善储运、降费用网络助力、畅通信息益决策

钢铁企业的物流一般经过以下几个步骤：采购、运输、装卸、仓储及配送等，同时为保证原材料在整个流动过程中数量、质量稳定，增加了相关的计量、质检等管理手段。根据管理权限及物流流程，可将成本划分为决策成本、原材料采购成本、运输成本、仓储成本、企业管理成本。

其中决策成本是指：企业领导层决定采取何种方式进行原材料采购、运输及仓储，不同的决策会产生较大价格差异，由此引起的成本称为决策成本，它不直接反映在原材料的价格上。

实践中，有一种物流成本管理模式，就是哈佛物流管理的三原则。结合钢铁企业物流成本构成分析，可以从以下几个方面降低钢铁企业的物流成本。

（1）方案一：建立稳定原燃料供应系。

近年，原料价格猛涨导致了钢铁成本的大幅上涨，怎样保证原材料的正常供应又能获得合理的价格？主要方法如下。

① 与境内外原材料供应商进行合作或合资，建立长期、牢固的原燃材生产供应基地。同时可取得相对低的价格，有效降低原料的采购成本。如韩国浦项与 BHP-Billiton 矿业公司合作铁矿项目，使其矿石成本较以前降低了 10%。

② 与国内其他钢铁企业联合在国外投资矿山，如武钢、马钢、沙钢、唐钢联合与 BHP 公司合作开采矿山，使矿石的采购价格下降一半左右。

（2）方案二：改善物流运输管理。

在钢铁企业中，运输成本和原材料采购成本相差不大，在特定时期，运输成本还大于采购成本，怎样降低运输成本同样是降低物流成本的重要内容。

运输成本由运输费用、装卸费用等组成。由于物流运输过程大部分不是由钢铁企业自己承担，而由专业的运输公司执行，因此方法之一是与运输公司合作。

① 可以与运输企业签订长期合约，有利于在运输价格上给予优惠，从总体上降低运价。如宝钢与中远结盟成为"战略合作伙伴关系"，与日本三井商船签订 3～5 年的中长期合同，均有效地降低了运输费用。

② 考虑规模运输。达到一定规模后，可采取大吨位的运输工具，从整体上降低运输费用。如在国外采购矿石后，若采购数量增大，可用 10 万吨级以上运矿船，使海运费比 5 万吨级运矿船每吨单程运费节省 4 美元以上。当企业一次不需如此吨位时，可几家企业协作运输。

③ 尽量减少原材料的周转次数。因为原材料每周转一次，将增加装卸费用和相关的仓

储管理费用。

目前新建钢铁企业选择沿海区域就有这方面的考虑。对于老的钢铁企业，可采取江海联运的方式，将原材料运到离企业最近的堆场后再转运到厂内，如武钢大量用江海直达型运输船运送矿石。

（3）方案三：合理安排仓储。

必要的仓储能有效保证企业的连续生产，但过量的仓储不仅大量积压周转资金，同时要付出额外的仓储费用。另外，由于配矿结构的变化，大量采购后使得部分积压的原料长期得不到使用。

钢铁企业的最小库存量可用公式 $S_{\min}=D\times L\times H_s$（$D$ 为反应时间，L 为日消耗量，H_s 为安全系数）表达。此时资金最少，反映到原燃料的相关价格最低。同时因使用料场的储位相对较少，减少了仓储管理费用。

对于因配矿结构发生变化而引起的原料积压，应采取必要的处理措施。一方面，在停止采购之后将相关的原燃料用完。另一方面，可将积压的原材料低配比地参与生产过程，既保证了使用质量同时又盘活了资金。

（4）方案四：加强原料管理，减少不必要的损失。

对于钢铁企业来说，原料从采购到生产一线，经过长途运输，存在一定的途耗，少数运输企业利用它来弄虚作假。

采取的对策如下。

① 采取必要的检验手段，特别应检测运矿船、火车皮、货车的中下部，因为原料造假主要采取"装底卖面"行为。

② 加强计量方面的管理，对运输造成的途耗需进行分析，超过合理范围的，应给予惩处。

③ 加强钢铁企业职员的技能及思想教育，也是原材料数量和品质的保障。

（5）方案五：开发物流信息决策网，使企业信息流畅通无阻。

由于钢铁企业涉及面广，原燃料的采购、运输、仓储、配比使用环环相扣，如果不能准确地掌握物流信息，就不能很好地进行决策，不能有效地、低成本地运用相关资源，造成整个企业的生产成本增加。因此，开发钢铁企业信息网，实现信息化管理，势在必行。

韩国浦项自行研制开发了世界上第一套船舶运输管理系统。这套系统可以将生产计划、原材料需求计划、船只安排计划通过网络联系在一起，通过生产计划确定原材料需求并及时通知供应商，同时还能随时监测运输船只所在地及装卸货情况和未来的运输方向，从而快速安排装卸货物。

我国宝钢的信息化走在了国内钢铁企业的前列，武钢投资 2 亿元兴建的整体产销资讯系统也已投入运营。

钢铁企业在原料供应日趋紧张、运价上涨、运力不足、企业间竞争加剧的严峻挑战下，为争取更多的利润空间，必须从长远着手，建立中长期战略规划，一方面寻找战略合作伙伴，另一方面，改善企业物流运作和管理方式，从而保证稳定且价格合理的采购、选择最优运输方式、适当仓储到信息化管理，扣紧每一个细小的环节，及时获取有利信息，将成本降至合理的范围。

物流管理的成本降低原理在于对物流的各个功能环节进行成本—效益分析，彻底杜绝浪费现象，减少原材料、废料、次品及燃料、动力等的消耗；规模效益原理主要是对企业各部门所需使用的原材料、物料和燃料等，通过集中订货，从而获得因扩大规模而产生的单位成本降低所带来的经济效益；协助运作效应原理阐述了只有当众多运作部门与相关企业鼎力协作，实现按共同资源规划进行物流操作，才能减少浪费并提高物流的运作效率，达到低成本。

案例思考题：我国钢铁物流成本偏高的原因有哪些？针对钢铁物流成本偏高的现状，你有哪些建议？

第5章

物流作业成本分析

本章要点

- 掌握物流作业成本法的基本原理；
- 熟悉物流作业成本法主要特点；
- 掌握物流作业成本法核算程序；
- 熟悉物流作业成本法的实施。

 **开篇案例**

随着汽车市场竞争越来越激烈，很多汽车制造厂商采取了价格竞争的方式来应战。在这个背景下，大家都不得不降低成本。而要降低成本，很多厂家都从物流这个被视作"第三大利润"的源泉入手。

有资料显示，我国汽车工业企业，一般的物流成本起码占整个生产成本的20%以上，差的企业基本在30%～40%，而国际上物流做得比较好的公司，物流的成本都控制在15%以内。

上海通用在合资当初就决定，要用一种新的模式，建立一个在"精益生产"方式指导下的全新理念的工厂，而不想再重复建造一个中国式的汽车厂，也不想重复建造一个美国式的汽车厂。

精益生产的思想内涵很丰富，最重要的一条就是像丰田一样——即时供货（Just In-Time，JIT），即时供货的外延就是缩短交货期。上海通用在成立初期，就在现代信息技术的平台支撑下，运用现代的物流观念做到交货期短、柔性化和敏捷化。

上海通用采取的是"柔性化生产"，即一条生产流水线可以生产不同平台多个型号的产品。它可以在同一条生产流水线上同时生产别克标准型、较大的别克商务旅行型和较小的赛欧。这种生产方式对供应商的要求极高，即供应商必须时常处于"时刻供货"的状态，这样就会给供应商带来很高的存货成本。而供应商一般不愿意独自承担这些成本，就会把部分成本打在给通用供货的价格中。如此一来，最多也就是把这部分成本赶到了上游供应商那里，并没有真正地降低整条供应链的成本。

为了克服这个问题，上海通用与供应商时刻保持着信息沟通。"我们有一年的生产预测，也有半年的生产预测，我们的生产计划是滚动式的，基本上每个星期都有一次滚动，在滚动生产方式的前提下，我们的产量在做不断的调整，这个运行机制的核心要让供应商也要看到我们的计划，让其能根据通用的生产计划安排自己的存货和生产计划，减少对存货资金的占用。如果供应商在原材料、零部件方面有种种原因造成问题，他也要给我们提供预警，这是一种双向的信息。万一某个零件预测出现了问题，在什么时候跟不上需求了，我们就会利用上海通用的资源，甚至全球的资源来作出响应。"

从这几年的生产实践来说，上海通用每年都有一个或一个以上新产品下线上市，这是敏捷化的一个反映。而物流的一个重要思想就是怎样缩短供货周期来达到低成本、高效率。这个交货周期包括从原材料到零部件，再从零部件到整车，每一段都有一个交货期，这是敏捷化至关重要的一个方面。

思考题：阅读上面的材料，请思考上海通用公司是如何在作业环节降低物流成本的？

5.1 物流作业成本法的产生背景与基本原理

5.1.1 作业成本法的发生与发展

20 世纪 70 年代以来，世界高新技术开始蓬勃发展。高新技术在生产领域的广泛应用改变了企业产品成本结构，使得直接材料成本和直接人工成本比重下降，而制造费用比重却大幅上升。如何科学合理地分配制造费用成为一个重要问题。

高新技术在生产领域的广泛应用极大地提高了社会生产力，促进了社会经济的发展。随着可支配收入的增加，人们对消费提出越来越高的要求，并且消费需求特征变化加速，个性化消费需求大幅增加，消费行为变得更具有选择性。这种社会需求的变化，必然要求企业具有更高的灵活反应能力，及时向消费者提供多样化和富有个性、更新快的产品，以适应消费者多样化和快速多变的需求。与此相适应，对不断变化的消费者需求作出迅速反应的柔性制造系统取代传统的、以追求规模效益为目标的大批量生产就成为历史的必然。传统成本核算法主要适用于产品品种单一化、常规化和批量化的企业。社会经济的发展，改变了传统成本核算方法赖以存在的社会环境。

作业成本法的产生，最早可以追溯到 20 世纪杰出的会计大师美国人埃里克·科勒（Eric Kohler）教授。科勒教授在 1952 年编著的《会计师词典》中，首次提出了作业、作业账户、作业会计等概念。1971 年，乔治·斯托布斯教授在《作业成本核算和投入产出会计》中对作业、成本、作业会计、作业投入产出系统等概念做了全面系统的讨论，这是理论上研究作业会计的第一部宝贵著作。但是当时作业成本法却未能在理论界和实业界引起足够的重视。20 世纪 80 年代后期，随着 MRP、CAD、CAM、MIS 的广泛应用，以及 MRPⅡ、FMS 和 CIMS 的兴起，美国实业界感到产品成本与现实脱节，成本扭曲普遍存在，且扭曲程度令人吃惊。美国芝加哥大学的青年学者库伯和哈佛大学教授卡普兰注意到这种情况，在对美国公司调查研究之后，发展了斯托布斯的思想，新型的咨询公司已经扩展了作业成本法的应用范围并研发出相应的软件。

作业成本法是以成本动因理论为基础，通过对作业进行动态追踪，反映和计量作业及成本对象的成本，评价作业业绩和资源利用情况的方法。作业成本法引入了许多新概念，图5–1显示了作业成本核算中各概念之间的关系。资源按资源动因分配到作业或作业中心，作业成本按作业动因分配到产品。分配到作业的资源构成该作业的成本要素，多个成本要素构成作业成本库，多个作业构成作业中心。作业动因包括资源动因和成本动因，分别是将资源和作业成本进行分配的依据。

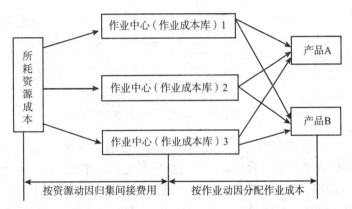

图 5 – 1　作业成本法的基本原理

5.1.2　物流作业成本法的基本原理

作业成本不同于传统的成本分配与分析，作业成本法是建立在"作业耗用资源，产品耗用作业"这两个前提之上。目前，作业成本法被认为是确定和控制物流成本最有前途的方法。作业成本法应用于物流成本核算的理论基础是：产品消耗作业，作业消耗资源并导致成本的发生，作业成本法把成本核算深入到作业层次，它以作业为单位收集成本，并把"作业"或"作业成本库"的成本按作业动因分配到产品。作业或作业中心是成本归集和分配的基本单位。作业中心可以由一组性质相似的作业组成。由于作业消耗资源，伴随作业的发展，作业中心也被称为作业成本库。

作业成本法的基本思想可以概括为：依据不同成本动因分别设置成本库，再分别以各种产品所耗费的作业量分摊其在该成本库的作业成本，然后分别汇总各种产品的作业总成本，计算各种产品的总成本和单位成本。作业成本法计算物流成本的逻辑图如图5–2所示。

应用作业成本法核算企业物流成本并进而进行管理的基本思路如下。

（1）界定企业物流系统中涉及的各个作业。作业是工作的各个单位，作业单位的类型和数量会随着企业的不同而不同。例如，在客户服务部门，作业可以包括处理客户订单、解决产品问题及提供客户报告三项作业。

（2）确认企业物流系统中涉及的资源。资源是成本的资源，一个企业的资源包括直接人工、间接材料、生产维持成本（如采购人员的工资成本）、间接制造费用及生产过程以外的成本（如广告费用）。资源的界定是在作业界定的基础上进行的，每项作业必涉及相关的资源，与作业无关的资源应从物流成本核算中剔除。

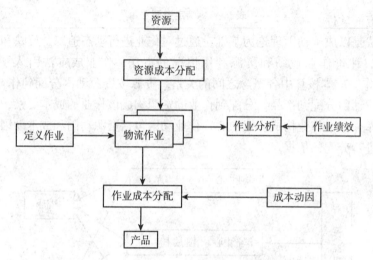

图 5-2　作业成本法计算物流成本的逻辑图

（3）确认资源动因，将资源分配到作业。作业决定着资源的耗用量，这种关系被称做资源动因。资源动因联系着资源和作业，它把总分类账上的资源成本分配到作业。

（4）确认成本动因，将作业成本分配到产品或服务中。作业动因反映了成本对象对作业消耗的逻辑关系，例如，问题最多的产品会产生最多的客户服务电话，故按照电话数的多少（此处的作业动因）把解决客户问题的作业成本分配到相应的产品中。

要实施作业成本的核算与管理，首先要转变传统的会计成本为作业成本。现以某生产企业供应物流核算为例进一步阐述这个问题。这家生产厂商的部分原材料需要进口，由于在原有的会计体系中，无法直接得到物流成本，因此采用作业成本进行了核算。该企业利用作业成本法的基本步骤如下。

（1）界定供应物流系统中涉及的各个作业，如表 5-1 所示。

表 5-1　确定作业

活动 ＼ 作业	作业 1	作业 2	作业 3	作业 4	作业 5	作业 6
计划管理	计划编制	档案管理				
采购	价格管理	谈判	发订单	委托采购		
储运	入库检验	仓库租赁	流通加工	报关运输	搬运装卸	流通加工
供货	运输	搬运装卸				
供应商建设	月供应会	年供应大会	访问	评审		

（2）确认企业物流系统中涉及的资源，如表 5-2 所示。

（3）确认资源动因，将资源分配到作业中，以人工费为例，将其分配到各个作业成本库时，可选择工时为资源动因。

（4）确认成本动因，将作业成本分配到产品或服务中，以采购成本库为例，将其分配到各个产品时，可选择采购材料在各产品中的比例为成本动因。

表 5 - 2　确定资源费用

活动 ＼ 费用	费用 1	费用 2	费用 3	费用 4	费用 5	共同费用
计划管理	材料费					
采购	差旅费	业务招待费				人工费、办公用品等低值易消耗品、水电等
储运	资金占用费	仓库租赁费	搬运器具折旧	包装用材料	报关运输费	
供货	运输费		搬运器具折旧	包装用材料		
供应商建设	会议费	业务招待费	差旅费			

与传统成本核算相比，作业成本核算采用的是比较合理的方法分配间接费用。该方法首先汇集各作业中心耗用的各种资源，再将各作业中心的成本按各自的成本动因分配到成本核算对象。它是采用多种标准分配间接费用，是对不同作业中心采用不同的成本动因来分配间接费用。而传统的成本核算只采用单一的标准进行间接费用的分配，无法正确反映不同产品生产中不同技术因素对费用产生的不同影响。

作业成本法将直接费用和间接费用都视为产品耗用作业所付出的代价而同等对待。对直接费用的确认和分配，与传统成本核算方法并无差别；对间接费用的分配则依据作业成本动因，采用多样化的分配标准，从而提高了成本的可归属性。因此，从间接费用的分配准确性角度看，作业成本法计算的成本信息比较客观、真实和准确。从成本管理的角度看，作业成本管理把着眼点放在成本发生的前因后果上，通过对所有作业活动进行跟踪动态反映，可以更好地发挥决策、计划和控制作用，促进生产与作业管理水平的不断提高。

5.1.3　实施物流作业成本法的主要意义

物流作业成本法是全新的物流成本的计算方法，与传统的完全成本法和变动成本法相比，实施物流作业成本法主要有以下意义。

1. 物流作业成本法实现了成本核算的灵活性，拓展了成本核算范围

传统的成本核算方法在选择成本核算对象时，自始至终局限在资源耗费和产品耗费的联系和转换上，始终没有摆脱生产组织和工艺过程对成本核算的约束，没有在按照费用发生与成本核算对象之间最为直接、最为实质的联系因素上进行归集和分配。作业成本法克服了上述缺点，突出选择作业来反映成本动因，使成本核算更为合理准确。

2. 改进了成本分配方法，对物流间接成本的分配更为合理

从物流作业成本法的核算过程来看，它对直接费用的确认和分配，与传统的成本核算方法并无不同，所不同的只是对间接费用的分配。作业成本法将间接费用按相互之间的内在联系划归到若干个不同的作业成本库，再按各自的成本动因将它们分配到产品（服务）上去。这比传统的以直接人工时或机器工时等单一标准在全企业范围内统一分配间接费用更为科学。

与传统物流成本核算方法相比，物流作业成本核算的分配基础（成本动因）发生了质的变化。物流作业成本法不再采用单一的数量分配基准，而是采用多元分配基准；并且集财务变量与非财务变量为一身，强调非财务变量，例如，订单处理次数、质量检验次数、运输距离等。因此，物流作业成本核算法所提供的成本信息比传统成本核算法准确得多。

总而言之，物流作业成本法通过设置多样化的作业成本库和采用多种成本动因，使间接费用也按产品（服务）对象化，从而成本的可归属性明显提高。因而，采用物流作业成本法得出的产品（服务）成本能较为准确地反映产品（服务）消耗资源的真实情况。

3. 能更好地满足企业内部管理的需要

作业成本法的计算，能追踪产品成本的形成和积累过程，由此大大提高了计算过程的明细化程度和成本核算结果的精确度；从成本控制的角度来看，作业成本法通过对作业成本的确认、计量，为尽可能消除不增值作业提供有用信息，从而促使这类作业减少到最低限度，达到降低成本的目的。同时，由于作业成本法提供的成本信息相对更为准确，有利于管理当局正确决策，进行成本管理和评价经济业绩。

传统的成本核算方法强调产成品的核算，因而只能进行被动的事后成本控制。而作业成本法找到了产品与成本费用发生的联结点即作业，使其所提供的成本信息可以深入到作业层次。因而可以在生产工艺设计、生产过程中根据产品生产的需要，控制作业的数量。通过减少不增值作业来减少成本费用发生的动因，切断成本费用发生的源头，使成本费用的发生得到有效控制，达到事前、事中成本控制的目的。此外，从责任会计角度来讲，计算作业成本实际上就是计算责任成本。因而对作业成本的核算，既可达到责任会计控制成本的目的，又实现了财务会计核算、监督成本的职能。

4. 作业成本有利于企业进行产品（服务）成本控制

在产品设计阶段，可以通过分析产品成本动因对新产品的影响，达到降低产品成本的目的；而在产品生产阶段，则可以通过成本系统反馈的信息，降低新产品成本，并减少无价值的作业活动。

5. 作业成本可用于分析企业生产（服务）能力的利用情况

以成本动因计算的作业量，能更准确地反映企业实际消耗的作业量水平。如果将作业成本系统建立在标准成本核算法上，将会提高间接成本差异分析的有效性。

作业成本法还可用于制定产品生产种类的决策。产品的开发、减产和停产等决策与企业未来经营活动密切相关，因而企业的未来差量收入和差量成本将变为对决策有用的关键信息。作业成本信息则为预测这些未来成本数据提供了基础。

5.1.4 物流作业成本法的主要特点

作业成本法与传统成本会计方法相比有如下特点。

（1）作业成本法提供的会计信息并不追求传统会计下的"精确"计算，只要求数据能够准确到保证制订计划正确性即可。

（2）"作业"是物流成本作业计算法的基本成本核算对象。传统成本法主要是以物品实体或物流过程和功能为成本核算对象，而作业成本法以"作业"作为最基本的成本核算对象，其他成本核算对象的成本核算均通过作业成本进行分配。正是由于作业成本核算法可以提供各项作业耗费的成本信息，因此能使管理人员开展作业管理并改善作业链成为可能。

（3）作业成本法将间接费用按相互之间的内在联系划归到若干个不同的成本库，再按各自的成本动因将它们分配到产品（服务）上去。这比传统的以直接人工时或机器工时等单一标准在全企业范围内统一分配间接费用更为科学。

（4）物流作业成本核算法是更广泛的完全成本法。传统的完全成本法将许多成本项目列作期间费用，采用在发生的当期"一次性扣除"，而不加以分配。在作业成本法下，对于营销、仓储、回收等领域发生的成本，只要这些成本与特定产品相关，则可通过有关作业分配至有关的产品或其他成本核算对象中，这样所提供的成本信息更有利于企业进行定价的相关决策。

（5）所有的成本均是变动的。在变动成本法下，有相当一部分成本，因其在一定的范围内不随业务量（产量或机器小时等）的变化而变化而被划分为固定成本。但是，从作业成本法的观点看，这部分成本虽然不随业务量的增加而增加，但却会随其他因素的变化而改变，这些因素包括产品销售批次、机器设备的调整、企业经营能力的增减等。作业成本法将所有的成本均视为变动的，这有利于企业分析物流成本产生的原因，进而落实控制和降低成本的方法和措施。

虽然物流作业成本核算有前述许多优点，但是该方法并非完美无缺。例如，它需要更多的簿记工作和信息系统的支持，从而会产生更多的成本。至于作业成本法的其他缺点，可在前面的相关论述中发现。

5.2　物流作业成本核算程序

物流作业成本核算是以作业成本法为指导，将物流间接成本和辅助资源更准确地分配到物流作业及运作过程中的一种成本核算方法。物流作业成本核算一般需要经过以下几个阶段：取得物流成本信息，分析和确定作业，建立作业成本库；分析和确定资源，建立资源库；确定资源动因，分配资源耗费。

5.2.1　分析和确定作业

作业是企业为了某一特定的目的而进行的资源耗费活动。企业经营过程中的每个环节或每道工序都可以视为一项作业，企业的经营过程就是由若干项作业构成的。物流作业的划分不一定与企业的传统职能部门一致。有时，作业是跨部门的，而有的时候一个部门则能完成好几项不同的作业。作业的划分应当得当，划分太细就会使作业总数过多，会导致成本核算量过大。反之，如果作业划分太粗，一个作业中含有多种不相关业务，必然会导致成本核算的准确度下降。

作业的确定应遵循成本效益原则，有以下的经验可循：

（1）如果一个作业只有一项业务，则说明作业划分过细；

（2）如果一个作业含有不相关的业务，则应把它分解出去；

（3）不同的人员执行的作业不能被合并；

（4）一个作业一般不超过 5～15 个密切相关的业务；

（5）一般在每个传统的组织单位或部门中都应有 2～10 个明确的作业。有时候，一个部门可能只有一个作业，有时，一个作业跨几个部门。在一个典型的部门中如果有 10 个以上的作业，这时可能就需要将一些作业合并。相反，如果一个中型或大型部门只定义了一个或少数的作业，这时就应继续分解作业。

确认作业层次的理论依据是作业特性，实务依据是作业贡献于产品的方式和原因即成本动因，因此，可以把作业分为三大类别：专属作业、共同耗用作业、不增值作业。

（1）专属作业：专属作业是指为某种特定产品（服务）提供专门服务的作业。专属作业资源耗费价值应直接由该特定的产品承担。

（2）共同耗用作业：共同耗用作业是指同时为多种产品（服务）提供服务的作业。

（3）不增值作业：不增值作业是指那些不直接对企业创造价值的行为作出贡献的作业。一般情况下，企业会减少或消除这类作业。

5.2.2　分析和确定资源

资源指的是支持作业成本和费用的来源。它是一定时期内为了生产产品或提供服务而发生的各类成本、费用项目，或者是作业执行过程中所需要花费的代价。

例如，发出订货单是采购部门的一项作业，那么此作业的办公场地的折旧、采购人员的工资和电话费、办公费、附加费等都是订货作业的资源费用。但一般情况下，资源可以分为人力资源、材料资源、货币资源、动力资源及设备厂房资源等。

企业内的物流成本项目可能并未将物流成本从产品成本中分离出来，而是混在产品成本内。如果在物流作业的产品输配送及仓储保管功能环节中，这些成本在一般企业可依照下列方式抽离出来。

（1）仓储厂房费用：包括仓储空间的租金或折旧，货架、仓储设备折旧等。

（2）人工费用：包括仓储行政、入库、拣货、包装、贴标等。

（3）车辆相关成本：包括自有车辆折旧、租用车辆租金、车船使用税等。

（4）装卸设备折旧：按照使用年限计提折旧。

（5）其他材料费：包括包装材料、标签等。

这些成本项目可由会计记录中直接取得或经成本分离、估算等方式取得。

如果一个企业会计科目分类足够细，会计科目的子科目应当可以足够辨识成本费用属于何单位。中小制造企业若无独立的配送仓库，其仓库人员可归属于某一个厂区的直接人工，此外，如果配送没有独立出一个单位，也可将它归属于某一个厂区的成本。实际上，管理物流成本的最佳始点是对会计科目的子科目进行合理的分类，即按照所需信息的要求将子科目分类到足够细。

下面要讨论的重点是当一般企业在其会计记录确实无法理清各项细目时，如何能合理估算以上这些物流成本项目。

1）仓储厂房费用

仓储厂房费用要根据不同情况进行考虑。

（1）仓储空间若是租用则可按照租金计算，若是自建则可按照机会成本概念，即因为自用而不能外租损失的从市场可取得租金收益作为约当费用。

（2）货架等的投资则可依照使用年限或租赁期间计提折旧。

2）车辆相关成本

如为外车，则运输成本直接以所付运费计算，如为自有车辆，则运输成本按照其使用年限计算每年折旧。其他如燃料费用、车船使用税等按照实际成本核算。

3）直接人工费用

直接人工是物流成本的一大要素，因此首先确认执行物流（仓储、配送）功能的相关人员，按照约当全职人数计算，也就是说如果某员工只花费其工作时间的1/3执行仓管功能，另2/3执行其他非物流功能，则该员工工资的1/3计作物流成本。

至于直接人工除了工资外的其他部分，包括保险费、退休金、年终奖金、绩效奖金及其他福利等，可将每月工资按照企业的福利政策估算，如将工资乘以一定的倍数，1.5 或 1.6 倍等。

4）装卸设备折旧

装卸设备的成本费用按照使用年限计提折旧。

5）其他材料费

其他材料费如包装材料、胶带、标签等可以按照实际成本核算，也可以每件产品平均成本乘以产品总数推估。

如前所述，一般情况下，资源可以分为人力资源、材料资源、货币资源、动力资源及设备厂房资源等。当企业各项资源确认后，要为每类资源设立资源库，并将一定会计期间的资源耗费归集到各相应的资源库中。资源库设置时，有时候需要把一些账目或预算科目结合组成一个资源库，有时候需要把一些被不同作业耗用的账目或预算科目分解开来。

5.2.3 确定资源成本动因，将资源耗费分配到作业

资源动因是作业成本核算的第一阶段动因。作业确认后，一般要为每一项作业设立一个作业成本库，然后以资源动因为标准将各项资源耗费分配至各作业成本库。所谓资源动因是指资源被各项作业耗费的方式和原因，它反映作业对资源的耗用情况，因此，它是把资源库价值分解到各作业成本库的依据。例如，设备所消耗的燃料，直接与搬运设备的搬运次数、工作时间或搬运量相关，则设备的搬运次数、工作时间或搬运量即为该项作业成本的资源动因。

确定资源动因的一般原则如下。

（1）某一项资源耗费能直观地确定为某一特定产品（或服务）所耗用，则直接计入该特定产品（或服务）的成本中，此时，资源动因也是成本动因，材料费用一般适用于该原则。

（2）如果某项资源耗费可以从发生领域划为某项作业所耗，则可以直接计入该作业成本库，此时资源动因可以认为是作业专属耗费，各作业中心发生的办公费用适用这个原则。

（3）如果某项资源耗费从最初耗用上呈混合耗费形态，则需要选择合适的量化依据将资源分解并分配到各项作业，这个量化依据就是资源动因。

作业成本制度顾名思义是以作业活动为基础，也就是说，成本的归属或累积是以作业活动为中心，然后再将各作业活动的成本归属或分摊到成本核算对象。如果成本核算对象是产品，则最后可算出各产品的成本；如果成本核算对象为客户，则可算出为服务不同的客户所投入的成本。这种分摊方式就是"两阶段分摊"，即先分摊或直接归属到作业，再将作业成本分摊到成本核算对象，如图 5-3 所示。

图中所说间接资源成本包括间接材料、间接人工、折旧、水电费等无法直接归属至产品的成本。而这些成本按照目前的会计制度，均将其记录于分类账中。然而分类账中的余额往往是指同质性的成本科目的总额，如水费、电费、保险费，而无法辨认究竟是何项作业造成了成本的增加。所以在实行作业成本制度时，问题之一是如何将间接资源成本归属至作业。

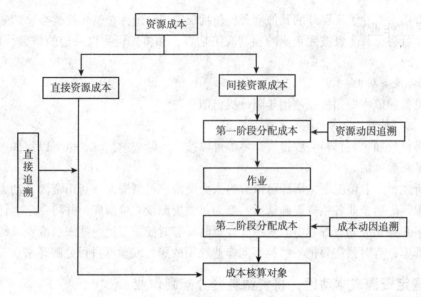

图 5 - 3   作业成本制度的两阶段分摊

总的来说，将资源成本归属至作业的方法有三种：直接归入；估计；武断分摊。在这些方法中，以直接归入法最能提供正确的信息。如果直接归入法无法达到时，则应该以与成本变动有因果关系的动因来归属；如果再得不出动因，则只能采取武断的分摊法来完成，但此法能不用就最好不要用。

虽然直接归入法是最好的方法，但在实务上大多不可行，因为成本账户与作业级别往往没有直接关联性，所以在实务上往往需要使用估计方法进行，估计方法包括问卷或访谈，根据经验，对现场领班或部门经理作访谈可能是最有效的方法。

5.2.4   选定成本核算对象

在作业成本法中，成本核算对象的定义可随研究的目的而有所不同。若研究的目的在于探讨每一客户的成本分析，则成本核算对象须定义为客户。若目的在于探讨每一产品的成本，则成本核算对象须定义为产品。

一般来说，企业可以按照所经销或制造的所有产品作为产品类别，但是，当企业所经销或制造的产品很多时，就显得过于烦琐，而可能不切实际。在这种情况下，除非在分摊作业成本时不依"实际"动因使用量，而使用"标准"成本动因，否则光是收集每一产品的成本动因使用量便是一大问题。即使在作业成本分摊时采用"标准"使用量，仍需知道每一产品的"实际"使用量，以做事后评估之用。有鉴于此，在产品品种很多时，有必要对所有产品进行必要的合并。

产品合并的原则是使用共同作业的产品必须合并。该原则可能只适用于产品少的公司，对产品种类繁杂的公司，逐一比较每一产品所经过的作业而决定是否合并，可能仍是一项艰巨的工作。所以在实务上，可能仍需要依赖于对产品的了解，而依照每一产品的成本结构或属性，将有类似成本结构的产品归成相同类别。如物流业，可依仓储位置将产品分类，不同成本结构的产品，往往放置于不同位置。

5.2.5　确认作业成本动因，将作业成本分配至成本对象

作业动因是指作业被各种产品或劳务耗用的方式和原因，作业动因是作业成本核算的第二阶段动因，主要用于各成本库中的成本在各产品（服务）之间进行分配。它是各项作业被最终产品（服务）消耗的原因和方式，反映成本对象使用作业的频度和强度。作业动因是作业成本库成本分配到成本对象中去的标准，也是将作业耗费与最终产出相沟通的桥梁。例如，商品检验活动的作业动因是商品检验次数，它是分配、计算商品检验作业成本的依据。

将作业成本分摊至成本核算对象的方法与将资源分摊至作业相似，可选择直接归入、估计或武断分摊，实务上，很难有数据作为直接归入的依据，所以往往只能使用估计方法。估计方法有三类：

（1）时间动作研究；

（2）回归分析；

（3）实地访谈。

时间动作研究可让我们客观且准确地找出作业的成本动因，但其耗时耗费，故常在应用时被排除。回归分析是一项科学而有效率的方法，但往往受限于资料的限制，故变得不可行。在实务上，一般情况下，由研究人员与现场工作人员访谈，由访谈资料综合判断具有代表性的成本动因。

5.2.6　计算物流作业成本和各成本对象物流总成本

作业成本动因选定后，就可以按照同质的成本动因将相关的成本归集起来，有几个成本动因，就建立几个成本库。建立不同的成本库，按多个分配标准（成本动因）分配间接费用，这是作业成本核算优于传统成本核算之处。

物流作业成本核算是将成本库归集的作业成本按成本动因分配到各成本核算对象上。物流作业成本的计算分配有两种方法：两阶段法和多阶段法。两阶段法是首先将明细账中的资源成本按资源动因分配到不同的作业上，而后将这些在作业上归集的成本按成本动因分配到产品（服务）上。多阶段法认识到有些作业并不直接为最终产品（服务）所耗用，而是为多个产品（服务）所耗用。多阶段法强调作业和作业成本，以及产品和作业之间的关系，试图更准确地反映成本在组织系统里流动的实际情况。

将成本对象中分摊的各物流作业成本加总，即得成本对象负担的间接物流成本。再加上直接物流成本，就是各成本对象的物流总成本，并可据以计算单位物流成本。

5.2.7　分析与管理物流成本

一般企业在没有物流成本基础的情况下可依上述方法分离出物流成本。取得物流成本信息并不是目的，只是作为加强管理的一种工具，因此如何根据分离出的物流成本信息加强管理是问题的关键所在。

许多企业发现自己的成本日益增加而失去竞争力，但却不知根据上述方法分离出物流成本，而无法知道成本增加是由于物流成本造成的。因此建议企业根据上述方法计算以下数据。

（1）总物流成本/总营业收入。观察其变化趋势，即可观察物流成本占营业收入的趋势

变化，另外也可以就各种不同类别物流成本核算其占总物流成本的百分比。

（2）各项物流成本/总物流成本。这样，可以分析物流管理的重点，应当改善的重点何在，并按一定期间观察其变化趋势。

（3）按照作业进行成本管理。对每项作业所消耗的物流成本进行分析，考虑每项作业成本消耗的合理性，并以此为基础制定作业的成本消耗定额或制定成本消耗指标，作为对作业进行改善和绩效考核的基础。

物流成本高低受许多因素的影响，良好的事前作业规划可以降低物流成本，下面提出几个可以降低物流成本的基本方向，在物流成本管理中要注意考虑。

1）订单的特性

（1）每一订单所要求的反应时间、到达频率及订购数量。反应时间越紧急，越会提高物流处理的复杂性及成本，下单频率越不规则，越会造成规划的困难。

（2）产品运输属性。产品是整箱上车，或是零星散装，严重影响物流配送效率。此外，运输点的位置与集中程度，是否需做不合格产品回收，这些与成本因素有关的因素均会影响配送效率。

2）客户的特殊需求

（1）订单所需协调的复杂度。不同客户的订单，可能需要不同程度的协调。例如，对准时送货的要求，若为15分钟区间，则其所需的协调工作，肯定比三天区间复杂，成本也就相应提高。单项商品订购，其所需协调复杂程度则可能比整套系统更简单。

（2）运输点的特殊要求。每位客户的运输条件可能不同，有些客户只要求送至商店门口，有些客户可能要求入仓，另有些客户可能要求每项产品依店面摆设上架。

3）加工及处理要求

产品加工及处理的特殊要求不同，其发生的物流成本也会产生很大的差异。例如，干货与冷冻产品在物流处理上有极大不同，也会大大影响物流成本。此外产品的加工需求，是否需要开箱逐一贴标签再装回，也会影响最终的物流成本及复杂度。

4）产品特性

产品间的可替代性不同，物流成本的差别也会很大。可替代性程度高的产品，会降低物流作业的复杂度，并会相对降低仓储的压力，因为不需提供超额存货，以备不确定的需要。

当管理者仔细思考上述问题之后，则可按照订单与产品的特性，拟定适合的物流管理政策，以提高客户满意度及物流效率，如此才可有效管理物流成本。

5.3　物流作业及成本的定义与分析

5.3.1　物流作业的定义与分析

1. 作业的种类

物流作业成本法在物流企业或者是企业物流部门的应用，需要解决的首要问题是定义各项物流作业。

一般来说，作业可以分为以下四个层次。

（1）单位水准作业。是指针对每个单位产出所要执行的作业活动，这种作业的成本与产出量成比例变动。

（2）批别水准作业。是指针对每批产品生产时，所需要从事的作业活动，如对每批产品的机械准备、订单处理、原料处理、检验及生产规划等。这种作业的成本与产品批数成比例变动，是该批产品所有单位产品的固定（或共同）成本，与该批的产量多少无关。

（3）产品水准作业。是指为支援各种产品的生产而从事的作业活动，这种作业的目的是服务于各项产品的生产与销售。例如，对一种产品编制材料清单（Bills of Materials）、数控规划、处理工程变更、测试路线等。这种作业的成本与单位数和批数无关，但与生产产品的品种成比例变动。

（4）维持水准作业。是指为维持工厂生产而从事的作业活动，它是支持厂务一般性制造过程的作业活动，如暖气、照明及厂房折旧等。这种作业的成本，为全部生产产品的共同成本。

Cooper & Kaplan 以厂房营运费用为例，说明了作业层次与相关费用之间的关系，如图 5 – 4 所示。

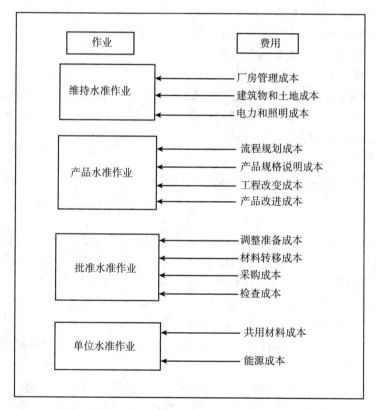

图 5 – 4　厂房营运费用的作业层次划分

从图中可以看出，与单位水准作业有关的费用大部分是共同分摊的间接费用，且此费用与产量相关。这里要说明的是，单位水准作业的成本并不一定就是直接成本，例如，电费是共同消耗的费用，很难直接归属到某一种产品，而此作业的成本却是与产出量的多少直接正相关的。所以，如果这种单位水准作业占的比重越大，以传统数量为基础的成本分摊方法造成的成本扭曲也就相对较小。相反，如果批次水准、产品水准及维持水准的作业越多，传统成本分摊方法造成的成本转移就会越加明显。显然，在目前少批量、多批次、多品种生产和作业的情况下，批次水准、产品水准和维持水准的作业越来越多，从而利用作业成本法也就显得更加必要。

2. 物流作业的定义和选择

作业的选定当然要根据流程的每一个细部作业来决定。因此，物流作业的定义要求在对企业生产工艺流程和物流过程进行深入了解和分解的情况下进行，把企业物流运营的全过程划分为一定数量的作业。由于细部作业的数量过于庞大，因此，过细的作业划分会增加信息的处理成本，在确定作业数量时，究竟应划分和确定多少作业，应遵循"成本—效益"原则，在"粗分"和"细分"之间进行权衡，划分过"粗"，会导致在一项作业中含有不相关作业成本，但划分过"细"，工作量太大，企业为此付出的成本过于高昂。

为了简化作业的数量，某些细部作业可以进一步合并为粗部作业。细部作业可以作为成本改善与绩效评估的单位来使用，因为每一个细部作业都可能由不同的员工和机器操作，因此可以单独进行绩效考核和作业改善，而如果仅仅是为了达到准确的成本累积，粗部作业就足够了。作业的合并一般需要遵循以下三个基本原则。

（1）合并的作业必须使用相同的成本动因。

（2）合并的作业必须具有相同的功能。

（3）合并的作业必须属于同一层次。

建立作业中心时，一般是首先确定一个核心作业，然后根据作业"质的相似性"原则，将上下游工序中一些次要任务或作业与之合并，归集为一个作业中心。在每一个作业中心中，都有一个同质成本动因。

3. 主要的物流作业

物流公司或货主企业的物流部门在进行物流作业（或作业中心）的划分时，其作业主要包括下述项目。

1）采购作业

采购作业又包括供应商管理、向供应商订货、货物验收以及货物入库等作业。

（1）供应商管理。具体说来包括采购合约签订、订货、进货、验收、付款等作业。

（2）向供应商订货。向供应商订货的作业一般先由计算机考虑周转率、缺货率、前置时间、存货状况等，自动建议订货，再由人工决定。由计算机考虑季节性因素，算出过去出货资料的平均预估出货量，到了订购点，计算机自动列印出"订购建议表"，经过人工修订，将信息传给上游厂商。该项作业的成本主要包括存货控制、操作计算机的人工，以及订单处理成本等。

（3）验收作业。每进一托盘就要仔细清点，包括品质、制造日期等。当货物送来时，原则上采取诚信原则，以点箱数方式验收，但对高单价商品以开箱点数验收。

（4）进货入库作业。如果货物为整箱，则放置在托盘上，所使用的托盘若为标准托盘，则可直接入库，若厂商使用非标准托盘，则需第二次搬运至标准托盘上，可洽谈并由上游厂商自行负责搬运。如果货物是非整箱进货，则需人力搬运。

2）销售订单处理

订单若以电子订货系统（EOS）传来，则无须输入工作；以传真方式，必须有专人做输入工作。若通过网络传到仓库现场的计算机，则不需打印拣货单；若未与仓库现场联网，则需有人按批次打印拣货单，交给仓库现场人员拣货。

在销售订单处理作业上，也需有人力花在接电话进行确认、追加、回答客户咨询等工作上面。

3）拣货作业

拣货方式若为半自动化拣货，即不必人为判断商品，只看编号，人工动作主要为搬运货物及电动拖板车的行进。

4）补货作业

补货作业通常包括：人工从事割箱工作；人工从事补货工作，一箱一箱补货；由专人操作堆高机从事堆高机补货工作。

5）配送作业

配送作业的基本工作流程与步骤如下。

（1）接受订单后由计算机系统依货量、路线、重量因素做配车工作，再由人工依需要调整。

（2）计算机打印派车单，配送人员根据派车单到现场拉货并与各门市做送货品项的核对。

（3）配载装车。

（4）配送运输。

（5）卸货，这是配送人员最辛苦的工作，有些商家要求直接下货在店内，有些则需要下货上架。

（6）点收。

6）退货作业

采购进货时验收不符，则当场退货。存储在仓库而损坏，则依合同退给厂商。客户退回商品时由司机运回放置在仓库内，由专人将商品整理分类，有些商品要报废，有些要重新上架，有些可以退回给厂商。

5.3.2　资源费用分析

作业成本法的基本思路是首先要按照作业来归集各项资源费用，然后按照成本动因将各项作业成本分配到成本对象。因此，确定了各作业或作业中心之后，就要明确各项作业所包括的资源费用，并进行归集。举例如下。

（1）采购作业资源。包括采购人员成本、采购处理成本、采购设备折旧及维护。

（2）验收作业资源。包括验收人员成本、设备工具折旧、货架、托盘。

（3）销售订单处理使用资源。包括销售订单处理人力、电脑设备信息处理、通信费用。

（4）拣货使用资源。包括拣货人员成本、拣货准备成本、拣货设备折旧、拣货设备维修成本。

（5）补货使用资源。包括补货人员成本，电动板车折旧，堆高机折旧，货架折旧，输送带折旧，自动分流设备折旧，物流箱，活动托盘，存储托盘。

（6）配送作业使用资源。包括配送车辆折旧、配送人员工资、油料、过路费、维修费等。

（7）仓储作业使用资源。包括工具折旧，厂房租金，厂房管理员成本，设备折旧、保养。

5.3.3　成本动因及成本对象的定义与分析

成本动因是指每个物流成本对象消耗各作业中心成本的动因，或者说是期末将每个作业中心成本总额分配给成本对象的依据。选择作业成本动因，即选择驱动成本发生的因素。一项作业的成本动因往往不止一个，应选择与实耗资源相关程度较高且易于量化的成本动因作为分配作业成本、计算产品成本的依据。

成本计量要考虑成本动因材料是否易于获得；成本动因和消耗资源之间相关程度越高，现有的成本被歪曲的可能性就会越小。成本动因相关程度的确定可运用经验法和数量法。

（1）经验法是利用各相关的作业经理，依据其经验，对一项作业中可能的动因作出评估确定权数。

（2）数量法是指用回归分析，比较各成本动因与成本间的相关程度。

常见的物流作业成本动因主要有直接人工工时、托盘数量、订单数量、货物的货值等。这些成本动因也需要在日常的工作中加以统计计量。

成本动因的选择要考虑两个因素：成本动因的计量性及计量成本的合理性；成本动因与作业中心消耗资源的相关程度。

有些资源成本动因是会计资源中现有的，如货值等；而有些资源成本动因需要在日常工作中进行计量，如订单数、托盘数等。各项作业可能耗用的资源通过有系统的记录方法，可以清楚地了解到各项作业的成本。找出各项作业成本的成本动因，将作业成本客观地分摊至成本核算对象，表5-3为常见物流作业的可能成本动因示例。

表5-3　物流作业可能成本动因示例

作业	累积成本	可能的成本动因
1. 采购处理	采购人员及采购处理成本、采购设备折旧及维护	采购次数
2. 进货验收	进货验收成本、验收设备折旧及维护	托盘数
3. 进货入库作业	进货人员成本、堆高机设备折旧	托盘数
4. 仓储作业	仓库管理员成本、仓库租金、折旧费用、维护费用	体积、所占空间
5. 存货盘点	盘点人员成本、盘点设备折旧及维护	盘点耗用时间
6. 客户订单处理	接受订单人员成本、订单处理成本	订单数
7. 拣货准备	拣货人员成本、拣货准备成本	订单数
8. 拣货	拣货人员成本	拣货次数
9. 合流	处理合流人工成本、合流设备成本	每一订单跨区数
10. 配送	车辆调配、油料、车辆维护折旧、配送人员成本	出货托盘数
11. 拉货上车	拉货上车人工成本、辅助设备折旧	订单量
12. 人工补货	割箱人员成本、搬运人员成本、设备折旧维护	补货箱数
13. 堆高机补货	堆高机人员成本、堆高机折旧、维护费用	补货托盘数
14. 下货	下货人员成本	订货标准箱
15. 销管作业	财会人员成本、文具用品费用、计算机设备、管理、行政人员成本、通信成本	营业金额

在作业基础成本法中，成本对象定义可根据目的的不同而有所不同。若研究目的为一个便利店的成本分析，则成本对象为便利店；若研究目的为每一种产品的物流成本，则成本对象应该定义为产品。

虽然一般零售型物流公司经销的商品种类繁多，但流程仍大致按照不同区位的产品而有所不同，因此可以将产品按照区位分类。

此外，许多物流成本的产生与产品的订购种类或订购数量并无绝对关系，而是与订单次数相关。所以订单有时也可以成为成本对象。因此，最终的成本可分摊为两阶段，第一阶段为区位产品成本，第二阶段为处理订单的相关成本。

5.3.4 成本累计模式的定义与分析

成本是定价的基础，为使定价能反映物流成本，需要有一套能反映服务内容的成本模式，通过作业成本分析，可以清楚地看出各订单所需要的物流服务内容，以及各项服务内容所要消耗的资源费用。图 5－5 是以某物流中心（配送中心）为例反映的各个成本核算对象的累计物流成本。

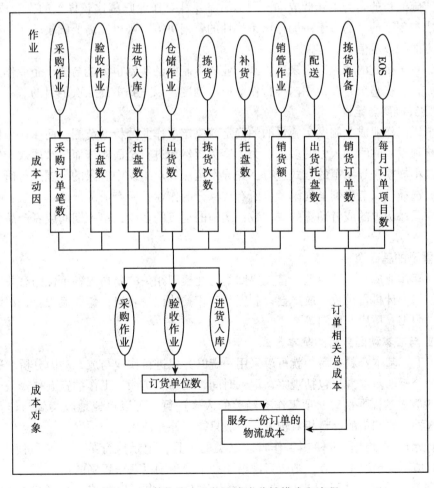

图 5－5 某物流中心物流成本分摊模式和流程

由上图可知，物流成本基本包含两部分。一是与订单相关的成本，此成本的多少与订单的订购数量无关。另一部分成本则与订单的订购量相关，也就是数量越多，物流成本越高。

5.4 物流作业成本法的实施

5.4.1 作业成本法实施的基础工作

不论是企业物流部门还是物流企业，要引入作业成本制度，需要从统计设计的角度考虑该制度实施的一系列准备工作。

1. 明确实施目的

作业成本制度的实施可以是有多种目的的，因此物流企业或企业物流部门在设计作业成本时，首先要做深入的需求分析，根据需求分析的结果来决定制度实施的目的，再依据明确的目的，来进行详细的设计。需要注意的是：实施的目的不同，作业成本制度的设计方式也会有所不同。

如果实施的目的是为了降低成本，则可能需要针对作业归集比较详细的作业成本信息；如果作业成本制度的目的在于协助作出策略性的营销决策，则可能需要归集较多的有关产品或者客户方面的成本信息。

另外，对于企业的物流部门来说，其作业成本制度的实施也可能与整个企业作业成本法的实施相结合，在整个企业范围内推行作业成本制度，以达到更高层次的目的。

2. 确定实施实务范围

一般来说，作业成本制度实施目的的确定就决定了作业分析的范围，而作业分析范围的大小会影响到投入时间和人力的多少。为了避免贸然地进行全面实施而导致成效不佳，企业也可以先以小规模先导示范的方式进行，先导示范法先对组织中有限的范围进行研究。

范围的选择可以考虑到下列因素：所有或部分的作业；所有或部分成本对象；全部或部分的会计期间；历史的或者预算的成本数；实施的地点的多少；单一期间或者产品生命周期观点。

3. 所需要的基础资料

构建一套作业成本制度模型，首先要归集与此模型相关的公司内各单位的有关资料，主要包括：公司会计科目设置；成本会计制度及其相关的记录表格；作业流程；公司组织结构图；工作说明书；厂房配置图等。

4. 作业与成本动因分析的基本方式

收集了上述基本资料之后，就可以采用一定的方式进行作业与成本动因分析。进行作业和成本动因分析的基本方法包括观察、记录时间、问卷、访谈、工作抽查五种。

（1）观察。这需要由对此项工作有经验的人来进行，可以迅速地收集到与作业有关的资料。但这种方法归集的资料相对较少，一般只能当补充使用。

（2）记录时间。让员工使用工作日志之类的工具，记录执行某项工作所使用的时间，如果员工对填写记录表不热心，则应考虑给予一定的激励以获得正确的信息。

（3）问卷。使用此法可以当做访谈前的准备工作，也可以当成主要的信息收集工具。使用此法时要注意问卷的题目必须完整清楚，以避免资料收集不够完整或受访者误解题意而提供错误信息。

（4）访谈。这是一种最主要的且被普遍采用的信息收集方法。其优点在于透过双向的访谈，一方面可以收集到可以依赖的信息，另一方面可以教育使用者。缺点是相当费时。访谈的问题主要包括：分析部门内的各项重要作业是什么？作业所需要的资源有哪些？作业为什么发生？绩效考核标准是什么？确认成本核算对象（可能是客户、产品或其他部门）等。

（5）工作抽查。以观察的方式衡量员工从事某一特定作业的时间，使用这种方式要注意抽查的时段要具有代表性。

作业与成本动因的分析往往是混合使用以上各种方法，总的来说，需要的信息越准确，其花费的时间和成本就越高，企业可以根据所需信息的精准程度来选择适当的分析方法。

5. 作业成本制度与会计制度

普通的会计制度都是建立在对外公布财务报告的规定基础上的，而作业成本法的实施则是为了更好地做好企业的成本管理，因此，会计科目的设置需要分类到更细的层次，如按照客户单位或者内部各部门进行分类等。企业会计科目设置的好坏可以看其会计科目的设置，尤其是为了配合作业成本制度的实施，会计科目就更加应该加以详细地分类，包括各项成本费用发生的单位等。

总分类账是建立作业成本制度成本分配流程的起点，但在设计作业成本制度时要注意到，分类账往往是为了编制财务报表而编制的，因此在做成本分配之前需要将总分类账做适当的调整和细化，调整和细化的基本原则有以下两条。

（1）调整不符合经济事实的项目。因为作业成本制度的主要目的是改善营运状况而不是财务报告，因此，不需要符合一般公认会计原则。例如，可以按照实际的使用年限而不是法定的会计使用年限来计提折旧；将研发费用逐期分摊而不是作为当期费用等。

（2）分解至部门层次。大部分的作业资料都是直接从部门取得的，所以将资源成本分解到各个部门层次将有助于把资源成本分配到作业上。

5.4.2 作业基本信息系统规划

作业成本制度可以提供较为准确的成本资料，企业除了可以利用这些成本资料作出较佳的定价决策外，也可以据以从事作业基础的成本管理。然而，作业成本制度的成功实施有赖于许多财务性和非财务性资料的提供，当一个企业准备实施作业成本制度时，却经常发现它现有的信息系统无法提供所需要的资料，或者是要费很大周折才能获得这些资料。究其原因，主要是传统会计信息系统很少衡量一个企业中各项作业的活动水平及其消耗的资源数量。因此，企业要应用作业成本制度，加强成本管理，首先必须改善其现有的会计信息系统，以归集实施作业成本制度所需要的各种资料信息。把为实施作业成本制度而建立的信息系统称为作业基础信息系统。

1. 作业基础信息系统设置的目的

一个良好的作业基础信息系统必须能够归集并提供及时准确的成本信息，以使管理者可以达到以下几项基本的目的。

（1）满足客户的需求，包括及时运交客户所需的货物及提供货物的市场销售分析。

（2）将存货库存控制在一定的水平，避免缺货或者存货过多。

（3）制定合理的服务价格。

（4）有效率地使用人力、机械及设备等资源。

2. 作业基础信息系统应具有的特点

为了达到上述目的，一个作业基础信息系统必须具备以下几个特点。

（1）资料归集涵盖的范围要广泛。包括各项作业成本动因数量及其所消耗的资源数量等。

（2）包含各种详细的成本分类方式。成本可以按照产品、服务、客户、订单或者是部门加以归属，也可以按照其成本性态分为固定成本和变动成本。

（3）同时归集财务性和非财务性的资料，以作为成本分摊的基础。作业成本制度所使用的成本动因往往是非财务性的。因此，在该制度下所归集的成本信息不能仅仅偏重于财务信息，而需要两者兼顾。

（4）富有弹性，可以适时地提供各种成本管理决策分析所需要的不同信息。

3. 建立作业基础信息系统的步骤

作业基础信息系统的建立，大致可以按照下列步骤进行。

1）分析信息系统所需要归集的资料项目

为了实现作业基础信息系统的既定目的，首先需要确定其所需要归集的资料项目，其基本步骤如下。

（1）探讨管理者所需要从事的重要管理决策。

（2）辨认各管理决策所涉及的成本核算对象。

（3）辨认各成本核算对象所使用到的作业活动。

（4）辨认各作业活动所耗用的资源。

（5）辨认各作业活动的成本动因。

经过上述步骤，一个企业可以决定其作业基础信息系统必须对哪些资源和成本动因的耗用数量进行衡量并记录。

2）设计作业基础信息系统

在设计一套包含交易处理程序及软硬件设施的信息系统时，在提供上述资料需求的前提下，再按照下列步骤进行。

（1）将系统依照企业的重要活动划分为各个应用子系统。

（2）决定资料产出所需满足的信息需求。

（3）确定资料的交流关系。

（4）确定资料来源。

（5）确定归集及记录资料的方法。

3）作业基础信息系统的实施

作业基础的信息系统与企业传统的或者原有的信息系统可以并存使用。也就是说，一方面使用基础信息系统从事管理决策，另一方面仍然使用传统的信息系统从事财务信息的归集和对外报告。其配合使用的方法又可以有两种，一种是新系统完全独立，另一种是两者彼此进行整合，如图 5 – 6 所示。

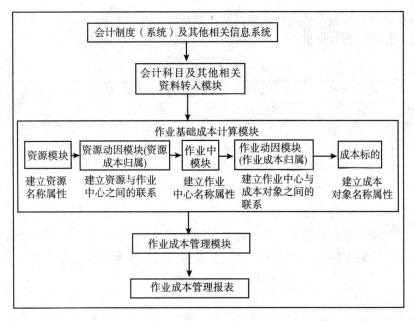

图 5 - 6 作业基础成本管理系统基本框架

4. 作业基础成本制度与现行制度的整合

1) 作业资料

前面已经描述到，在处理作业资料之前，首先必须明确建立作业成本制度的目的，因为目的的不同会导致作业认定的差异。作业资料的处理可以按以下两种方式进行。

（1）作业按照部门进行分类。一般而言，按照部门将作业分类是最合乎大多数人需求的一种选择，对部门内的作业按照工作内容自上而下一层一层地分解开。

（2）作业按照业务程序进行分类。如果按照作业流程分类，就可以按照作业的顺序，依次在作业模块中建立作业成本库。

这两种作业组织方式的选择，完全依赖于使用者想如何将资源成本归属到作业，以及如何将作业成本归属到成本核算对象。作业的组织可以完全按照设计者的想法及管理者的需求，有些作业成本也可以不直接分摊给成本核算对象，而是先将成本分摊至另一项作业，再通过该作业将成本分摊下去。

关于作业成本方面的信息，可能还包含了成本及绩效或者其他方面的信息，如果能同时将这些信息融入到作业基础成本模式中，便可以利用这些非财务信息进行作业管理或分析。因此，使用者就可以归集一些关于作业的属性资料结合到作业模块中，如表 5 - 4 所示。运用这些属性资料，就可以追踪关键作业（如有附加值或者无附加值作业）、作业的成本动因、所属程序及绩效评估指标等。最后在生成管理报表的时候，也可以通过属性将作业分类，使管理者可以缩小应注意资料的范围。

2) 成本核算对象资料

在资源与作业资料都加以组织之后，最后要进行成本核算对象资料的组织。成本核算对象资料的组织，完全视使用者的决策需求或者报表报告的目的而定。成本核算对象不仅仅局限于产品，客户、部门、市场、区域等都可以作为成本核算对象。使用者可以为不同的成本核算对象而建立其资源与作业，再分别建立其与作业之间的关联，就可以按照不同的需求产生不同成本核算对象的管理报表。

表 5-4　作业属性资料表

作业代码	作业名称	成本动因	附加值程度（高、中、低）	绩效评估指标	程　　序
A0001	作业 1				
A0002	作业 2				
A0003	作业 3				
A0004	作业 4				

3）成本归属路径关联

资源、作业及成本核算对象三者彼此之间的归属和分摊方式是作业成本制度实施的关键所在，也就是要将资源模块组的成本信息与作业模块组、成本核算对象信息相结合。不同的模块之间的账户可以定义其相关的归属成本。

4）作业基础管理报表

系统所提供的标准管理报表种类及其报表内容，可以经由三种方式产生：直接显示在画面上、直接打印产生和存档。作业基础管理报表的形式很多，具体如下。

（1）成本组成要素报表。此报表反映成本核算对象或者某项作业的成本组成来源信息。

（2）资源组成报表。此报表反映账户的成本组成要素有哪些资源。

（3）归属关系报表。此报表显示资源、作业和核算对象之间的起点及对应的终点信息，包括名称、动因数量、成本资料等。

（4）动因报表。此报表反映模块中的资源动因与作业动因的所有信息。

（5）模块结构层次报表。此报表反映各模块之间的结构层次信息，包括项目名称、层次、形态及成本信息等。

（6）闲置产能报表。此报表反映闲置产能状况的信息，只要产能有未被充分利用的情况就加以反映。

（7）绩效评估报表。此报表反映哪些账户有绩效评估指标。

在各种报表中，归属报表是说明资源账户或作业账户之间的成本流向的，其成本归属对象会以汇总方式列出，由此可以清楚地看出资源账户或作业账户的成本究竟流向何处。成本组成报表则是说明一个作业账户或成本核算对象账户的成本是从哪些账户所汇集而来的，并可以了解哪种成本来源所占的比例较大，从而发现和指出改善之处。

5）作业基础成本管理

前面比较详细地阐述了如何建立作业基础成本信息系统，以及归集资料从事作业成本制度的成本分摊。但是，成本分摊并不是实施作业成本制度的最终目标，实际上，实施作业成本制度的真正目标还是在于成本管理，而不是分摊。

许多公司的现有资料无法进行有效的成本管理。如果按照前面的原则建立起作业基础成本信息系统，然后逐月统计各作业的累积成本，以及相关的成本动因数量，则可以通过作业成本的每月变动及分析，清楚地看出究竟哪些作业消耗公司的资源较多。

通过每月收集的资料，利用作业基础成本信息系统，可以统计出许多作业基础管理报表，先做以下分析。

（1）作业成本标准的设定。为了达到管理物流成本的目的，可以选定每项作业的成本比例标杆，以显示出作业的营运效率，对没有效率的作业应想办法降低该项作业的累积成本。标杆的选定可以依据公司内部的历史资料或者行业平均值来确定。

（2）作业附加值分析。定期评估每项作业所产生的附加价值，尽量去除没有附加价值的作业，尤其是那些消耗公司大量资源，而又不具有附加价值的作业。

（3）客户获利能力分析。公司应分析每一个客户的获利能力，为能够达到这个目的，公司必须逐月统计每个客户对每项作业所耗用的物理量，以不同客户作为成本核算对象。

作业基础信息系统可以由公司自行开发，也可以购买软件供应商的作业成本套装软件。

5.4.3　物流企业作业成本法的实施案例

本案例中所选的物流企业是向上游供应商采购商品，再转售给下游零售门市商店的企业，属于商品批发型流通企业性质。在这种类型的企业中，物流的合理组织非常重要，也是企业取得竞争优势的重要来源，而物流成本在其整个企业经营成本中也占有非常大的比重，因此有效的物流成本管理对企业来说是十分重要的。

该物流公司的仓库布置如图 5 – 7 所示。

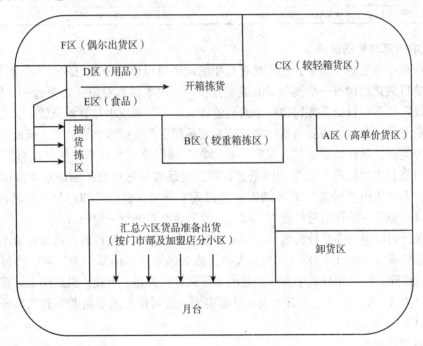

图 5 – 7　某物流公司仓储平面布置

该物流公司在作业成本制度的实施上主要从以下几个方面展开。

1. 作业的确定

根据实际了解该公司物流作业流程，以及分析各种相关资料，再合并一些相关作业，归纳出下述作业来涵盖该公司的整个物流处理程序，如表 5 – 5 所示。

表 5 - 5　某物流企业的作业划分

作业序号	作　　业	累计成本	可能的成本动因
1	采购处理	采购人员成本、采购处理成本、采购设备的折旧及维护	采购次数（笔数）
2	进货验收	进货验收人员成本、验收设备的折旧及维护	验收托盘数（A、B、C、D、E 区）
3	进货入库作业	进货人员成本、叉车设备折旧	托盘数（A、B、C、D、E 区）
4	仓储作业（A、B、C、D、E 区）	仓储管理人员成本、存储仓库的租金、折旧费	所占空间、体积
5	人工补货（D、E 区）	开箱人员成本、搬运人员成本、设备	补货箱数（D、E 区）
6	叉车补货（B、C 区）	叉车驾驶员成本、叉车折旧、维护费用、托盘成本	补货托盘数（B、C 区）
7	EOS 作业	接收订单人员成本、订单处理成本	一般订单数
8	B、C 区拣货准备	拣货人员等待成本、拣货设备折旧及其维护	订单数
9	B、C 区拣货作业	拣货人员成本（约占总拣货人员成本的百分比）	箱数
10	D、E 区拣货准备	拣货准备成本、拣货设备折旧及维护、人员等待成本	订单数
11	D、E 区拣货作业	拣货人员成本	包数
12	A 区拣货	拣货人员成本、拣货准备成本	拣货次数
13	出货作业	车辆调配、油料、车辆维修折旧、司机成本	拣货次数
14	营销管理作业	人员成本、文具用品费用、计算机设备、通信费用、教育培训费用	营业金额

2. 成本核算对象的选择

在作业成本制度的实施中，成本核算对象的选择可以随着分析目的的不同而有所不同，如果分析的目的是探讨每一个便利店的成本分析，则成本核算对象一定是每一个便利商店；如果这里设定的研究目的是探讨每一个商品的物流成本，则成本核算对象就定义为商品。

从理论上讲，可以把该公司所经销的所有商品都定义为成本核算对象，但由于该公司经销的商品种类多，这样做不太切合实际，除非在分摊作业成本时不按照"实际"成本动因使用量，而是利用"标准"成本动因量，否则，光是收集每种商品的成本动因使用量便是一大问题，即使使用"标准"成本动因量进行成本分摊，也仍需知道每一商品的"实际"使用量，以便做事后的评估考核使用，因此，商品有必要进行一定的合并。

虽然该公司经销的商品种类繁多，但其流程仍大致按不同区位的商品而有所不同，因此可以把商品分成 A、B、C、D、E、F 六大类，而 F 区中商品因属于非经常性销售项目，因此建议将其排除，所以在分析中真正涵盖的商品只有五大类。因此，最终用来计算成本分摊的商品被分为 A、B、C、D、E 五大类。从而得到该公司作业成本制度下的成本分摊两阶段模式，如图 5 - 8 所示。

3. 作业成本分析

由于人工成本及折旧费用等都是按月计算的，因此，公司每月都要根据表 5 - 5 中的作业，累计计算各项作业的成本，再按照各成本核算对象的成本动因消耗量，将作业成本分摊到各区域的商品中。

1）采购处理作业

采购处理是公司对外的采购作业，由于每个区域商品的采购频率不同，所以在分摊采购成本上也应该有所区别。根据实地研究观察，采购处理作业的成本动因选项为每个区域的

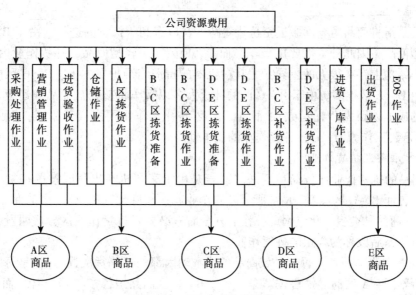

图 5-8　两阶段成本分摊模型

"订单笔数"。每种产品采购一次，不管其每次的订货量或者订货金额的多少都视为一笔。采购处理作业的成本主要是人事成本和订单服务费用。月末采购处理作业的成本分摊系数计算为：

$$每笔采购处理作业成本 = \frac{采购处理成本总额(人事成本+订单服务费+耗材等)}{(A区+B区+C区+D区+E区)订单总笔数}$$

2）验收作业

该作业为对外采购商品入库前的检验工作，由于每一个区域的商品采购量不同，采购量越大则验收成本越高，因此，应按照采购量的多少作为验收成本分摊的动因，而托盘数的多少反映了采购量的多少，因此以托盘数验收入库作业的成本动因。月末验收作业成本分摊系数的计算公式为：

$$每托盘货物验收作业成本 = \frac{验收成本总额(人事成本+折旧费+耗材等)}{(A区+B区+C区+D区+E区)托盘数}$$

3）进货入库作业

该作业是指将对外采购商品搬入仓库的作业，入库成本当然也与采购量成正比，从而也可以以托盘数作为进货入库作业的成本动因。计算公式与上面相类似。

4）仓储作业

由于仓库作业人员都承担着入库、补货等作业，因此，这里的仓储作业成本主要是仓库的租金（包括仓储设施的折旧）。而每个区域的面积已经事先固定，除非仓库布置重新改变，否则很少变动，因此，仓储作业的相对成本动因为每个商品区域所分配的库存面积。仓库作业成本的期末分配系数可以计算为：

$$单位面积仓储作业成本 = \frac{仓储作业成本总额(人事成本+折旧费+耗材等)}{(A区+B区+C区+D区+E区)总面积}$$

5）补货作业

该作业是指将商品由仓库搬运至拣货等待区，以有利于拣货的进行。由于 B、C 区的商品属于重型商品，因此补货需要用叉车，而 D、E 区属于轻型商品，补货作业由人工完成，因此在成本结构上存在很大的差异，尤其在机器的折旧与维护成本上，B、C 区的补货作业成本要高出 D、E 区很多。由于 B、C 区的补货大多以叉车将整托盘商品搬运至拣货区，因此其对应的成本动因为"托盘数"；而 D、E 区的补货作业则为人工搬运，因此，可以用"补货搬运箱数"作为 D、E 区补货作业的成本动因。

6）拣货准备及拣货作业

A 区商品的拣货作业比较简单，一般而言是由卡车司机在出货时按照拣货单直接到 A 区仓库领取，而 B、C 区及 D、E 区所牵涉的作业就比较麻烦，B、C 区内的商品有轻有重，D、E 区内的商品种类多样化，因此在作业划分时有必要将拣货作业区分成两段，前段称为拣货准备作业，后段称为真正的拣货作业。

就"拣货作业"而言，每个区域商品的成本动因都是"拣货次数"。但是每区使用的销售单位有所不同，A 区商品销售按"条"计，B、C 区商品销售按"箱"计，而 D、E 区商品销售则按"包"计。此外，每个区域的拣货作业成本的构成也不同，A 区以人事成本为主；B、C 区除人事成本外，则需要计算拣货搬运设备的折旧和维修成本；而 D、E 区除人事成本外，也要包括传送带的折旧和维护费用。

B、C 区和 D、E 区的商品需要经过"拣货准备"作业，此项作业是拣货作业的规划设计及拣货单的准备工作，以使得拣货作业更加具有效率。拣货准备作业成本以人事成本为主，其成本动因为"订单张数"，也就是假设每一张订单所耗用的拣货准备成本不会因订单内容或订购数量而影响其准备成本。

7）出货作业

出货作业包括拉货上车、运输、卸货及车辆维护与指派等作业。从理论上讲，该作业应该进行更进一步的细化，但由于该公司在该作业的成本资料追踪和归集上有困难，因此只好将这些作业合并为一项出货作业。出货作业的成本主要包括司机的成本及外包车辆的费用、内部车辆的维修费、折旧费、保险和油料费等。出货作业的成本和运输量有关，由于等待出货的商品均放置在托盘上，因此合理的出货作业动因选择为"出货托盘数"。

8）营销管理作业

这是指行政管理部门的支持性作业，由于管理成本必须分摊到三个物流中心，而这里只讨论了一个物流中心，因此，这里只需摊提部分的营销管理成本。营销管理费用的分摊以"销货金额"作为成本动因，其理由是营销管理成本往往是按照销售额的固定百分比提取的，随着公司业务量和销售金额的提高，公司的营销管理费用也会随之提高。

9）EOS 订单处理

EOS 为处理各便利商店向公司订购的作业，其作业成本包括人事成本、EOS 机器的折旧与维护费用。随着商品订货项目的增加，EOS 成本也会随之增加，因此，EOS 订单处理作业成本以订单笔数作为成本动因。

划分了作业，明确了每项作业消耗的资源成本并进行日常的统计工作，再按照图 5−8 所示的两阶段成本分摊模型，就可以按照既定的成本核算对象来进行公司作业成本的计算，并在此基础上开展相应的作业附加值分析、作业成本标杆的确定及客户的获利能力分析。

5.4.4　物流作业成本核算案例

【例 5-1】　某生产性企业产销 A、B 两种产品。这两种产品的生产工艺过程基本相同，两者的区别主要表现在所提供的物流服务上：A 产品实行的是大批量低频率的物流配送服务，每批数量为 4 000 件。B 产品实行多频率小额配送服务，每批数量为 10 件。该企业采用作业成本法计算产品的物流成本，所涉及的作业主要有七项：①订单处理；②挑选包装；③包装设备调整；④运输装卸；⑤质量检验；⑥传票管理；⑦一般管理。

其他有关资料具体如下。

（1）本月该企业共销售 A 产品 5 批，共计 20 000 件，B 产品 140 批，共计 1 400 件。

（2）订单处理作业全月有能力处理 1 008 份订单。本月实际处理订单 800 份，其中 A 产品订单 500 份，B 产品订单 300 份。

（3）包装机共 4 台，全月总共可利用机器 640 h，但不能全部用于包装，因为机器调整会耗用一定时间。包装机每包装一批新产品时，则需要调整一次。在连续包装同一批产品件数达到 1 000 件时也需要进行一次调整。每台包装机调整一次需要 24 min。包装机如果用于包装 A 产品，每件需 1.5 min，如果用于包装 B 产品，每件则需 2 min。

（4）运输装卸作业全月总共能够提供 840 工作小时的生产能力，其中用于 A 产品运输装卸，每批需 120 h；B 产品运输装卸，每批则需 0.4 h。

（5）质量检验：A、B 两种产品的检验过程完全相同。该企业全月有能力检验 800 件产品。对于 A 产品，每批需要随机抽样 10 件进行检验；对于 B 产品，每批需要随机抽样 3 件进行检验。

（6）该企业进行传票管理作业是采用计算机辅助设计系统来完成的。该系统全月总共能提供 840 个机时。本月用于 A 产品传票管理的机时数为 168 个，用于 B 产品传票管理的机时数为 420 个。

（7）一般管理。本月人员及设施等利用程度为 75%。

（8）A 产品每件耗用直接材料 1.5 元，B 产品每件耗用直接材料 1.8 元。

采用作业成本核算法计算上述两种产品物流成本的基本步骤如下。

（1）确认和计量企业本月所提供的各类资源价值，将资源耗费价值归集到各资源库中。本月该厂所提供的各类资源价值情况如表 5-6 所示。

表 5-6　企业所提供的各类资源价值

单位：元

资源项目	工　资	电　力	折　旧	办公费
资源价值	23 400	4 800	24 400	8 500

（2）确认各种主要作业，建立作业成本库。主要作业有：订单处理、挑选包装、包装设备调整、运输装卸、质量检验、传票管理、一般管理共七项。为每项作业分别设立作业成本库，用于归集各项作业实际耗用的资源。对于包装设备调整作业和挑选包装作业，首先将两者合并在一起计算各项资源耗用量，然后再按机器调整所耗用的机器小时数与可用于包装产品的机器小时数之间的比例进行分配。

（3）确认各项资源动因，将各资源库中所汇集的资源价值分配到各作业成本库中。

① 工资费用的分配。工资费用耗用的动因在于各项作业"运用职工"，因此，应根据完成各项作业的职工人数和工资标准对工资费用进行分配。分配结果如表5－7所示。

表5－7　工资资源的分配

资源 ＼ 作业	订单处理	包装及设备调整	运输装卸	质量检验	传票管理	一般管理	合　计
职工人数	2	4	5	4	4	3	22
每人月工资额/元	800	1 200	1 000	1 250	1 000	1 000	6 250
各项作业月工资额/元	1 600	4 800	5 000	5 000	4 000	3 000	2 3400

② 电力资源价值的分配。电力资源耗用的原因在于"用电"，其数量多少可以由用电度数来衡量。已知每度电的价格为0.5元。具体分配结果如表5－8所示。

表5－8　电力资源的分配

资源 ＼ 作业	订单处理	包装及设备调整	运输装卸	质量检验	传票管理	一般管理	合　计
用电度数/度	400	3 200	2 500	2 800	360	340	9 600
金额/元	200	1 600	1 250	1 400	180	170	4 800

③ 折旧费与办公费的分配。折旧费发生的原因在于各项作业运用了有关的固定资产。因此，可根据各项作业固定资产运用情况来分配折旧费。这种运用通常具有"专属性"，即特定固定资产由特定作业所运用。各项办公费也具有"专属性"，其分配方法与折旧费的分配大体相同。有关分配结果如表5－9所示。

表5－9　固定资产折旧费及办公费的分配
单位：元

资源 ＼ 作业	订单处理	包装及设备调整	运输装卸	质量检验	传票管理	一般管理	合　计
折　旧	2 500	5 600	4 000	7 700	2 400	2 200	24 000
办公费	1 200	1 400	600	1 900	1 600	1 800	8 500

为了将包装机调整与包装两项作业所耗用资源价值分开，需要计算包装机调整所耗用的机器小时数。包装机调整次数：A产品需要20次，B产品需要140次，总调整次数为160次，需要耗用机器小时数共计 $160 \times 24/60 = 64$ h，占包装机总机器小时数的10%。包装机可用于包装的机器小时数为 $640 - 64 = 576$ h，占包装机总机器小时数的90%。将上述"包装及设备调整"栏目中的数字乘以10%即得包装设备调整所耗用的资源价值量，其余90%为包装作业所耗用的资源价值量。将上述有关结果汇总，即得表5－10所示结果。

表 5 – 10　资源向各作业间的分配

单位：元

资源 ＼ 作业	订单处理	包装调整	包　装	运输装卸	质量检验	传票管理	一般管理
工　资	1 600	480	4 320	5 000	5 000	4 000	3 000
电　力	200	160	1 440	1 250	1 400	180	170
固定资产折旧	2 500	560	5 040	4 000	7 700	2 400	2 200
办公费	1 200	140	1 260	600	1 900	1 600	1 800

（4）确定各项作业的成本动因。有关结果如表 5 – 11 所示。

表 5 – 11　各项作业成本动因

作　业	作业成本动因
订单处理	订单处理份数
包装调整	包装调整次数
包　装	开动机器小时数
运输装卸	工作小时数
质量检验	检验件数
传票管理	计算及时数

对于"一般管理"这项作业，其成本动因比较复杂，因此在计算 A、B 两种产品耗用该项资源的成本时，予以另行处理。

（5）计算有关作业成本动因分配率。计算结果如表 5 – 12 所示。

表 5 – 12　作业成本动因分配率的计算过程

资源 ＼ 作业	订单处理	包装调整	包　装	运输装卸	质量检验	传票管理
作业成本/元	5 500	1 340	12 060	10 850	16 000	8 180
提供作业量/工作小时	1 008	160	576	840	800	840
作业动因分配率/%	5.46	8.38	20.94	12.92	20.00	9.74

（6）计算 A、B 两种产品实际耗用的资源价值。本月运输装卸作业实际耗用工作小时为 656 个，其中：运输装卸 A 产品耗用 5×120 = 600 个，运输装卸 B 产品耗用 140×0.4 = 56 个。本月包装机实际耗用机器小时数为 546.67 个，其中：包装 A 产品耗用 20 000×1.5/60 = 500 个，包装 B 产品耗用 1 400×2/60 = 46.67 个。本月检验产品总数 470 件，其中对 A 产品抽样 5×10 = 50 件，对 B 产品抽样 140×3 = 420 件。

根据上述有关结果即可求出 A、B 两种产品实际耗用的资源价值。计算结果如表 5 – 13 所示。

表 5 – 13 A、B 两种产品实际耗用的资源价值

作　业	作业分配率/%	实际耗用作业成本动因数			实际耗用资源/元	
		A 产品	B 产品	合计	A 产品	B 产品
订单处理	5.46	500	300	800	2 730	1 638
包装调整	8.38	20	140	160	168	1 173
包　装	20.94	500	47	547	10 470	984
运输装卸	12.92	600	56	656	7 752	724
质量检验	20.00	50	420	470	1 000	8 400
传票管理	9.74	168	420	588	1 636	4 090
一般管理	0.13	23 756	17 009	40 765	3 088	2 211
合　计					26 844	19 220

注：1. 该表中数字的小数部分（除分配率外）均作了四舍五入处理。

　　2. 一般管理作业的数据参见下面的计算过程。

A、B 两种产品所耗用的"一般管理"作业成本的计算过程如下：

A、B 两种产品实际耗用的"一般管理"作业成本之和为 7 170 × 75% = 5 377.5 元。

可按 A、B 两种产品其他各项作业所耗用的资源成本之和的比例分配，其中：

A 产品耗用其他各项作业成本之和为：

$$2\ 730 + 7\ 752 + 168 + 10\ 470 + 1\ 000 + 1\ 636 = 23\ 756\ 元$$

B 产品耗用其他各项作业成本之和为：

$$1\ 638 + 724 + 1\ 173 + 984 + 8\ 400 + 4\ 090 = 17\ 009\ 元$$

"一般管理"作业成本分配率 = 5 377.5/（23 756 + 17 009）× 100% = 13%

A 产品实际耗用的一般管理作业资源成本 = 23 756 × 0.13 ≈ 3 088 元

B 产品实际耗用的一般管理作业资源成本 = 17 009 × 0.13 ≈ 2 211 元

（7）计算 A、B 两种产品的物流总成本及单位成本。

A 产品直接材料 = 20 000 × 1.5 = 30 000 元

B 产品直接材料 = 1 400 × 1.8 = 2 520 元

A 产品物流总成本 = 30 000 + 26 844 = 56 844 元

B 产品物流总成本 = 2 520 + 19 220 = 21 740 元

（8）计算未耗用资源。计算过程及有关结果如表 5 – 14 所示。

表 5 – 14 未耗用资源

作　业	分配率/%	未耗用作业动因数	未耗用资源成本/元
订单处理	5.46	1 008 – 800 = 208	1 136
包装调整	8.38	0	0
包　装	20.94	576 – 547 = 29	607
运输装卸	12.92	840 – 656 = 184	2 377
质量检验	20.00	800 – 470 = 330	6 600
传票管理	9.74	840 – 588 = 252	2 454
一般管理			1 793
合　计			14 967

注：一般管理作业成本的 25%，即 7 170 × 25% = 1 793 元为未耗用资源成本。

（9）将上述有关结果汇总，即得 A、B 两种产品物流成本核算单，如表 5 - 15 所示。

表 5 - 15　A、B 两种产品物流成本核算单

单位：元

耗用资源价值	A 产品		B 产品		未耗用资源成本
	单位成本	总成本	单位成本	总成本	
直接材料	32 520	1.50	30 000	1.80	2 520	0
订单处理	5 500	0.14	2 730	1.17	1 638	1 136
包装设备调整	1 340	0.01	168	0.84	1 173	0
包　　装	12 060	0.52	10 470	0.70	984	607
运输装卸	10 850	0.39	7 752	0.52	724	2 377
质量检验	16 000	0.05	1 000	6.00	8 400	6 600
传票管理	8 180	0.08	1 636	2.92	4 090	2 454
一般管理	7 170	0.15	3 088	1.58	2 211	1 793
合　　计	93 620	2.84	56 844	15.53	21 740	14 967

注：由于计算过程中采用四舍五入，所以使得"A 产品总成本"、"B 产品总成本"及"未耗用资源成本"三栏数字之和与"资源提供量"一栏数字不完全相等。

 复习思考题

1. 作业成本法的基本原理是什么？
2. 请叙述物流作业成本法的基本步骤。
3. 实施物流作业成本法主要意义有哪些？
4. 物流作业成本的主要特点有哪些？
5. 在作业成本法下，企业物流成本的核算是怎样进行的？
6. 物流作业的确定有哪些基本经验可循？
7. 在作业成本法中，如何确定资源动因？
8. 什么是作业成本法中的作业动因？
9. 在作业成本法中，如何将作业成本分配至成本对象？
10. 物流作业可分为哪些层次？作业的合并一般需要遵循哪些基本原则？
11. 要实施作业成本法应做哪些基础工作？

 案例分析

作业成本法对物流成本分析的改善案例

物流业成本法在企业中的应用有三个层次：成本核算、成本管理和作业优化。企业在应用中首先要做的是对企业产品实施作业成本核算，在正确核算企业各工序作业及产品作业成本的基础上，运用管理会计的各种方法，把作业成本的信息运用到企业各项决策和管理中去。最高的层次是借助作业成本的信息，开展作业管理，消除不增值作业，提高作业效率。

日本研究物流会计的泰斗——早稻田大学的西泽修教授也积极主张在物流业中引入作业

成本法，并进一步实用化，以促进物流成本管理。西泽修教授以一个案例的形式分析了作业成本法对传统物流成本分析方法的改善。

1. 案例背景资料

这是一个以自用货车进行运输的物流成本管理案例。基本情况如下：

(1) 出发地——甲配送中心；

(2) 到达地——乙销售区域；

(3) 路线行走距离——290 km；

(4) 商品——产品编号 No. 50；

(5) 托盘装载量——每一托盘装载 24 个产品；

(6) 卡车总装载量——每辆卡车装载 32 托盘共 768 个产品。

2. 作业分析

首先，对该自用货车运输的步骤进行"动作研究"，所调查的结果如表 5 – 16 所示。表 5 – 16 是自用货车运输的 10 个作业。

表 5 – 16　自用货车运输作业分析

作业编号	作业名称	作业描述
1	开车前检查	开车前对各种机件的检查
2	使用叉车进行托盘转载	使用叉车，操作员一人用托盘装载产品
3	关车门	固定好装载完成的产品，关上车门、封好
4	事务作业	开车前，进行"出车"等事务作业
5	开动	开车发动
6	按路线行驶	使用驾驶员一人，按路线行车
7	开车门检查	到达后，开车门，检查产品
8	卸下托盘	使用叉车卸下托盘
9	清扫	清扫货车
10	事务作业	进行后期事务处理

表 5 – 17 为物流作业与其对应的成本动因。表 5 – 18 为调查分析自用货车运输时间的结果，包括构成自用货车运输性能的各个物流作业，其所需的人数、次数、单位作业时间、总

表 5 – 17　物流作业与成本动因

物流作业	成本动因	
	设备费	人工费
1. 开车前检查	所需时间	
2. 使用叉车进行托盘装载	所需时间	使用时间
3. 关车门	所需时间	
4. 事务作业	所需时间	
5. 开动	所需时间	
6. 按路线行驶	所需时间	行驶距离
7. 开车门检查	所需时间	
8. 卸下托盘	卸货时间	使用时间
9. 清扫	所需时间	
10. 事务作业	所需时间	

作业时间、燃料费（平均每千米的燃料消耗量）、燃料消耗量等。表 5-19 为物流作业成本核算表。在该表中，A 栏为各种支出，包括人事费、燃料费、设备费等；B 栏为运输作业和作业编号；C 栏为成本动因；D 栏为单价；E 栏和 F 栏为物流运输服务的成本核算。

表 5-18 自用货车的运输时间分析

标准时间	物流作业的种类	成本动因实际数：人数×次数×单位作业时间（min）＝总作业时间（min）
货车装载、开动标准时间	1. 开车前检查	1×1×3.0＝3.0
	2. 使用叉车进行托盘装载	1×32×1.5＝48.0
	3. 关车门	1×1×2.0＝2.0
	4. 事务作业	1×1×5.0＝5.0
	5. 开动	1×1×8.0＝8.0
	装载、开动合计时间	66.0
到达、卸货标准时间	6. 按路线行驶	1×1×420.0＝420.0
	7. 开车门检查	1×1×2.0＝2.0
	8. 卸下托盘	1×32×1.5＝48.0
	9. 清扫	1×1×5.0＝5.0
	10. 事务作业与管理	1×1×10.0＝10.0
	到达、卸货合计时间	65.0
	总作业时间	551.0
其他费用标准	燃料费	千米数÷平均千米标准＝总消耗量 290 km÷5 km/l＝581

表 5-19 物流作业成本核算表

A		B		C	D	E	F
费用	费用编号	运输作业	作业编号	成本动因	单价	一次运输时的运输费	两次运输时的运输费
人事费	a	托盘上下	2、8	所需时间	30 元/min	96 min×30 元/min＝2 880 元	96 元×2×30 元/min＝5 760 元
	b	货车行驶	其他		30 元/min	455 min×30 元/min＝13 650 元	455 min×2×30 元/min＝27 300 元
燃料费	c	车子行驶	6	行驶距离	105 元/min	58 l×105 元/l＝6090 元	58 l×2×105 元/l＝12 180 元
设备费	d	使用叉车	2、8	使用时间	17 元/min	96 元×17 元/min＝1 632 元	96 元×2×17 元/min＝3 264 元
	e	使用货车	6	行驶距离	55 元/km	290 km×55 元/km＝15 950 元	290 km×2×55 元/km＝15 950 元
总运输费	f	a+b+c+…+e		合计		40 202 元	64 454 元
产品数	g		768 个				
运输费单价	h	f÷g				52 元	99 元
增加额（率）							(99－52)÷52＝90%

根据表 5－19，该产品的数量为 768 个，若一次送完，则运输费如 E 栏的合计是 40 202 元，平均每个需 52 元。

因此，按照传统的成本核算方法计算，平均每个的运输费是 52 元，即便是分两次，每次 384 个进行配送，也被看成是同样金额的配送费。然而，如果采用作业成本法计算，则可发现如果分成两次运输，每次配送 384 个，如 F 栏所示，除了托盘上下作业费（a）与货车行驶作业费（b）之外的成本皆倍增，使得总运输费成为 64 454 元，即平均每个 99 元，增加 47 元，增加率为 90%。

案例思考题：阅读以上案例后，请思考作业成本法和传统成本法相比在物流成本分析中有哪些优势？

第6章

物流成本预算分析与控制

本章要点

- 掌握物流成本预算的分类和体系；
- 掌握物流成本零基预算的编制过程；
- 理解日落预算法；
- 掌握物流成本弹性预算法；
- 理解物流成本预算的差异分析。

开篇案例

　　许多医药企业的储运管理人员虽然在实务管理上有着丰富的经验，不过每年谈到成本预算和管理目标的制定总是很为难，这主要是由于物流成本的高低受到四方面的因素影响较大：企业业务模式和规模、储运管理水平的高低、国家相关政策法规的规定、整体经济形势的好坏。

　　正是因为商业药企物流总成本的高低受上述四方面的因素综合影响较大，因此制定准确的物流成本预算确实难度不小。因此，商业药企制定物流成本预算的第一步就是正确认识药企物流成本的构成，接着是分析影响成本高低的因素，最后才有可能制定出较为合理的预算指标。

　　对于新开业的商业药企而言，制定物流成本的预算是非常困难的，因为业务尚未定型，各地区的业务量还没有相对稳定。对已经处于成熟状态的药企而言，站在对往年业务增长趋势和成本总量分析的基础上测算新一年的物流成本还是可行的。对于处于快速发展阶段的药企，尤其是终端配送业务没有稳定的药企，其运输成本的预测和精确控制也是比较困难的。

　　某成熟的医药公司年销售规模约为8亿元人民币，其中调拨两亿多元，所以该企业的运输成本预算选择了额定费率倒推法，具体而言，该企业运输成本的费率核定标准为：凡通过自有车辆（或外协车辆）实现的终端配送业务，一般主要是快配和医院业务，按照含税销售额的0.65%考核运输成本；凡是通过第三方物流网络，即社会物流单位托运的业务，按照含税销售额的 0.45% 考核运输成本。需要说明的是，这种方式只适合对运输部整个部门的费用考核，而且每月主要还是以快配和调拨销售的总运输成本考核为主，不涉及部门内部运输明细费用的考核。储运人工成本，完全可以根据企业已有的人员编制和薪酬水平，直接提取对应的人工成本。

思考题：阅读以上材料，请思考材料中的企业物流成本预算受哪些方面的影响？

6.1　物流成本预算概述

6.1.1　物流成本预算本质和特点

企业成本预算是指企业根据预算期的特殊生产和经营情况所编制的预定成本。它属于一种预计或未来成本。现代物流成本预算管理是根据物流成本核算和盈利率分析中所形成的活动驱动因素对未来作出预算，流程变革、生产率增长、能力利用及资源获取都可以纳入到成本管理中，以用于确定组织变化中的预算。基于活动的预算与传统的预算不同，它不仅关注对顾客增值的活动和流程，同时也关注组织内部因管理而产生的效果。

传统的预算方法强调数据的确认和主要趋势与变量的解释，这些工作大多是由企业管理者来进行的，财务分析人员只是信息员的角色。但基于活动的预算规则不同，财务分析人员需要整合财务和非财务测度方法和信息，并且提供可预见的、体现财务绩效的指标体系。

基于活动的预算要求职能管理者和流程管理者进行协商，现代物流成本核算，特别是ABC通过识别实施的活动、资源要求和单位活动成本为基于活动的预算提供了框架，预算协商流程运用这些信息，以决定实施什么活动、供应什么驱动因素和资源、会产生多大程度的资金要求。基于活动的要求改变了原来一期对一期，事后信息利用并进行预算的特点，转为基于日常的管理，整合每天的活动、行为和实施的战略进行预算。应当讲，基于活动的预算需要对以下费用支出进行调整，即物流部门内的各种支出的相互调整；物流费用不同期的相互调整；物流成本和制造成本及销售成本的关系和相互调整；以及物流成本和物流设施、外来人员及物流收益之间的相互调整。

正是因为物流成本预算涉及很多内容，因此，一方面它要求了解所有物流和经营人员的意见，另一方面形成科学合理的管理机制，尤其是信息能够迅速传达和回馈的内部报告制度。

物流预算管理不仅仅是预算活动本身，而是在活动信息和评估商业流程中增值活动内容的基础上，制定前瞻性的战略和运作决策，即基于活动的管理（ABM）。例如，ABM在零售业中表现得最为明显，ABM使得零售商可以有效地评估商品接受成本、销售规划和仓储成本、提供货架空间成本、劳动力成本及不同经营产品线的成本等，这些信息能够帮助零售管理者。

（1）为供货商确立所提供商品的绩效标准。

（2）建议供货商以可选的方式供应、配送商品。

（3）消减和消除提前购买，降低商品库存水平。

（4）将成本分摊到产品，以反映为客户提供产品的真实成本。

（5）建议供货商采用灵活的定价清单，使零售运作更为有效、更具柔性。

（6）从供货商获得更具竞争性的定价。

所以，物流预算是一种战略性的管理行为，它既是基于企业经营和物流方针的，同时又进一步推动了企业物流管理和战略的发展。

6.1.2　编制物流成本预算的作用

物流成本预算作为物流系统成本计划的数量反映，是控制物流活动的重要依据和考核物流部门的绩效标准。它有如下作用。

1）预测成本未来

物流成本计划是以物流成本预算为基础的。物流成本预算是根据对未来期间的物流成本进行预测而编制的。在确定物流成本预算之前，需要根据历史数据，并通过各种调查或运用适当的统计和数学方法，预测物流活动各个环节中所发生的各项成本。做好物流成本预算可以在掌握物流成本现状、预计物流成本未来上有充分的主动性，从而便于物流计划的准确可靠、物流成本的绩效考核和物流成本的降低。

2）建立成本目标

物流成本预算是物流成本计划的定量反映，明确建立和显示物流系统所要实现的近期成本目标。通过总的物流成本预算，以及按照一定的对象进行分解后的物流成本预算，可以使各级物流运营主体对自身的成本管理和控制目标非常明确，从而使他们能够在此基础上不断控制成本，同心协力完成物流系统的总体成本目标。

3）绩效评估与成本控制

经确定的各项成本预算数据，可以作为评估物流工作完成情况的一种尺度。对物流部门及其主管的成本控制绩效，一般都以成本预算为标准进行衡量、评估。若发现成本差异，就要采取适当措施进行控制，使之尽量符合预算。

总之，通过物流成本预算可以比较及时和准确地预测物流成本的预测信息，从而使物流成本管理工作能够有明确的方向；通过物流成本预算又可以明确各种物流成本控制目标，使每个物流部门、物流运营者为各自的成本控制目标而努力，有利于提高各部门和个人的积极性、主动性和创造性；通过物流成本预算来为评估物流成本控制绩效提供标准，只有通过评估和比较才能发现差异、修正方案进而使物流部门和物流运营者能够按科学的计划去开展物流业务，降低物流成本。

6.1.3　物流成本预算的分类和体系

从上述现代物流预算本质的论述中可以看出，现代物流预算需要全面综合考虑各个方面的要素，只有这样才能发挥预算管理对企业物流的指导性和前瞻性，具体来讲，物流成本预算的类型主要有以下几种。

1）短期预算和长期预算

以年度为期限的预算称之为短期预算，超过一年期待预算可以看做是长期预算。以前在进行物流成本预算时，基本上是以年度为对象的，而没有延伸到数个年度。但现代物流运作往往是一项长期的工作，因此长期预算能够保证企业能够站在长远、动态的角度，来进行成本预算。

2）期限预算和项目预算

一般物流成本预算是对一定期限内的物流成本支出进行预算，而不考虑某个物流项目的全部时期、所有方面的成本情况。项目预算就是以物流项目作为分析的对象，考察其全部时期所要求的物流费用和成本。因此，项目预算是一种综合性、战略性的预算活动。

3）统筹预算和分散预算

所谓统筹预算就是对企业的全部物流费用进行调整，单独综合预算企业的物流成本。而分散预算则是对某个物流运作领域进行成本预算，它反映的是局部的物流活动。从现代物流预算来看，应该从分散预算向统筹、集中预算转化。

4）变动费预算和固定费预算

为了提高物流费预算的精度，有必要将物流费分解为变动费和固定费，并分别进行预算。这样有助于把握哪些物流活动与业务量紧密相关，而哪些费用是企业必须支付的费用，它与物流业务量并无直接的关系。正因为如此，在物流成本预算中，变动费和固定费预算的方法和管理手续是有很大区别的。

5）形态别预算、活动别预算和范围别预算

按照物流费形态进行的预算称为形态别预算，由于形态别分类是服从于决算目的的分类，因此，其好处在于它与决算会计直接相连。但是，仅仅是形态别成本预算，对物流管理的促进作用是有限的，尤其是对物流活动和流程的成本管理更是作用微弱，所以，在预算管理中，不仅要进行形态别成本预算，更要进行活动别和范围别预算，可以说后两者属于责任会计的范畴，是 ABM 的集中体现。

6）可控制的成本预算和不可控制的成本预算

物流成本预算对部门管理人员业绩评价的重要作用在于它能区分可控制的物流成本和不可控制的物流成本。所谓可控制物流成本，是指现场物流管理者拥有费用决策的权限，因此，是必须对成本支出和绩效负责的物流成本。与此相对应，不可控制物流成本，是指物流管理者不拥有费用决策的权限，从而并不对费用支出结果负责的物流成本。

之所以在预算中，要作出这种区分，是因为通过这两种费用的区分，就能将这种物流活动和费用从整体活动和总成本中分解出来，落实责任，并对活动和责任者进行有效的追踪管理。

7）计划预算、执行预算和控制预算

在一个事业年度开始之前，对该年度总物流费进行规划预定，调整资金预算、销售预算、生产预算活动称之为计划预算。以此为基础，在月末对翌月实际发生的物流费进行预算，然后将之乘以单价来确立预算额。但是无论如何精确的预算，物流量的变动是经常发生的。因此，需要导入变动预算的方法，不间断地对物流量进行监控调整，根据实际物流量编制预算，这种对比实际绩效而制定的预算就是控制预算。

8）金额预算和物流量预算

一般在进行物流成本预算时主要是金额预算，而没有具体对物流量进行分析，这种单方面的预算分析对于优化物流管理及明确物流责任很不利。因为物流成本发生的金额是物流量与单价预算相乘得来的，如果物流费用的上升是因为物流量的增加，那么就需要进一步分析，到底是哪个领域的物流量增加。例如，如果是因为生产量的增加而引起物流量增加，那么责任人应该是生产部门；如果物流量的上升是因为销售增加所导致，责任应该在销售部门；相反，如果物流量扩大是因为物流管理失效而致，责任应当由物流部门承担。同样。如果物流成本预算增加是因为单价预算增加产生，那么也需要进一步分析是什么原因导致的，显然，如果是市场因素所致，则企业任何部门和人员都不应承担责任；相反，如果是管理不良所致，物流管理部门应该承担起责任。

9）预算初始方案、预算决定和预算修正

从预算管理行为的流程来看，有关物流费用支出的初始方案往往是服从物流部门的决策动机，一般物流部门根据物流经营的要求制订初始的预算方案，然后在各部门进行调整或协调之后，交给预算委员会审议，最终由企业高层决策人员批准，从而形成预算决定环节。预算确立之后，不断根据环境的变化和企业物流宗旨和目的的变化而加以修正，构成了预算的修正和完善阶段。

以上预算的各种类型构成了一个相互联系、相互补充的有机整体。从现代物流综合预算体系来看（见图6-1），首先应该是将物流综合预算分解为物流设施预算、物流人员预算和物流损益预算几大类，其次，再将物流损益预算细分为物流成本预算和物流收益预算。

在物流成本预算中，主要是按照物流项目进行预算，并以此为中心编制期间预算。在期间预算中，先要确立起长期预算，并在长期预算的基础上，进行短期预算。短期预算的中心是事业年度预算，在此基础上，再细分为季度和月份预算。事业年度开始前进行的年度预算是计划预算，每月末进行的翌月实际物流支出所进行的预算是执行预算。在计划预算和执行预算基础上，对物流成本实行更严格的控制，并且导入变动预算，使实际物流量相吻合，就构成了控制预算。

无论在任何状况下，预算的初始方案都是由物流部门提出的，经过调整、修改后，经预算委员会审议，最终由高层决策者决定，从而确定预算。预算确定后，不断根据环境的变化加以修正，形成动态的预算管理行为。从预算的内容看，现代物流预算要求从分散预算向统筹、综合预算转化；从材料成本预算向供应物流预算转化；从生产成本预算向企业内综合预算转化；从销售成本预算向销售物流成本预算方向转化，形成全面、整体性的预算内容。在理解这一体系的过程中，还有一点是需要关注的，即原来在物流成本预算中，主要是对形态别成本进行预算，但是正如同在前面的论述中所谈到的那样，物流成本的管理仅仅从形态别入手是不完全的，真正对物流管理起到能动作用的是活动别和范围别的成本分析和管理。

因此，在预算过程中，不仅要对形态别的成本进行预算，同时还要对活动别和范围别的成本进行预算。在活动别成本预算中，还需要进一步细分变动费和固定费预算，因为这两种成本费用预算编制的方法是有差异的。此外，为了服从物流管理的要求，尤其是部门管理人员业绩评价的要求，还应该把成本费用进一步区分为可管理成本和不可管理成本，同时在可管理成本的预算中，再按照金额预算和物流量预算进行，从而最终寻求物流成本产生的根源所在。

由此可以看出，上述各种类型的预算实际上是一个有机的整体，企业物流预算涉及方方面面的内容，它要求企业必须全方位、全过程、纵深化地进行成本预算活动。否则，任何行为和预算内容上的偏颇都会影响到实际物流活动绩效的产生或发挥。正是因为如此，所以如何有效地形成有机的综合预算体系，这对于企业物流成本管理来讲至关重要。

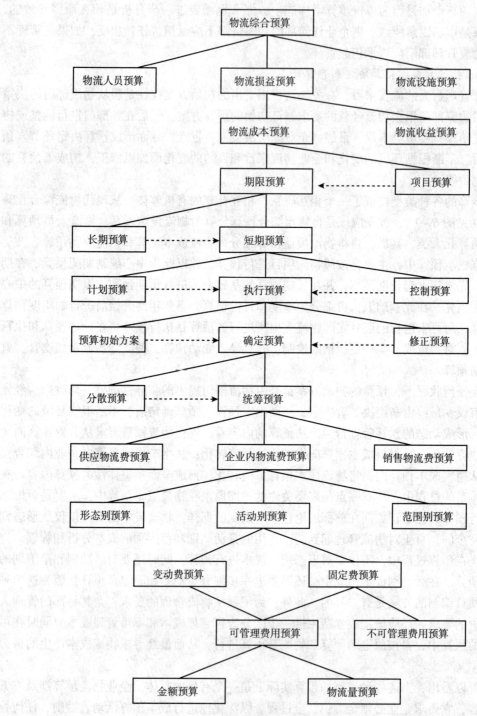

图 6 - 1　物流综合预算体系

6.1.4　物流成本预算的编制与差异分析概述

1. 物流成本预算编制的内容

物流成本的预算应根据物流系统成本控制与绩效考核的需要，分解到各个部门、各个物流功能、个物流成本项目等，并在日常的成本核算过程中分别实施对这些形式的物流成本的核算，以便于比较物流成本预算与实际物流成本发生额之间的差异，达到预算管理的目的。因此，物流成本编制内容与物流成本的核算内容基本相似。

如前所述，物流成本可按各自不同的划分标准进行分类核算。与此相适应，物流成本预算也可以按照不同的标准编制。例如，按照某种物流功能（包装、运输、存储等）编制；按照每个服务客户编制；按照每个产品编制；按照物流流程（供应、生产、销售、退货等）编制；按照每个物流成本项目（材料费、人工费、燃料费、办公费、维护费、利息费、折旧费等）编制；按照某一物流设备和工具编制等。在每一个形式的物流成本预算中，还可以按照更细的项目对预算进行进一步细化。

2. 物流成本预算编制方法

根据物流冰山的理论，前面论述过企业综合物流成本包括企业物流成本、支付物流成本和其他物流成本几个部分。因此，在具体编制成本预算时，也需要考虑上述几个方面（见图 6 -2），具体有以下几种方法。

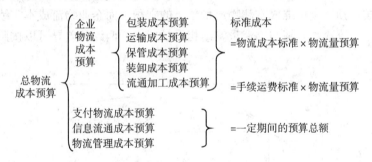

图 6 - 2　物流成本预算编制方法

1）企业内物流成本预算方法

对于发生在企业内部的物流成本预算，应该是以物流成本核算为基准，按照形态别、活动别、范围别或领域别进行预算。进一步来讲，形态别成本预算的内容是材料费、劳务费、人员费、维持费、一般费用及特殊费用的预算；活动别预算主要是包装成本、运输成本、保管成本、装卸成本、流通加工成本、信息流通成本、物流管理成本的预算；范围别预算的内容是产品别、地区别、顾客别、其他类别的成本预算；领域别的预算主要是供应物流成本、企业内部物流成本、销售物流成本及废弃物物流成本的预算。从计算方法上来讲，主要是根据对各类别物流量的预测，乘以标准费率求得。

2）支付物流成本预算方法

支付物流成本是企业将物流活动外包给专业第三方而产生的费用成本，对于该部分的成本预算同样是在物流战略的总体分析和规划基础上，对外包物流量进行预测，再乘以相应的标准费率得出。

3）其他物流成本预算

企业在编制内部支付物流成本预算的过程中，有两个要素是不能忘记的，即信息通信成本和物流管理成本的预算。信息通信成本和物流管理成本是企业在从事物流活动过程中必须支付并且应该高度重视的成本费用。其原因是从企业内部物流运作过程看，现代物流活动是建立在信息流通基础上的有效组织与管理的结果。因此，信息流动的优化对于现代物流来讲是至关重要的，没有有效信息系统和物流流程的合理组织、设计和监控，任何运输、仓储、装卸等活动都有可能是无效的。

在进行企业内物流成本预算的过程中，必须考虑到相应的信息流通成本及物流管理成本有多大，以什么样的形式支付，应用在什么地方等问题。同样在企业进行物流业务外包的过程中也是如此。因为在物流业务外包中对承包方的控制和管理是非常重要的，这一方面是为了保持外包物流业务与企业整体物流战略的一致性；另一方面也是为了保持企业的独立性和经营机密的隐私性。所以，如今很多企业在外包物流业务的过程中，往往对信息和物流运作管理的投资较大，因为这是物流经营活动的喉舌和制高点，在这种条件下，企业在编制支付物流成本预算时，这些投资当然是需要加以考虑的。一般来讲，当期信息流通成本的预算应该等于前期信息流通成本或物流管理成本的预算加减当期变动预测得出。

4）物流成本预算的差异分析

物流成本预算编成以后，就需要将预算与实际绩效进行对比分析。一般企业物流成本预算和支付物流成本预算是标准成本和物流量预算的乘积，而企业物流成本实绩与支付物流成本实绩等于单位物流成本实绩与物流量实绩相乘。所以，两者的差异可以按照如下公式求得（见图6-3）。

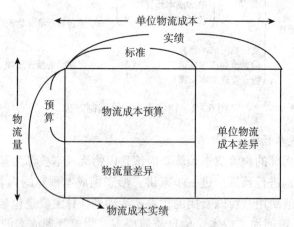

图6-3 企业、支付物流费预算与实绩

（1）单位物流成本差异 =（标准成本 - 单位物流成本实绩）×物流量实绩

（2）物流量差异 = 标准成本 ×（物流量预算 - 物流量实绩）

至于信息流通成本和物流管理成本的差异分析，主要是根据一定期限所规定的额度进行考核，如果预算期内，费用超过了规定的额度，则采取一定的防范措施，对于这部分成本费用进行详细的差异分析，没有太大的必要。

6.2　物流成本预算法

6.2.1　物流成本零基预算的含义及其作用

零基预算（Zero-Based Budgeting, ZBB）也称为"以零为基础编制计划和预算"。在编制间接费用或固定费用预算时，传统的方法是以以往的各种费用项目的实际开支数为基础，考虑到预算期业务变化，对以往的开支数作适当的增减调整后加以确定。这种方法的不足之处在于，以往的开支中势必有不合理的费用支出，如果仅仅笼统地在此基础上加以增减，很可能使这些不合理的费用开支继续存在下去，无法使预算发挥其应有的作用。为了解决这个问题，人们提出了零基预算的预算编制方法。

零基预算是美国得州仪器公司 1970 年率先倡导实施的新型预算管理方法，它是将企业所有经营业务都作为新型业务，在同一基准上编制预算，这种方法打破了以前考虑历史情况进行预算的惯例，按照企业现行和未来发展的需要，在相同基础上，设定各业务的优先级，以此进行预算、资源配置和业务调整。

正如上面所述，零基预算不同于传统的预算编制方法，它对于任何一项预算支出，不是以过去或现有费用水平为基础，而是一切都以零为起点，从根本上考虑它们的必要性及其数额的多少。所以，这种预算编制方法更切合实际情况，从而使预算充分发挥其控制实际支出的作用。

物流成本零基预算将零基预算延伸到物流管理领域，就是企业物流部门以物流现场管理为出发点定制物流业务计划方案，管理者将企业物流业务都置于同一基准进行评价，在此基础上，将经营资源有机地分配到各种业务活动上。

应该说，物流成本零基预算是物流管理费用效益分析的一种重要工具，它体现了一种新型的物流管理理念。具体来讲，物流成本零基预算的作用主要表现在以下几点。

（1）物流成本零基预算的实行，使得物流管理真正建立在整体绩效优化的基础上。无论过去业务执行情况如何，所有的资产和业务都以现在和未来的视野进行评估和分配资源，如果某些业务和资产不再符合企业物流战略发展的要求，就可以将其砍掉或置于资源分配的优先级后面，这样有利于物流活动的良性发展和最大绩效的产生。

（2）物流成本零基预算还有利于转变企业预算管理运作的方法。由于物流成本零基预算是将所有业务根据企业今后物流发展的要求来排序分配资源。因此，其预算活动实现了从常规管理向目标管理方向转化，以及从原来将预算作为惩罚手段向目标管理的手段进行演进。

（3）物流成本零基预算还有助于改变物流决策的方式。因为物流成本零基预算的实行使得任何业务的兴废都建立在举证的基础上，必须有利于企业的长远发展，所以，物流活动推进的决策权无疑从高层、领导决策向系统化管理决策转变。

（4）物流成本零基预算还有利于细化物流成本核算、盈利率分析及其他管理分析活动。零基预算由于在预算期将所有业务同等看待，需要就每个业务和资产现时点的状态、贡献程度、成本费用及在企业整体物流战略和管理层次上的地位等因素进行重新评估。因此，不仅有利于细化管理活动，而且还真正实现了现场管理。

（5）物流成本零基预算还有助于促进全方位、全过程、全人员成本管理。全方位是指从生产到售后服务的一切活动，包括供货商、制造商、分销商在内的各个环节；全过程是指从生产过程物流管理到质量控制、企业物流战略、员工培训、物流外包决策、财务监管等企业内外各职能部门各方面的工作，以及企业竞争环境的评估、内外部价值链、供应链管理、知识管理等；全人员是指从高层经理人员到中层管理人员再到基础员工。之所以物流成本零基预算能促进全方位、全过程、全人员的成本管理，是因为只有了解企业物流运作的每个方面、每个领域及每个层次，才能正确有效地评价物流业务和资产现在或未来的价值和贡献度。所以，它推进了综合系统化成本管理，可以说，物流成本零基预算是企业物流整合管理的重要手段之一。

6.2.2　物流成本零基预算编制过程及实施的程序

1. 物流成本零基预算编制过程

物流成本零基预算的编制过程如下。

（1）按照企业或物流系统计划期的目标和任务，列出在计划期内需要发生的各个成本项目，并说明成本开支的目的性，以及需要开支的具体数额。

（2）对各项物流成本费用进行成本—效益分析，权衡利弊得失，评价成本费用的合理性。

（3）将各项物流成本费用按轻重缓急的先后顺序排序，考虑可动用的资金，先保证顺序在前的项目实施，依此类推。

（4）按照上一步骤所定的顺序，结合可动用的资金来源，分配资金，落实预算。

零基预算由于对每一项成本都是从零开始考虑的，因此其工作量必然繁重，但其带来的效益和效果也是十分可观的。在物流系统中，如果认为现行成本发生中存在诸多不合理因素，就可以排除历史数据而实施零基预算，然后将零基预算结果与实际发生结果进行比较，从而找寻物流成本降低的途径。

2. 物流成本零基预算实施程序

物流成本零基预算从实施的程序上看，首先是对于今后需要实施的所有物流业务，制订个别业务层面的计划表，即 DP（Design Package），一般这些业务计划由企业的物流管理人员和操作人员，以及各层次的决策人员在充分沟通协商的基础上制订并提出。然后，企业管理人员根据所提交的业务计划表，进行成本收益分析，并最终确立物流业务的优先级，据此进行成本费用预算，分配相应的资源。不属于 DP 范畴内的业务活动，不应计入物流预算中，也不应作为企业应当投资和关注的物流管理活动。所以，对于这些活动要么从企业物流系统中剔除，要么转作其他领域的业务领域。

基于以上思路，在实施过程中，对现在正在运作的业务活动先做 DP，然后再制订新型业务的 DP，这两者都置于同一基准进行评价，设定优先级（见图 6 - 4）。对于现行的业务DP，一般有三种处理形式：一是继续实施；二是废止；三是替代。

例如，如果一个企业原来的物流解决方案是由企业自身的货车进行陆地运输，这种原业务的 DP 根据综合整体分析，如果原方案仍然可行，今后可以继续实施，这种 DP 称为延续DP。相反，如果认为这种方式可能增加了企业经营成本或影响了企业物流服务质量，管理人员提出虽然可以保留陆地运输，但是要废止本企业运输，这又形成了废止 DP，如果企业

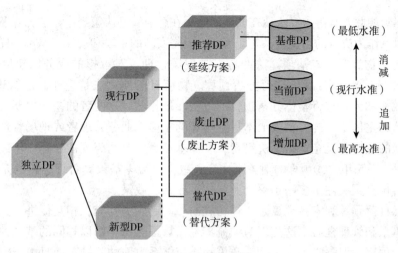

图 6-4 DP 体系图

结合调查分析及成本收益分析，认为改为由第三方进行集装箱运输对企业绩效提升将会有重大促进作用，这就构成了替代 DP。总之，对现行业务是否延续的提议首先应当由管理者作出，然后交由企业高层决策者进行综合权衡决策，当然，这个过程可能是反复循环进行的。

对于继续沿用的推荐 DP，在做预算的过程中，要进行分解分析，所谓分解分析指的是制订不同层次或服务水平条件下的业务方案和预算方案。具体来讲，首先制订一个低于现行物流服务水平的业务方案和预算方案，即最低水平的预算方案，再制订一个高于目前服务水平的业务和预算方案，然后将这三种方案对比，进行成本收益分析，最终决定今后对于现行的业务方案究竟是完全保持现状，或是消减预算、降低一定程度的服务水平，或是追加预算、提高服务水平。应当讲，这种分析方法恰好体现了零基预算的思想精髓，因为它通过区分不同程度的服务水平，以测算单位预算成本的增加，是否真正有利于绩效的提升，再根据这种分析决定今后的物流业务。

例如，某企业现行的订单前置日期为两日，即客户商品配送服务水平是两天，在现有的服务水平条件下，可以另外做两套分析方案和预算，即考虑将配送时间延长到三天的情况下，物流运作的基本情况、客户满意程度及相应的成本费用，同时如果将配送时间缩短到即日配送，相应的成本收益也可以进行分析。如果当服务水平下降到三天，成本收益反而增加（客服满意度没有太大影响，而成本下降很快），那么就可以考虑消减业务预算，适当减低物流服务水平；反之，可以追加预算，提高服务水平。如果通过这种分析，目前服务水平下的成本收益最佳，那么就维持两天配送。显然，通过该例可以看出，即便是现行的业务方案，在决策其服务水平和成本费用程度时，仍然要考虑在目前市场状态下最优的成本收益关系，而这正是零基预算的本质所在。

6.2.3 物流成本的日落预算法

在企业物流成本预算管理体系中，随着当今社会经济的不断发展和物流管理的进一步深化，除了物流成本零基预算得到了广泛的认同外，日落预算法也渐渐为人们所关注。日落预算法（Sunset Budgeting）是作为美国行政机构改革的新型手段而出现的，其宗旨在于构筑简捷、效益化的政府机构。最早采用这种管理方法调整机构的是美国亚拉巴马州政府，随后已在 31

个州实行。尽管如此，日落预算法现在渐渐地应用在企业管理决策当中。它与零基预算的相同点是都以现时点作为决策的出发点，亦即零基，但是实施的手段和关注点是不一样的。

具体地讲，物流成本零基预算法的特点是现场管理者对承担的业务以年度预算为单位（或进一步分解到季度、月度）进行分析预算。物流日落预算法是企业高层管理者对 3～5 年期的未来政策和体系进行整体分析预算的方法。很显然，这两者的差异主要表现在：①分析预算法实施的主体不一样，物流成本零基预算的主体是业务管理者或现场管理人员，而日落预算法实施的主体却是企业高层决策者；②零基预算的时间跨度往往是一年或更短，而日落预算一般是 3～5 年；③预算的对象不完全一致，物流零基预算管理分析的是具体的业务活动，而日落预算则关注更多的是整个业务体系或物流政策。

很显然，日落预算和零基预算是相辅相成的，两者互为补充，相互促进，共同构成一个完整的物流体系和管理框架。这是因为物流零基预算虽然每年都以相同的基准评价各物流业务，并且进行预算，但是它不涉及物流政策和物流体系方面的问题，而且由于大多数预算都是由现场管理人员或基础人员提出，因此没有过多地顾及企业层面的物流战略安排，缺乏长期思考。此外，如果没有综合整体的预算分析，单纯依靠零基预算，其分析和管理工作量往往很大，企业的经济负担也很高。正是因为如此，日落预算通过公司层面预算分析，圈定物流业务运作的体系和范围，在此基础上再进行零基预算，其管理效率将会大大提高，换句话说，日落预算提高了零基预算的效率。

物流日落预算法的实施，主要是以一定的预算期为单位（一般是 3～5 年），每一个预算期重新全部审核，在同等基础上，调整物流业务的范围，中止一些不符合发展要求的物流业务或政策，并在此基础上确立总体的预算。通常是以下的一些业务在日落预算中可以考虑中止，即当初的目的已经达到，而目前不再需要或不符合发展要求的业务；在现实过程中证明失败的业务及随着环境的变化其存在的基础已不再成立的业务。

应该说，在根据以上原则考虑业务存废的过程中，分析的对象和内容，即业务涵盖的范围不仅仅是物流运作业务，也包括人员等其他要素，同样不仅要分析现场、基层业务，还应涉及总公司的管理、控制等业务。如果其中有某些业务在预算期不再具备发展的要求，那么自动从预算中扣除，不必要等到预算期后再重新审议。

6.2.4 物流成本弹性预算法

1. 弹性预算的概念

编制预算的传统方法是固定预算法，即根据固定业务量水平（如产量、运输量、销售量）编制出预算。这种预算的主要缺陷是：当实际发生的业务量与预期的业务量发生较大偏差时，各项变动费用的实际发生数与预期之间就失去了可比基础。在市场形式多变的情况下，这种偏差出现的可能性极大，因而将导致固定预算失去应有的作用。

为了弥补按传统方法编制预算所造成成本的缺憾，保证实际数同预算数的可比性，就必须根据实际业务量的变动对原预算数进行调整，于是就产生了弹性预算。

弹性预算也称为变动预算或滑动预算。它是相对固定预算而言的一种预算。所谓弹性预算，是指在编制成本预算时，预先估计到计划期内业务量可能发生的变动，编制出一套能适应多种业务量的成本预算，以便分别反映在各业务量的情况下所应支出成本水平的一种预算。由于这种预算随着业务量的变化而变化，本身具有弹性，因此称为弹性预算。

2. 弹性预算的基本原理

弹性预算的基本原理是：把成本按成本形态分为固定成本和变动成本两大部分。由于固定成本在其相关范围内，其总额一般不随业务量的增减而变动，因此在按照实际业务量对预测进行调整时，只需调整变动成本即可。

$$Y = a + bX$$

式中：Y——变动成本总额（元）；

   a——固定成本总额（元）；

   b——单位变动成本（元/单位业务量）；

   X——计划业务量（单位业务量）。

3. 弹性预算的特点

弹性预算具有以下特点。

（1）弹性预算可根据各种不同的业务量水平进行编制，也可随时按实际业务量进行调整，具有伸缩性。

（2）弹性预算的编制是以成本可划分为变动成本与固定成本为前提的。

弹性预算由于可根据不同业务量进行事先编制或根据实际业务量进行事后调整，因此具有适用范围广的优点，增强了预算对生产经营变动情况的适应性，只要各项消耗标准价格等编制预算的依据不变，弹性预算就可以连续地使用下去，而不用每期都重新编制成本预算。由于弹性预算的编制是以成本可划分为变动成本和固定成本为前提的，所以可以分清成本增加的正常与非正常因素，有利于成本分析和控制。

4. 物流成本弹性预算的编制过程

弹性预算在成本控制中可用于编制各种成本预算。对于某项物流成本的弹性预算的编制，首先要选择合适的业务量计量对象，接下来确定一定的业务量范围，然后根据各项物流成本项目与业务量之间的数量关系，区分出变动成本与固定成本，并在此基础上分析确定各项目的预算总额或单位预算，并用一定的形式表达出来。其编制步骤如下。

1）确定各物流成本费用的成本依存度

成本依存度是指成本总额对业务量的依存关系。弹性预算的编制以成本依存度的划分为基础，因此必须先确定各物流成本项目的成本依存度，将它们划分为变动成本（如运输中的燃油费、包装消耗的直接材料费）、固定成本（如物流设施和设备的折旧费）和混合成本（如物流机械设备的修理费）。

2）选取合适的业务量计量对象

编制弹性预算时要随业务量水平的变化，计算出不同的计划成本。因此，业务量计量对象的选取，应以代表性强、直观性强为原则。并要求所选取的计量对象与预算中的变动部分有直接联系。例如，对于运输成本的预算来说，可以选择吨千米作为计量单位；对于仓储成本的预算，可以以产品销售量或销售收入作为计量标准等。经常选取的业务量有直接人工工时、运输吨千米、作业工人工资、机械运转时数等。

3）确定各项物流成本与业务量之间的数量关系

逐项研究、确定各项物流成本与业务量之间的数量关系。固定成本一般不随业务量变化而变化；对于变动成本，需确定单位业务量的变动成本即增加 1 单位业务量而增加的成本；

将混合成本分解为固定成本和变动成本，列出表达式。进行混合成本分解的过程：

$$Y' = a' + b'X$$

式中：Y'——混合成本；

a'——混合成本中的固定部分；

b'——混合成本中单位业务量的变动成本；

X——业务量。

然后将已知的两个业务量和相应的混合成本代入方程，联立方程组，求解得出 a' 和 b'。

4）选择弹性预算表达方式，计算预算物流成本

物流成本的弹性预算表达方式通常有公式法和列表法两种。

第一种表达方式是公式法：将所有物流成本项目分解为固定成本和变动成本，确定预算成本核算式 $Y = a + bX$ 中的系数。

式中：Y——预算物流成本；

a——混合成本中的固定部分加上固定成本的和，即固定成本总额；

b——混合成本中的单位业务量变动成本加上变动成本的和，即总单位变动成本；

X——业务量。

利用这个公式可计算任一水平业务量的预算物流成本。

第二种表达方式是列表法：最常见的是弹性预算表示方法。先确定业务量变化范围，划分出若干个业务量水平。再分别计算各项物流成本项目的预算成本，汇总列入一个预算表格。确定业务量变动范围时应满足业务量实际变动需要。确定业务量的方法有以下几种：

● 把业务量范围确定在正常业务量的60%～120%之间；

● 把业务量范围确定在历史上的最低业务量和最高业务量之间；

● 把业务量范围确定在预算期的悲观预测量和乐观预测量之间。

表6-1就是一个运输成本弹性预算表达方式。

表6-1　运输成本弹性预算　　　　　　　　　　　　　单位：元

项　目	预算值				
业务量（万吨千米）	60	80	100	110	120
单位变动成本（每万吨千米）	1 000	1 000	1 000	1 000	1 000
变动成本总额	60 000	80 000	100 000	110 000	120 000
固定成本总额	60 000	60 000	60 000	60 000	60 000
运输成本总预算	120 000	140 000	160 000	170 000	180 000

需要指出的是，弹性预算只是编制物流成本的一种方法，在具体编制时，仍然要按照前面所述的各种物流成本预算的对象来编制弹性预算，然后再进行汇总、日常成本核算，并在期末根据实际业务量来对成本预算数与实际发生数进行比较考核。

以上讨论了成本预算的基本原则和方法，下面进一步就具体的物流作业活动如何进行预算加以分析介绍。在企业物流作业活动中，运输和仓储是两个最基本的作业活动，也是物流成本管理的主要领域。因此，需要在这两个方面进行合理的预算管理，从而合理地安排和管理运输与仓储活动，制定相应的运输配送和库存战略。

6.3　运输与仓储成本预算及差异分析

6.3.1　运输成本预算步骤

运输成本预算的主要步骤如图 6-5 所示，具体内容如下。

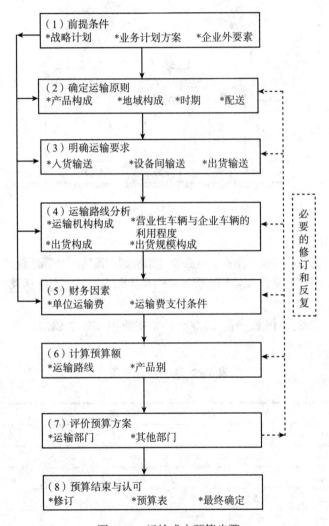

图 6-5　运输成本预算步骤

1. 预算前提

要进行有效的运输成本预算，首先需要全面分析和了解企业的物流战略计划及业务计划和企业外要素等。企业的战略和业务计划对整个物流运作制定了发展的方向和原则，同时运输配送的实际绩效、发展目标和指针等都是战略和业务计划所规定的内容。

因此，了解和确立企业物流战略和业务方案，对进一步制订运输原则方案提供了必要的框架和条件。此外企业外因素的分析，如外部资源的供给情况等也对企业合理制定自身的运输战略和方案提供了大量的决策信息。

2. 确定运输原则

在分析和了解物流战略和业务计划后，企业可以根据各种基础条件及销售预算、制造和采购预算确定运输原则。在确定运输原则的过程中，主要分析的内容有产品构成、地域构成、销售和生产周期及配送网络和线路，根据这些分析来最终确定运输的基本原则，图6-6为某公司配送网络的例子。

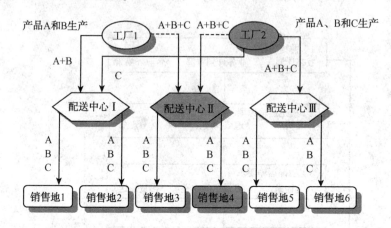

图6-6 某公司配送网络分析图

3. 明确运输要求

为了编制精度较高的运输成本预算，有必要详细地制定运输服务需求说明书，需要明确的运输服务需求主要包括距离、重量和体积。图6-6所示的某公司生产配送路线和状况如表6-2所示。

例如，销售地4预测销售C产品20 000件，主要由工厂2供应，并且通过配送中心Ⅱ实施运输配送。

表6-2 生产、配送表

单位：千件

产品	工厂	销售地						
		1	2	3	4	5	6	合计
A	1	20	20	20	20	0	0	80
	2	0	0	0	0	20	20	40
B	1	15	7.5	7.5	15	0	0	45
	2	0	0	0	0	7.5	7.5	15
C	1	0	0	0	0	0	0	0
	2	30	10	10	20	10	10	90
合计		65	37.5	37.5	55	37.5	37.5	270

4. 运输线路分析

在按产品别、运输线路别明确运输需求后，可以按不同运输线路，明确一下三个要素。

（1）运输类型构成（货车、铁路、航运、航空等运输形态的组合）。

（2）发货机构（营业性货车以及企业货车发货组成）。

（3）发货规模构成（租用货车运输与小单位配送的组成）等，如表6-3所示。

表6-3 运输路线别、产品别运输形态构成

单位:%

运输路线		产品	运输形态构成			
出发地	目的地		企业运输	租货车运输	租卡车运输	小单位运输
工厂1	配送中心Ⅰ	A	100			
配送中心Ⅱ	销售地4	B			75	25
配送中心Ⅱ	销售地4	C			75	25
配送中心Ⅲ	销售地5	A			50	50

5. 财务因素分析

在分析完各产品线路和运输构成后，应从以往的发货数据中，测算不同产品、不同运输线路及运输形态和不同重量的单位运输费，在设计单位运输费的基础上，根据下一年的变动要素加以修正，表6-4为单位运输费的例子。运输成本预算根据企业运输费不同的支付形式而不同，大多数企业采用直接支付的运输费（运费支付清单、企业车辆运输费、运输管理费等）作为预算运输费，表6-5为运输费测算率的例子。

表6-4 单位运输费简表

单位：元

运输路线		产品	单位运输费			
出发地	目的地		企业运输	租货车运输	租卡车运输	小单位运输
工厂1	配送中心Ⅰ	A	5			
配送中心Ⅱ	销售地4	B			10	24
配送中心Ⅱ	销售地4	C			①14	②30
配送中心Ⅲ	销售地5	A			6	12

注：①中变动费为12元，固定费为2元；

②中变动费为28元，固定费为2元。

表6-5 运输费测算率

单位：%

运输路线		产品	单位运输费		
出发地	目的地		企业运输	租卡车运输	小单位运输
工厂1	配送中心Ⅰ	A	100	65	
配送中心Ⅱ	销售地4	B		85	75
配送中心Ⅱ	销售地4	C		90	75
配送中心Ⅲ	销售地5	A		90	75

注：该表为不同运输路线不同产品的运输费预算比例，该表可以根据发货形态别实际支付运费来编制。

6. 计算预算额

在从事完上述分析和测算后，就可以综合预算企业的运输成本，综合预算表如表6-6

所示，其中配送中心Ⅱ到销售地4之间C产品的运输费预算为301 500元，其计算过程如表6-7所示。

表6-6 以运输路线为产品分类的运输费预算表

单位：元

运输路线		产品	总运输费预算				
出发地	目的地		企业运输	租货车运输	租卡车运输	小单位运输	合计
工厂1	配送中心Ⅰ	A	200 000				2 000 000
配送中心Ⅱ	销售地4	B			95 625	67 500	163 125
配送中心Ⅱ	销售地4	C			189 000	112 500	301 500
配送中心Ⅲ	销售地5	A			54 000	84 000	138 000
配送中心Ⅲ	销售地6	C	87 750			28 125	115 875
合　计			1 265 125	1 040 000	1 483 675	994 975	4 783 775

表6-7 运输费预算的计算过程

运输费预算种类	计算要素	资料来源	计算过程	合　计
租卡车运输	运输件数 运输形态构成 小计 单位运输费 小计 运输费测算率 合计	表6-2 表6-3 表6-4 表6-5	20 000件 × 75% 15 000件 × 14元 210 000元 × 90%	 189 000元
小单位运输	运输件数 运输形态构成 小计 单位运输费 小计 运输费测算率 合计	表6-2 表6-3 表6-4 表6-5	20 000件 × 25% 5 000件 × 30元 150 000元 × 75%	 112 500元
总运输费预算				310 500元

7. 预算方案的评价

为了合理地评价运输成本预算，企业可以对以往的预算方案和实际绩效进行对比，然后对现有的预算方案进行恰当的修正。

8. 预算结束与认可

在修正完预算方案后，企业结束运输成本预算，进一步根据运输成本预算制定如下报告。

（1）业务计划（目标、计划、活动、主要条件）。

（2）流通形态（销售生产预测、不同运输路线运输量、配送网络分析、产品构成、运输服务需求、运输形态）。

（3）运输费构成（企业车辆、营业性车辆）。

（4）运输费信息（不同范围费用、差异分析、运输费分摊、企业内转移价格）。

（5）经营资源（资金、人才）。

（6）实施（时期、潜在问题、业绩会计责任）。

6.3.2 运输费标准确立与差异分析

在以上运输费预算过程中，一个很重要的问题是如何测算运输成本，这就需要确立运输费计算标准，此外，如何进行差异分析，对修正运输成本预算也具有重要的意义。以下就这些问题，进一步加以分析。

1）标准运输活动的描述

要确立运输费标准，首先需要明了所有运输作业活动，这包括运输配送的产品（个别产品、产品类别和产品群）、运输路线（客户、工厂、配送中心、仓库以及销售地区）、销售发货单位（吨、升、件、km、kg、托盘等）、发货规模（卡车运输或者小单位配送）。此外，货物的堆垛、卸下、运行路线和管理事务等也都是需要明确的内容。表 6 - 8 为某企业标准运输作业活动描述的例子。

表 6 - 8 标准运输作业活动一览表（例）

（1）出发点……甲配送中心
（2）目的地……乙销售地
（3）路线运行距离……290 km
（4）商品……产品代码 50
（5）发货形式……托盘堆垛形式
（6）最大卡车装载量……—辆车装载 32 个托盘（计 768 个产品）

标准运输程序	①	发车前检验所有设备
	②	使用叉车由 1 名操作人员进行托盘堆垛
	③	加固堆垛的货物，关闭拖车，封铅
	④	发车前制作发货单等事务活动
	⑤	发车
	⑥	1 名司机按路线行走
	⑦	到达时，开封，检查货物
	⑧	装卸托盘
	⑨	实施最后的作业性事务

2）确立标准运输作业量

标准运输作业活动明确后，各作业活动的作业量也需要加以测算和分析。在计算标准运输作业量的过程中，除了直接费用按照直接作业活动测算外，间接费用按照总间接费率测算，表 6 - 9 为根据表 6 - 8 测算的标准运输作业量。

3）计算运输费标准

在计算标准运输作业量后，将其乘以标准价格，得出标准运输费，表 6 - 10 为根据表 6 - 9 计算出来的标准运输费。

4）制定运输变动预算

将以上标准运输费乘以实际出货的数量，就可以制定出运输变动预算。运输变动预算可以根据实际管理的需求来制定。例如，在编制变动预算的过程中，可以按固定费和变动费，以及不同产品构成、运输形态构成和出货规模构成编制运输费预算，表 6 - 11 为直接资源计算表。

表 6－9 标准运输作业量计算表

直接费用标准	作业内容	人数×次数×单位作业时间＝总作业时间
标准卡车堆垛、发车时间	（1）发车前检验所有设备	1 人 ×1 次 ×3.0 分 = 3.0 分
	（2）使用叉车进行托盘堆垛	1 人 ×32 次 ×1.5 分 = 48.0 分
	（3）加固堆垛、关闭、封铅	1 人 ×1 次 ×2.0 分 = 2.0 分
	（4）制作发货单等	1 人 ×1 次 ×5.0 分 = 5.0 分
	（5）发车	1 人 ×1 次 ×8.0 分 = 8.0 分
	装载发车时间	66.0 分
（6）按路线行走的标准时间		1 人 ×1 次 ×420.0 分 =420.0（人·分）
标准到达及卸货时间	（7）到达时开封，检查货物	1 人 ×1 次 ×2.0 分 = 2.0 分
	（8）装卸托盘	1 人 ×32 次 ×1.5 分 = 48.0 分
	（9）货车清扫	1 人 ×1 次 ×5.0 分 = 5.0 分
	（10）最后的作业性事务	1 人 ×1 次 ×10.0 分 = 10.0 分
	到达、卸货时间	65.0 分
总作业时间		551.0 分
其他标准作业	燃料费	千米数×每千米标准燃料＝总消耗量
		290 km ÷ 5 km/l = 58 l

表 6－10 标准运输费计算表

计算步骤		金　额
（1）直接标准运输费	A 直接标准劳务费 = 总作业时间×单价 = 551.0 分 ×0.30 元/分	165.30 元
	B 其他标准直接费 = 行走距离÷单位标准×单价 = 290 km ÷ 5 km/l × 1.05 元/l	60.90 元
	C 直接标准运输费 = A + B	226.20 元
（2）间接标准运输费	D 标准设备费 ①叉式升降机标准费用 = 标准时间×单价 = 96 分 ×0.17 元/分	16.32 元
	②标准运行车辆费用 = 行走距离×单价 = 290 km ×0.55 元/km	159.50 元
	总标准变动间接运输费 = ① + ②	175.82 元
（3）直接及变动间接标准运输费 = （1）＋（2）		402.02 元
单位货物标准运输费 = （3）÷768 件		0.523 元

5）运输变动预算的差异分析

为了更好地控制和管理运输费用，企业还需要将运输变动预算与实际业绩进行对比，以分析产生差异的根源，以此分析问题，解决问题，并优化运输成本管理。在分析预算差异的时候，按照作业差异、单位运输费差异、运输费率差异等方面进行分析，从而正确地判断需要重点管理的领域。

表 6 – 11　直接资源计算表

配送中心 I　FG01 产品

直接资源	直接作业人员的必要人数			直接设备的必要台数		
仓库 活动	数量	作业 时间	总直接作 业时间	数量	设备运转 时间	直接设备 运转时间
单 位	千件	时/千件	时	千台	时/千台	时
入库小计	20 000	1.5	30 000	20 000	1.5	30 000
拣选 出库　自动拣选	17 500	2.5	43 750	17 500	2.0	35 000
捆包	17 500	0.3	5 250	—	—	—
出库准备	17 500	0.1	1750	17 500	0.1	1750
堆垛	17 500	0.6	10 500	17 500	0.6	10 500
小计	17 500	3.5	61 250	17 500	2.7	47 250
其他 直接 作业　仓储替换 包装箱 捆包替换 破损捆包 贴附标签	10 000	0.5	5 000	10 000	0.4	4 000
小计	10 000	0.5	5 000	10 000	0.4	4 000
必需的直接 资源程度	总直接作业时间 ÷		96 250	总直接设备运转		81 250
	人均可利用时间		1 900	时间 ÷ 平均每台设备可利用时间		4 000
	直接作业人员数		50.6 人	直接设备的台数		20.3 台

6）更新财务因素

要编制预算方案，需要将上述物资资源乘以库存费标准，从而测算出全公司的库存成本预算。作业人员、设备及仓储面积的库存费标准可以从实际的库存成本数据中获得。在获得实际的单位库存成本数据的基础上，可以进一步根据下述因素加以修正。

（1）营业仓库的仓储费率；

（2）价格变动因素；

（3）预测的设施费；

（4）租赁费及作业人员相关的作业条款；

（5）设备出租费。

7）编制预算方案

经过前面的步骤就可以编制库存成本预算方案，总仓储费用的计算及预算前提条件、仓储需求、仓库资源和仓库费用标准等都要反映在预算方案中。例如，在直接资源方面，根据表 6 – 11 和表 6 – 12 计算出来的作业时间、设备运转时间及仓储保管面积，乘以求出的仓储费用标准，就得到仓储面积计算表总仓储成本预算，基本过程如表 6 – 13 所示。

8）预算方案的评价

在制订完预算方案后，还需要对方案进行评价，以确认该方案是否与企业的整体物流战略和目标相符，如果存在仓库或产品等方面的差异，需要进一步明确差异产生的根源，以及这种差异是否会导致仓储活动中产品群的变化、仓储费用的增加等，进而合理修正预算方案。

表6-12 仓储面积计算表

配送中心 I

	仓库活动	单位	产品群 FG01	产品群 FG××	合计
直接仓储面积 (j)	a. 预算总仓储数量	件	18 750 000		
	b. 年库存周转率	次	18		
	c. 平均库存数量($a \div b$)	件	1 041 667		
	d. 单位托盘装载数量	个	40		
	e. 平均库存托盘数($c \div d$)	托盘	26 042		
	f. 装载高度	m	4		
	g. 托盘配置场所数($e \div f$)	处	6 510		
	h. 单位托盘配置场所面积	m²	15		
	i. 分散保管率	%	1.15		
	g. 总直接仓储面积($g \times h \times i$)	m²	112 305		500 000
间接仓储面积	k. 间接仓储面积(如出库准备区域、入库准备区域及管理区域)的占有率：20% ×j	%			100 000
总面积	l. 总仓储面积($j + k$)	m²			600 000

9) 预算方案的结果与认可

仓储预算方案最终完成后,可以将预算方案传递到所有相关管理人员手中,管理人员借此来组织和管理仓储活动,合理控制物流成本。

6.3.3 仓储费用标准的确立

在进行库存成本预算的过程中,仓储费用标准的计算也是预算管理的关键因素。一般而言,要计算仓储费用标准首先需要识别库存仓储活动构成的要素,以及必要的作业时间,然后根据单位时间标准价格,求出仓储费用标准。

1) 仓储作业活动的构成要素和识别

仓储作业活动是物流作业中较为复杂的活动,它涉及入库、产品拣选、补货、出库等各种作业活动,因此在计算必要作业时间时需要采用合理的方法进行测算,从发达国家日本的经营实践看,其主要的方法有工程图表法和回归分析法。

所谓工程图表法就是按照仓储作业活动的流程,将各种流程活动再按照加工、搬运、检验和保管等类别进行分类,测算各流程活动的必要作业时间。运用这种方法的优点在于一方面其分析比较直观,容易操作;另一方面通过合理的分析和分类,能够帮助企业有效地识别无效的作业活动,提高作业效率,工程图表法的例子如图6-7所示。

回归分析法是判明库存作业活动中必要的物资资源投入量的一种方法,运用该方法首先是抽取样本,然后根据记录的独立变量(如装卸数量)和依存变量(如作业时间),在图上绘制散点图,再用方程进行拟合,最终计算出仓储活动的必要的标准时间。

表 6－13　第一配送中心 FG01 产品的仓储成本预算

直接仓储费用预算

	直接仓储费种类	总直接资源	仓储费标准/元	仓储费预算/元
直接劳务费（标准）	装卸部门费用	96 250 /h	8.84	850 850
	特殊服务费			
	总直接服务费（标准）	96 250	4.08	850 850
	额外的支付	96 250		392 700
	总直接劳务费	96 250		1 243 550
直接设备费	叉车（8000kg 下）费用	81 250	3.83	311 188
	叉车（8000kg 上）费用			
	自动拣选机费			
	清扫机械费			
	总直接设备费			311 188
	直接仓储面积费	112 305 m²	3.244	364 317
	总直接仓储成本预算			1 919 055

间接仓储费用预算

	间接仓储费种类	总同间接资源 /人	仓储费标准 /人	总仓储费预算 /元
间接劳务费	监督人员的工资	1	5 250.0	5 250.0
	事务人员工资	4	1 174.2	4 696.8
	班组长工资	10	3 675.0	36 750.0
	设备维护部门工资	4	2 625.0	10 500.0
	设施维护部门工资	3	2 100.0	6 300.0
	管理人员工资	5	2 100.0	10 500.0
	额外工资	27	1 000.0	27 000.0
	间接劳务费小计			100 996.8
间接设备费	管理部门费用			
	计算机费用			
	间接设备费小计			
	间接仓储面积费	10 000 m²	3.244	324 40.0
	总间间接仓储成本预算			133 436.8
	总仓储成本预算			2 052 491.8

□√现行方法　　　　　　仓库地点＿＿＿＿＿＿＿＿
□改进方法　　　　　　　仓库代码＿＿＿＿＿＿＿＿
日期＿＿＿＿＿　　　　　产品代码＿＿＿＿＿＿＿＿

图表的主题：单次及数次托盘货物入库活动

距离/m	使用时间/分		图标的记号	步骤代码	工程内容
	设备	人员			
10	–	0.12		1	监督者准备入库文件
–	–	0.60		2	开启货车，安置叉车
30	1.00~8.00	1.00~8.00		3	将托盘向暂存区移动
–		1.00~8.00		4	记录入库报告书
–		0.48		5	关闭货车车门
30		0.50		6	将入库报告书传递到管理部门
10		0.0~3.0		7	托盘识别分类
–	0.15	0.15		8	放好叉车
	0.48	0.48		9	货物堆垛
	1.50	1.50		10	向库区移动
40~1 000	0.50	0.50		11	将托盘从库区取出
40~1 000	1.50	1.50		12	向入库口返还（已被下次使用）
–	27.86	27.86		13	下次的托盘接收
		0.50		14	根据入库报告书记录托盘所在地
30		0.50		15	将入库报告控制返还管理部门

图 6 – 7　工程图表法的例子

2）确立标准价格

单位小时的标准劳务费和设备费一般可以直接从企业的财务数据和劳动契约、设备维护租赁契约中获取，但是应当提到的是在计算标准价格的时候，不仅要计算直接作业时间，还应该衡量相应的间接作业时间。

3）计算仓储费标准

仓储费标准等于投入要素的标准仓储量乘以仓储活动单位标准价格。表 6 – 14 是根据图 6 – 7 的标准测算的产品单次托盘和多次托盘入库的单位直接仓储费。当计算完单位仓储费标准后，将此与实际仓储费进行比较，以核查单位时间作业要素和物质资源的投入与仓储费标准是否吻合，并且追寻造成差异的原因，采用恰当的手段进行弥补，提高仓储管理的绩效。

表 6 – 14　仓储费标准计算表例

产品群 FG01 货车入库场合

直接活动投入要素		必要时间/分	单位时间标准价格/元	单位仓储费标准/元
一个托盘满载入库	劳务费	8.8	13.00	19.1
	设备费	5.1	3.00	0.26
	单位托盘入库费 ÷ 单位托盘个数			2.17 ÷ 40
	单位托盘入库费			0.054
多个托盘满载入库	劳务费	47.2	13.00	10.22
	设备费	40.0	3.00	2.00
	入库费 ÷ 托盘数			12.22 ÷ 8
	单位托盘入库费 ÷ 单位托盘个数			1.53 ÷ 40
	单位托盘入库费			0.038

6.3.4　仓储变动预算与差异分析

1）变动费与固定费的分解

变动费分为"变动直接费"（与产品装卸仓储活动相关的，可以直接征收的仓储费）和"变动间接费"（随着产品作业活动而变化，针对于特定仓储活动不能直接征收的仓储费）。与变动费相对应的固定费，指的是与仓库业务量无关的仓储费，如租赁费或折旧费等。

根据前面的数据（劳务费、设备费等）计算的 FG01 产品的单位变动直接费如表 6 – 15 所示。此外，间接费总额也可以分解为变动费和固定费，在此过程中，间接费预算额可以根据成本种类划分，以判明库存作业是否在预算范围内。

表 6 – 15　单位变动直接费标准计算表例

成本种类		标准库存量/每千件小时	标准价格/元	库存费标准/元
变动直接费	劳务费—入库作业部分	1.5	每小时 12.92	19.38
	劳务费—拣选、出库	3.5	每小时 12.92	45.22
	劳务费—其他直接作业	0.5	每小时 12.92	6.46
	设备费—全部运转	4.6	每小时 3.83	17.62
	仓储空间费	6.0	每小时 3.24	19.44
	每千件总变动直接费	—	—	108.12
每件变动直接费				0.108

2）确定库存成本预算公式

要进行库存成本预算，就要确定一定作业范围内预算成本的测算公式，其基本公式如下：

$$变动直接费预算 = 变动直接费标准 × 库存件数$$
$$变动间接费预算 = 变动间接费标准 × 库存件数$$

计算仓储变动费预算，首先将变动直接费标准（表6－15中得到的数据）与变动间接费标准（表6－16中得到的数据）进行总加，得到变动费率，然后按下列公式进行计算：

$$变动费预算 = (变动费率 \times 仓储件数) + 固定费$$

表6－16　变动间接费标准计算表例

成本种类		变动间接费预算[①] /元	变动间接费比例 /%	变动间接费标准 /元
变动间接费	监督人员工资	6250.0		
	事务人员工资	8696.8	25	2174.2
	班组长工资	46 750.0	25	11 687.5
	设备维护部门工资	14 500.0	50	7250.0
	设施维护部门工资	9300.0	10	930
	管理人员工资	15 500.0		
	间接仓储面积费	32 440		
	变动间接费总额	133 436.8		22 041.7
÷预算作业程度/千件[②]				÷47 500
每千件变动间接费标准				0.464
每件变动间接费标准				0.000 46

注：①劳务费预算，包含了额外工资费用；
②总入库数量与总出库量的平均值。

3）变动预算的差异分析

在核算出仓储变动预算后，就可以根据预算的情况，对照实际各作业活动的成本费用，进行差异分析（如表6－17所示），从而使管理者能有效地通过预算差异分析找出产生超额成本费用的根源，进而进行细致的分析，寻求解决方案，优化仓储作业活动。

表6－17　变动预算和实际报告表例

成本种类		实际仓储件数 /千件	仓储费标准 /（元/千件）	变动预算 /元	实际成本 /元	正差异（负差异） /元
变动直接费	入库劳务费	17 000	19.38	329 460	400 000	(70 540)
	拣选、出库劳务费	17 500	45.22	791 350	750 000	42 350
	其他劳务费	10 000	6.46	64 600	60 000	4 600
	设备费	17 250	17.62	303 945	320 000	(16 055)
变动间接费	仓储面积费	17 250	19.44	335 340	300 000	35 340
	变动间接费总额	17 250	0.464	8004	8000	4
合计				1 832 699	1 838 000	(5301)

6.4　物流独立核算中心

与传统成本管理方法不同，现代物流成本管理是一种新型的成本管理方法，是基于物流战略的综合管理体系。因此，从具体实施的措施和体系的应用来看，没有固定的框架和统一的模式，不同的企业有不同的实施目的和核算、预算体系，必须结合企业的实际情况来实施。但是目前物流成本管理在实施过程中常常遇到以下一些难点。

（1）实施责任主体不明，物流成本管理属于管理会计范畴，国内企业大多没有管理会计这一职位和相关部门，其功能分散在各个部门中，导致物流成本核算、盈利率分析及预算等管理活动的实施无主管部门，可能出现人人有责、人人都不负责的情况。

（2）企业高层认同，企业高层的认同是实施物流成本管理的关键。目前我国企业对物流成本管理的认同与西方国家企业的认同存在较大差距。这可能与企业的体制有关，也与对物流成本管理的了解和理解有关，这与物流管理在中国的应用和发展水平是相适应的。

（3）组织行为阻力，物流成本管理从某种程度上说是全员实施。因为它必须清楚企业的运作过程，物流成本核算体系设计、基础数据收集及改善行动都需要全员参与。另外，实施物流成本管理，成本在产品之间的重新分配和对作业进行核算，不可避免地导致对个人和组织的绩效的影响，受到影响的组织和个人可能会抵制物流成本管理的实施。

（4）基础数据获取，物流成本管理实施需要大量的基础数据，而大多数企业管理不规范，数据的采集是个难点。

正是基于以上问题可以看出，要真正实行现代物流成本管理，不仅仅是管理方法体系的建立及具体管理措施和方法的完善，更需要对管理思想和机构进行有效的调整，即管理组织机构的变革。唯有如此，才能使现代物流成本管理落在实处，发挥成本管理对于促进绩效型物流管理和流程建立的推动作用。

6.4.1　物流管理组织的类型与演进

以上主要探讨了现代物流成本核算和预算管理的特征及其体系，由此可以看到当今所指的物流成本核算预算管理是一种从供应链整体和全过程来理解的一种成本管理过程，对应于这种观念和管理行为上的变革，作为成本管理的主体和实施者的物流管理组织正逐渐向一体化方向演进（见图6-8）。

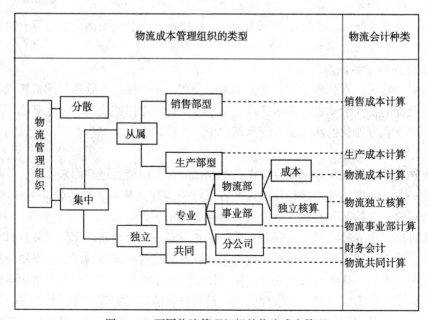

图6-8　不同物流管理组织的物流成本管理

具体来讲，在传统的管理方式下，物流成本管理分散在与物流相关的各个其他职能部门中，并且成本管理的内容也包含在其他成本管理活动中，诸如工厂内的生产成本管理、分店销售公司等的销售成本管理等，没有企业层面统一的物流成本管理和预算管理。正是因为如此，物流管理的绩效往往要比生产、销售管理差得多，并最终阻碍了生产销售活动的顺利进行，同时由于不可能全面、真实地反映物流运作的现状和成本收益情况，无法使成本管理去支持物流流程的优化，物流成本管理最终沦为一种形式。

在意识到上述问题后，目前越来越多的企业正在从分散的物流成本管理向集中化的成本管理转化，即将物流成本管理单独从其他成本管理活动中分离出来，单独加以考虑。从集中化物流成本管理的组织形式上看，主要有两种形态，一是从属型集中物流成本管理；二是独立型集中物流成本管理。

1. 从属型集中物流成本管理

所谓从属型集中物流成本管理指的是虽然物流成本管理仍然是设置在不同的职能领域，但是该领域中所有的物流成本单独集中核算，一般从属型物流成本管理又分以下两种类型。

（1）生产部门集中物流成本管理。

（2）销售部门集中物流成本管理。

生产部门集中物流成本管理是在生产领域内实现全面集中的物流成本核算，销售部门集中物流成本管理则是在销售领域内实行。很显然，这种集中化的物流成本核算要比以前发展了许多，已经能够真实地反映所在领域内物流运作的绩效，对优化物流活动起到了促进作用。

但是，从属型物流成本管理仍然有一定的缺陷，即企业内部生产与销售是相互关联的一个系统，很多物流活动往往是跨领域的，而且相互影响，诸如定制化生产而形成的物流可能会支持多频度、小批量的销售物流，同样，特定的销售物流对生产物流形式也有相当大的影响力，所以，要单纯考虑某个领域内的物流运作及其成本管理的局限性。因此，它要求企业对物流成本的管理不仅在某个职能领域内集中，更要在整个企业层面集中核算、决策，这就形成了独立的集中物流成本管理。

2. 独立型集中物流成本管理

独立型集中物流成本管理通常是在企业内部设立一个物流专业管理组织机构或部门，单独对企业内全部的物流活动进行成本管理，这一物流管理部门或机构与企业其他部门或机构是平行对等的。在专业化的物流成本管理部门中又有几种形式。

1）建立企业物流部门

这是将物流活动的组织和成本管理作为专业化的企业职能管理部门来实施。其特点在于由该部门统一对物流原始成本进行计算，或者更进一步独立核算，从而建立起成本责任制，这样对于合理全面地控制物流成本具有重大的促进作用。

但是这种形式也容易出现一个问题，即由于它只是一种管理职能部门，并且只承担成本管理的责任，则有可能出现其控制行为或管理决策忽视经营要求或物流战略发展的状况。例如，为了控制成本而一味降低服务水准，使得物流服务水准的确立仅仅是考虑成本预算而不是企业发展的要求。所以，要避免这种状况，只有将利益与成本管理责任结合在一起才能实现。换句话说，就是把物流管理从成本责任制转化为利益责任制，这种利益型管理组织就是物流事业部制。

2）物流事业部制

物流事业部制将物流运作和管理部门看做一个相对独立的运营实体或利润中心，它对企业内部其他部门和机构的物流要求提供相应的专业服务，同时收取合理的费用，获得收益，在此基础上，实现全面的物流成本管理。

但是，如果从利益责任制来看，要真正使物流管理能成为自我发展、全面管理的事业型实体，其服务的范围就不能完全局限在企业内部，尤其是物流活动是一个规模经济极强的行业和管理活动。所以，真正的利益型组织应该是分公司形式的运营组织，这样物流成本管理才是全方位、全过程的。

3）物流分公司形式

物流分公司对成本管理的能动作用主要表现在成立物流分公司后，一方面由于物流分公司是一个近似自负盈亏的独立经营实体，因而在内部费用管理上会更为有效，消除设备的重复投资、人力费用过大的现象，遏制物流成本上升的一些主要因素；另一方面，针对各事业部或各事业分公司来讲，由于成立物流分公司形成了企业内市场，因而各自的物流费用支出都要在各自事业单位的财务标示出来，进而有利于促进各事业单位物流管理效率，改变原来事业管理重商不重物的状况。

物流分公司的建立由于改变了以往企业商品中转中心的地位，实现自主经营。因此，为了避免分公司陷入经营危机，出现赤字，而且在总公司不断降低成本的要求下，会促使物流分公司努力实现物流合理化、现代化和高度化发展，以力求既能满足总公司和各产业事业部的要求，又能在与其他物流企业的竞争中实现服务和成本上的优势，长此以往，形成物流分公司独特的经营诀窍和机能，在此基础上，不仅满足本企业的业务，而且还扩大兼营其他企业的物流业务，拓展经营领域，从而成为企业事业未来发展的主要方向之一。

应该说，分公司形式的物流成本管理是一种真正意义上的财务管理，这种组织形式代表了未来企业物流管理组织发展的趋势。

4）共同物流成本管理形式

随着社会经济的不断发展，尤其是供应链管理的发展，物流成本管理势必会打破企业的界限，实施集约型物流（即共同物流系统投资、共同仓储配送等体现社会效益的物流运作和管理），并且在此基础上，进行共同物流成本核算。

一般在这种状态下，除了根据物流服务的提供程度向参与企业收取所定的物流费用外，纯损益也按照一定的标准在参与企业当中进行分配，这种分配标准通常是出资比例或者物流服务的利用程度等因素。

6.4.2　物流独立核算制下的损益计算

从上述物流成本管理组织的变迁可以看出，物流会计有各种各类，但是无论是什么形式，都要求导入物流独立核算制，推进物流部门或领域的专业利益管理，并在物流独立核算制度下实行损益计算（见表 6-18 及图 6-9）。

表 6－18　独立核算制下的物流损益计算表

科目		计算	包装部门	运输部门	保管部门	物流部门
物流收益	企业内物流收益	(1)				
	企业外物流收益	(2)				
	物流收益合计	(3) = (1) + (2)				
变动物流成本	支付物流成本	(4)				
	其他变动成本	(5)				
	变动物流成本合计	(6) = (4) + (5)				
	物流差别收益	(7) = (3) - (6)				
可管理物流成本	人员成本	(8)				
	政策成本	(9)				
	运营成本	(10)				
	可管理成本合计	(11) =(8) +(9) +(10)				
可管理收益		(12) = (7) - (11)				
物流设备成本		(13)				
物流部收益		(14) = (12) - (13)				

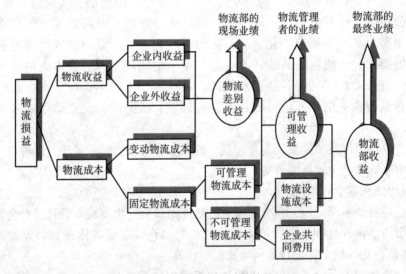

图 6－9　物流损益计算构造

1. 物流差别收益的计算

在物流独立核算条件下，物流损益能够计算的第一步是将变动物流成本从物流收益中扣除，计算出物流差别收益，以此为基础对物流部门现场绩效进行评价。

其中物流收益由两部分组成：①根据企业内部的物流成本标准而向销售部门、生产部门等企业其他职能机构所收取的物流收益；②根据认可的运费、仓储标准而向外部企业收取的物流收益。

变动物流费指的是与物流运作程度呈比例变化的物流成本，这部分成本除了对外以现金形式支付的成本外，还包括企业内部发生的物流成本及外企业对本企业支付的物流成本。将变动物流成本的这些形式进行有效分解是非常重要的，因为它能使企业掌握成本发生的责任主体，进一步为盈利率分析奠定基础。从方法上讲，变动物流成本核算可以通过以下三种途径实现：

（1）科目勘定法，即以财务会计上勘定的科目为基础来区分变动成本和固定成本；

（2）分布图标法，即描绘分布图标，据此计算变动成本和固定成本；

（3）最小二乘法，即通过求解一次方程来计算变动成本和固定成本。

2. 可管理利益的计算

物流损益计算的第二步是从销售差别收益中再扣除可管理的固定物流费，计算出可管理的利益，通过这一步可以对物流部门管理的绩效进行评价。这里所指的可管理固定物流成本是在所有固定物流成本中，物流部门决策者具有支出权限的固定成本，显然，由于该部分固定成本能为管理决策者所支配，因此，决策者必须对这部分成本完全负责。这些成本主要包括如下项目。

1）政策成本

物流部门贯彻企业所决策物流政策过程中所发生的物料成本及人员成本等。此外，为了未来物流能够得到进一步发展而实施的项目调查、开发、已经先期投资成本等都属于此类。

2）人员成本

物流部门管理者及员工的工资、奖金、福利等，在计算员工成本的过程中，有一点需要注意，即物流部门接受其他部门的援助，以及对其他部门的援助都要折算成相应的人员成本。

3）运营成本

物流部门为实施物流运作而产生的维持费，除了人员成本和政策成本之外所有的可管理固定费都包括在此类。诸如，交际费、消耗品费、旅差费、交通费、水电费、修缮费、会议费等。

以上三种费用都是属于可管理的费用，但是，在管理方法上是有所差异的，具体来讲，这种差异性主要表现在以下几点。

（1）对于人员成本而言，由于企业物流人员的配置是由企业的人事政策和发展战略要求所决定的，而且工资等劳动报酬又往往由用工或劳动协议所规制，因此，对于物流部门的管理决策者，人员成本的管理主要是在既定的人员成本条件下，增大物流收益，使得单位物流收益的人员成本下降。换句话说，对于人员成本的控制与管理，其关键在于通过提高物流劳动生产率实现物流成本的消减。

（2）对于政策成本的控制，比起以较低的物流成本来实现物流项目，现代物流成本管理更注重于将来效益的实现，即通过有效地完成项目，在将来大幅降低物流费用或成本。

（3）对于运营成本的管理与人员成本和政策费是有所不同的，由于运营成本是物流管理决策者可以直接决定的，因此，他必须对该费用完全负责。此外，因为运营成本的成果可以在短期内实现，所以，在该期限中评价可管理利益是能做到的。

3. 物流部门利益的计算

物流损益计算的第三步是在可管理利益中剔除物流设施费，计算物流部门利益，通过这一步可以评价物流部门的最终利益。

这里所指的物流设施费是物流部门专用的土地、建筑物等成本费用，这部分费用属于物流部门专用的固定资产费用。对于该费用，由于土地、建筑物等资产的购买、出售等行为不是物流部门决策的事情，而是整个企业高层的专项决策。因此，费用发生的责任不是物流部门管理决策者应该肩负的，但是其费用（如折扣、租借费、保险费等）应该由物流部门承担。将这些费用从可管理的利益中进行扣除，就真正体现了企业物流部门的整体利益。

物流设施费用是否合理，尽管物流部门不能完全负责，但是，作为物流部门的决策者或管理者应当具备建议权，因为如果不能及时有效地将这些问题反映给企业，设施投资的非理性最终将会影响到可管理的利益。

6.4.3　物流独立核算条件下损益预算编制与差异分析

与通常的物流成本管理或财务管理范式一样，在物流独立核算条件下，完成了损益计算后，紧接着编制物流部门的预算。并且将预算与实际绩效进行对比分析，据此对物流部门的整体业绩进行评价，所有这个过程也就是物流的预算管理。具体来讲，物流独立核算条件下预算管理的主要内容如下。

1. 物流损益预算的编制

从物流损益预算的编制来看，物流部门同样需要从不同的角度和侧面来编制损益预算，从而使得预算置于可控制或可管理之下，并且据此确立相应的责任。

1）物流收益预算

企业内部物流收益的预算，一般是将为制造部门或销售部门所实施的全部物流总量乘以企业内核定的物流费用标准来求得。与此相对应，企业外物流收益预算等于为外部企业所实施的全部物流量乘以认定的费用率或运费。

2）变动物流成本预算

变动物流成本当中支付物流成本的预算，是通过将企业全部物流总量中企业外部物流企业的委托业务量乘以认定的费用率来计算的。与此相对的其他变动物流成本，则是除了委托业务量外的所有业务量与单位物流费标准相乘来实现。

3）可管理物流成本预算

在可管理物流成本当中，对员工所支付的固定部分在预算期前进行确定，同样政策成本也是在预期前由企业进行认定或规划的，运营成本的预算则是在前期运作的实际情况基础上，根据下一期物流运作的预测进行合理调整决定的。

4）物流设施成本预算

物流设施成本的预算主要分为两种情况，如果预算期无法预见物流设施的扩张或缩减，那么预算以前期作为标准；如果物流设施的投资程度能够得到预见，那么就在前期投资的基础上进行增减。

5）物流部门利益预算的形成

如同在损益计算中所谈到的思路那样，从物流收益预算中扣除变动物流成本预算就形成了物流差别收益预算，再从中扣除可管理成本预算做成可管理利益预算，在可管理利益预算中减去物流设施预算就编制成了物流部门利益预算。根据物流部门利益预算，形成一定的利益目标的条件下，应该时刻反馈超出预算的信息，尤其是运营费的发生情况，从而不断修正物流部门的利益预算。

2. 物流损益预算的差异分析

在实施完预算后，就需要将预算与实际绩效进行对比，从中找出差异，这种差异分析主要是价格上的差异及数量上的差异，具体如下。

$$物流成本差异 = (物流成本标准 - 单位物流成本实际情况) \times 实际物流量$$
$$物流量差异 = 物流成本标准 \times (物流量预算 - 实际物流量)$$

在差异分析中，也需要进一步细分为可管理差异及不可管理性差异。此外，在可管理差异中再区分不利的可管理差异及有利的可管理差异，之所以这样做，其原因在于当发生差异时，需要明确哪些差异是可以控制和管理的，产生这些差异的责任人是谁，这样通过这些问题的解决真正实行物流运作的责任制。另一方面，区分有利和不利差异，可以使企业能够明确哪些领域或活动是可以进一步强化的，哪些需要加强管理，这有助于动态地对物流运作进行监控，随时修正不合理的成本预算。

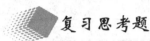
复习思考题

1. 编制物流成本预算的作用有哪些？
2. 物流成本预算有哪些分类？
3. 简述物流成本零基预算编制的过程。
4. 日落预算法与零基预算法相比有什么不同？
5. 什么是弹性预算法？弹性预算法有什么特点？
6. 弹性预算法的基本原理是什么？
7. 简述弹性预算法的编制过程。
8. 运输成本预算的主要步骤有哪些？

案例分析

物流成本弹性预算编制案例

某运输企业正在编制 2010 年的运输成本预算，由运输车队负责，年终进行考核。经过多年的分析及 2009 年各项运输成本的数据，确定各项变动运输成本的数据，确定各项变动运输的变动成本率分别是：燃料费为 0.8 元/吨千米，维修费为 0.5 元/吨千米，轮胎费为 0.6 元/吨千米，其他费用为 0.45 元/吨千米。另外，根据上年实际情况，并考虑预算期的变化因素，确定预算期支付各项固定运输成本的数据如下：运输设备折旧费为 5.5 万元，交通管理费为 3.2 万元，其他固定成本为 1.1 万元。经业务部门预测，公司 2010 年可能完成商品运输任务为 250 万吨千米。

根据上述资料，财务部门编制了企业 2010 年度自营运输成本的预算如表 6-19 所示。

于是，确定运输车队下一年度的运输成本预算总额为 597.3 万元，并以此金额对车队进行考核，预算编制完成后，交到企业经理手中。总经理认为，2010 年度的业务量预测 250 万吨千米存在很大的不确定性，因此，如果车队的实际完成业务量低于预测业务量，是否还可以按照597.3万元的预算成本对车队进行考核？

另外，有财务背景的总经理认为，财务人员在编制预算时，有相当多的基础资料，而财务人员却没有有效地利用起来，于是让财务人员重新编制了一份运输成本预算报告。

表6-20是财务人员重新编制的企业自营运输成本弹性预算表。

表6-19 企业自营运输成本预算

项目		变动成本率 / (元/吨千米)	计划运输量/万吨千米	费用预算/万元
变动运输成本	燃料费	0.80	250	200
	维修费	0.50	250	125
	轮胎费	0.60	250	150
	其他	0.45	250	112.5
	小计	2.35	250	587.5
固定运输成本	折旧费			5.5
	管理费			3.2
	其他			1.1
	小计			9.8
合计				597.3

表6-20 企业自营运输成本弹性预算（2010年）

单位：万元

项目		变动成本率 / (元/吨千米)	运输任务量及费用/万吨千米				
			210	230	250	270	290
变动运输成本	燃料费	0.80	168	184	200	216	232
	维修费	0.50	105	115	125	135	145
	轮胎费	0.6	126	138	150	162	174
	其他	0.45	94.5	103.5	112.5	121.5	130.5
	小计	2.35	493.5	540.5	587.5	634.5	681.5
固定运输成本	折旧费		5.5	5.5	5.5	5.5	5.5
	管理费		3.2	3.2	3.2	3.2	3.2
	其他		1.1	1.1	1.1	1.1	1.1
	小计		9.8	9.8	9.8	9.8	9.8
合计			503.3	550.3	597.3	644.3	691.3

实际上，该公司2010年度自营运输成本的预算也可以用公式法表示为：

$$y = (5.5 + 3.2 + 1.1) + (0.8 + 0.5 + 0.6 + 0.45)x$$
$$= 9.8 + 2.35x （万元）$$

案例思考题： 物流成本弹性预算编制的主要步骤是什么？

第7章

物流成本控制

本章要点

● 理解物流成本控制的内容、要求及原则；

● 掌握物流成本控制的一般程序；

● 掌握物流目标成本控制；

● 掌握物流标准成本控制；

● 掌握物流主要功能环节日常成本控制的一般方法。

 开篇案例

　　上海通用在国内外拥有 180 多家供应商，还拥有北美和巴西两大进口零部件基地。那么，上海通用是怎么提高供应链效率、减少新产品的导入和上市时间并控制和降低库存成本的呢？

　　为了把库存这个"魔鬼"赶出自己的供应链，通用的部分零件里有些是本地供应商所生产的，会根据生产的要求在指定的时间直接送到生产线上去生产。这样，因为零部件不进入原材料库，所以保持了很低或接近于"零"的库存，省去大量的资金占用。

　　有些用量很少的零部件，为了不浪费运输车辆的运能，充分节约运输成本，上海通用使用了叫做"牛奶圈"的小技巧：每天早晨，上海通用的汽车从厂家出发，到第一个供应商那里装上准备好的原材料，然后到第二家、第三家，以此类推，直到装上所有的材料，然后再返回。这样做的好处是，省去了所有供应商空车返回的浪费。前两年还很少有人关注汽车物流，可现在它俨然成了汽车业的香饽饽，很多公司都希望通过降低物流成本来提高竞争力。

　　而且，不同供应商的送货缺乏统一的标准化管理，在信息交流、运输安全等方面，都会带来各种各样的问题。如果要想管好它，必须花费很多的时间和很大的人力资源。所以上海通用改变了这种做法。

　　上海通用聘请一家第三方物流供应商，由他们来设计配送路线，然后到不同的供应商处

171

取货，再直接送到上海通用，利用"牛奶取货"或者叫"循环取货"的方式解决了这些难题。通过循环取货，上海通用的零部件运输成本下降30%以上。这种做法体现了上海通用的一贯思想：把低附加价值的东西外包出去，集中精力做好制造、销售汽车的主营业务，即精干主业。

思考题：阅读以上材料，请思考上海通用公司在物流成本控制上采取了哪些措施？

7.1 物流成本控制内涵

7.1.1 物流成本控制的概念、内容及作用

1. 物流成本控制的概念与内容

物流成本控制是指在物流过程中，对物流成本形成的各种因素，按照事先拟定的标准严格加以监督，及时发现与预定目标成本之间的差距并采取一定的措施，从而将物流过程中的各种资源消耗和费用开支限制在规定的范围之内，保证物流成本目标和成本预算任务的完成。

物流成本控制有广义和狭义之分。广义的物流成本控制贯穿于物流的各个阶段，按物流成本发生的时间先后划分，包括事前控制、事中控制和事后控制。狭义的物流成本控制仅指事中控制，是在物流过程中，从物流过程开始到结束对物流成本形成和偏离物流成本要素指标的差异所进行的日常控制。物流成本控制分为成本事前控制、成本事中控制和成本事后控制三个阶段，也就是成本控制循环中的设计阶段、执行阶段和考核阶段。

1）物流成本事前控制

物流成本事前控制是指在物流活动或提供物流作业前对影响物流成本的经济活动进行的事前规划、审核，确定目标物流成本，就是在物流活动发生前通过对物流活动的成本功能关系的分析研究，提出对物流功能和目标成本的要求，从根本上解决功能过剩、成本过高的问题。同时还要对影响物流成本的有关因素进行分析研究，制定出一整套物流成本控制制度，针对不同类型的物流成本采取不同方法约束成本开支，防止偏差和浪费的发生，它们又分别被称为成本的前馈控制和预防控制。

2）物流成本事中控制

物流成本事中控制又称日常成本控制，就是指在物流成本形成过程中，企业内部各级对物流成本负有经营管理责任的单位，根据事先制定的成本目标或标准，对企业各责任中心日常发生的各项物流成本和费用进行严格的计量、监督，如发生偏差，就及时分析原因并采取措施进行调节，使各项物流成本费用不超过预定的标准，以保证物流目标成本的实现。物流成本事中控制是物流成本的过程控制。物流成本的事中控制应在物流成本目标的归口分级管理的基础上进行，严格按照物流成本目标对一切生产经营耗费进行随时随地的检查审核，把可能产生损失浪费的苗头消灭在萌芽状态，并且把各种成本偏差的信息，及时反馈给有关责任单位，以利于及时采取纠正措施。

3）物流成本事后控制

物流成本事后控制是指在物流成本发生后，对实际物流成本的核算、分析和考核，把日

常发生的成本差异及其原因汇总起来进行分析研究，找出成本升降的原因，明确经济责任，为下一期企业物流活动计划和物流目标成本的确定提供改进意见，又被称为成本的后馈控制。物流成本事后控制通过将实际物流成本和一定标准进行比较，确定物流成本的节约和浪费额度，并进行深入的分析，查明物流成本节约或超支的主客观原因，确定其责任归属，对物流成本责任单位进行相应的考核和奖惩。通过物流成本分析，为日后的物流成本控制提出积极改进意见和措施，进一步修订物流成本控制标准，改进各项物流成本控制制度，以达到降低物流成本的目的。

物流成本的事中控制主要是针对各项具体的物流成本费用项目进行实地实时的分散控制。而物流成本的综合性分析控制，一般只能在事后才可能进行。物流成本事后控制的意义并非是消极的，大量的物流成本控制工作有赖于物流成本事后控制来实现。从某种意义上讲，控制的事前与事后是相对而言的，本期的事后控制，也就是下期的事前控制。

进行物流成本控制首先要制定成本控制标准。成本控制标准有预算成本、标准成本、目标成本和责任成本，相应的物流成本控制方法则分别是预算成本法、标准成本法、目标成本法和责任成本法。

根据客观实际的要求，现代物流成本控制是广义的物流成本控制，即企业全员控制、全过程控制、全环节控制和全方位控制。它突破了传统物流成本管理把物流成本局限在“唯成本而成本”的研究领域，而把重心转向企业整体战略这一更为广阔的研究领域。在现代企业管理中，物流成本控制是加强物流成本管理、提高物流效率的重要环节。

2. 物流成本控制的作用

物流成本控制在企业的物流管理中起着重要的作用，主要表现在以下两个方面。

1）实施物流成本控制能够配合企业取得竞争优势

企业管理中，战略的选择与实施是企业的根本利益之所在，战略的需要高于一切。物流成本控制是可以配合企业为取得竞争优势所进行的战略选择。企业的基本竞争战略有物流成本领先战略、差异化战略和目标聚集战略。物流成本领先战略的核心思想是以物流成本竞争为中心，利用低物流成本优势在竞争中取得超过竞争对手的高额利润，或者以低物流成本为依托，通过价格竞争来扩大市场份额，最终扩大企业的利润，确定企业的竞争优势。对于差异化战略和目标聚集战略，它们不可能单独实施，最终要与物流成本领先战略结合，在实施差异化战略和目标聚集战略过程中实现低物流成本，在低物流成本中走向差异化与目标聚集。可见，低物流成本既是一种战略，同时也是实施其他战略过程中追寻的一种目标。

2）实施物流成本控制是企业增加盈利的主要途径

增加利润是企业经营的目的之一，而控制企业物流成本则直接服务于此目的，因为无论在何种情况下，降低物流成本都可以增加利润：在收入不变的情况下，降低物流成本可以增加利润；在收入增加的情况下，降低物流成本可使利润增加得更快；在收入减少的情况下，降低物流成本可抑制利润的下降。因此，降低物流成本是企业实现盈利目的的根本途径。

7.1.2　物流成本控制的要求

从内容上看，物流成本控制属于企业成本控制的一个重要组成部分，因此，在企业的物流成本控制中首先应遵循企业成本控制的一般原则，如经济原则，全面原则，责、权、利相结合原则，目标控制原则及重点控制原则等。另外，由于物流成本自身的二律背反等规律及物流成本管理自身的特征，在物流成本控制中还应注意以下几个结合。

1）全面控制与重点控制相结合

物流系统是一个多环节、多领域、多功能所构成的全方位的开放系统。物流系统的这一特点也从根本上要求进行成本控制时，必须遵循全面控制的原则。首先，无论产品设计、工艺准备、采购供应，还是生产制造、产品销售、售后服务，各项工作都会直接或间接地引起物流成本的升降变化。为此，要求对整个生产经营活动实施全过程控制。其次，物流成本的发生直接受制于企业供、产、销各部门的工作，为此要求实施物流成本的全部门和全员控制。再次，物流成本是各物流功能成本所构成的统一整体，各功能成本的高低直接影响物流总成本的升降。为此，还要求实施全功能的物流成本控制。最后，从构成物流成本的经济内容来看，物流成本主要由材料费、人工费、折旧费、委托物流费等因素构成。为此，要求实施物流成本的全因素控制。

需要指出的是，强调物流成本的全面控制，并非要将影响成本升降的所有因素事无巨细、一律平等地控制起来，而应按照例外管理的原则，实施重点控制。即要对严重影响物流活动及其经济效果的项目或因素，如物流设备投资项目、贵重包装物、能源等或管理上有特殊规定的项目及物流活动中那些数量多、金额大、连续出现的差异严加控制。

2）局部控制与系统控制相结合

这里所说的局部控制是指对某一物流功能或环节所耗成本的控制，而系统控制是指对全部物流成本的整体控制。物流成本控制最重要的原则是对总成本进行控制。物流是以整个系统作为本质的，这就要求将整个系统及各个辅助系统有机地结合起来进行整体控制。比如，航空运输比其他运输方式的运费高，但航空运输可以减少包装费，保管费几乎为零，而且没有时间上的损失。因此，从总成本的角度看，不应单看运输费用的削减与否。从一定意义上说，采取总成本控制比局部物流功能的成本控制更为合适。再比如，采取接受小批量订货、小批量发送的方针，交易额能够增加，销售费用也较便宜。但是，小批量会使发货次数增加，运输费用也会随之增加。因此，总成本的系统控制是决定物流现代化成败的决定性因素，物流成本控制应以降低物流总成本作为目标。

3）物流成本控制与物流服务质量控制相结合

物流成本控制的目的在于加强物流管理、促进物流合理化。物流是否合理，取决于两个方面：①对客户的物流服务质量水平；②物流成本的水平。如果只重视物流成本的降低，有可能会影响到客户服务质量，这是行不通的。一般来说，提高物流服务质量水平与降低物流成本之间存在着一种"效益背反"的矛盾关系。也就是说，如果要降低物流成本，物流服务质量水平就有可能会下降，反之，如果要提高物流服务质量水平，物流成本又可能会上升。因此，在进行物流成本控制时，必须搞好服务质量控制与物流成本控制的结合。要正确处理降低物流成本与提高物流服务质量的关系，从两者的最佳结合上，谋求物流效益的提高。

4）经济控制与技术控制相结合

经济控制与技术控制相结合就是要求把物流成本日常控制系统与物流成本经济管理系统结合起来，进行物流成本的综合管理与控制。物流成本是一个经济范畴，实施物流成本管理，必须遵循经济规律，广泛地利用利息、奖金、定额、利润等经济范畴的概念和责任结算、绩效考核等经济手段。同时，物流管理又是一项技术性很强的管理工作。要降低物流成本，必须从物流技术的改善和物流管理水平的提高上下工夫。通过物流作业的机械化和自动化，以及对运输管理、库存管理、配送管理等技术的充分利用，来提高物流效率，降低物流成本。

5）专业控制与全员控制相结合

对与物流成本形成有关的部门（单位）进行物流成本控制是必要的，这也是这些部门（单位）的基本职责之一。如运输部门对运输成本的控制，仓储部门对仓储成本的控制，会计部门对所有成本的控制等。有了专业部门的物流成本控制，就能对物流成本的形成过程进行连续的全面的控制，这也是进行物流成本控制的一项必要工作。有了全员的成本控制，形成严密的物流成本控制网络，可以有效地把握物流成本形成过程的各个环节和各个方面，厉行节约、杜绝浪费、降低物流成本，保证物流合理化措施的顺利进行。

7.1.3 物流成本控制的原则

为了有效地进行物流成本控制，一般须遵循以下原则。

1）经济原则

这里所说的"经济"是指节约，即对人力、物力、财力的节省，它是提高经济效益的核心，因而，经济原则是物流成本控制的最基本原则。

2）全面原则

在物流成本控制中实行全面性原则，具体说来有以下几方面的含义。

（1）全过程控制。物流成本控制不限于生产过程，而且从生产向前延伸到投资、设计，向后延伸到用户服务成本的全过程。

（2）全方位控制。物流成本控制不仅对各项费用发生的数额进行控制，而且还对费用发生的时间和用途加以控制，讲究物流成本开支的经济性、合理性和合法性。

（3）全员控制。物流成本控制不仅要有专职物流成本管理机构和人员参与，而且还要发挥广大职工群众在物流成本控制中的重要作用，使物流成本控制更加深入和有效。

3）责、权、利相结合原则

只有切实贯彻责、权、利相结合的原则，物流成本控制才能真正发挥其效益。显然，企业管理当局在要求企业内部各部门和单位完成物流成本控制职责的同时，必须赋予其在规定的范围内有决定某项费用是否可以开支的权利。如果没有这种权利，也就无法进行物流成本控制。此外，还必须定期对物流成本业绩进行评价，据此实行奖惩，以充分调动各单位和职工进行物流成本控制的积极性和主动性。

4）目标控制原则

目标控制原则是指企业管理当局以既定的目标作为管理人力、物力、财力和完成各项重要经济指标的基础，即以目标物流成本为依据，对企业经济活动进行约束和指导，力求以最小的物流成本，获取最大的盈利。

5）重点控制原则

所谓重点控制原则，是指对超出常规的关键性差异进行控制，旨在保证管理人员将精力集中于偏离标准的一些重要事项上。企业日常出现的物流成本差异成千上万、头绪繁杂，管理人员对异常差异重点实行控制，有利于提高物流成本控制的工作效率。重点控制是企业进行日常控制所采用的一种专门方法，盛行于西方国家，特别是在对物流成本指标的日常控制方面应用得更为广泛一些。

7.1.4 物流成本控制制度及一般方法

物流成本控制制度是指在对影响物流成本的有关因素分析和研究的基础上，制定出一整套适合于本企业具体情况的成本控制方法和相应的规章制度。其关键是要通过企业内部设置的规章制度，针对不同的物流成本采用不同的成本控制方法，约束成本开支，预防偏差和杜绝浪费现象的发生。物流成本控制制度是企业内部控制制度的重要组成部分。

从目前国外成本控制的实践看，物流成本控制方法繁多，一般有目标成本控制法、预算成本控制法、标准成本控制法、相对成本控制法、责任成本控制法等。对于这些适应现代化大生产和市场经济创造出来的行之有效的成本控制方法，应结合我国企业的具体情况、物流成本控制对象和内容的不同而灵活地加以运用。

企业物流的全部成本按成本习性可以分为变动成本和固定成本两类。变动成本主要是通过制定标准成本和编制弹性预算进行控制。直接材料和直接人工在运输、包装、流通加工中一般占有较大的比重，数额易于分割，用标准成本控制比较简便易行；而变动制造费用通常由变动性的成本项目组成，金额分散，通过编制弹性预算控制较为适宜。对于固定成本，首先要根据其开支项目的性质和轻重缓急区别为约束性固定成本和酌量性固定成本，然后分别控制。对于约束性固定成本，控制关键在于作出长期投资决策之前的事前控制。因此，应根据相关的资本支出预算中的数据，分项目制定固定成本预算，作为事前控制的依据；而其他非约束性固定成本，则可以通过编制零基预算的方法来加强成本控制。另外，在企业物流系统设计阶段适合采取目标成本控制法来实施成本控制。

应该说明的是，标准成本控制与预算成本控制是兼容的，实质上等于预算控制，只是标准成本控制以标准成本为基础，按照成本项目反映单位产品的目标成本。而预算是企业总体规划的数量说明，无论对弹性预算或其他预算类型，以标准成本乘以业务量就可以得出预算总成本。采用标准成本控制可以使成本控制更加科学有效。

7.2 物流成本控制的目标和程序

7.2.1 物流成本控制目标的理解和表述

确立物流成本控制目标是明确物流成本控制思想、建立物流成本控制方法与措施时应该重点考虑的问题。由于物流成本控制理论与方法的研究还相对薄弱，到目前为止，物流成本管理的目标仍是一个处于研究中的问题。

对物流成本控制目标的理解和表述主要集中在物流成本降低方面，具体存在两种不同的观点。

一种观点认为：物流成本控制的目标是实现预定的物流成本目标，通过实现预定的物流成本目标来降低物流成本。这种观点将物流成本控制过程理解为实现既定物流成本目标的过程，相对来说，对物流成本控制作了较为狭义的理解。

另一种观点认为：将实现预定的物流成本目标作为物流成本控制的目标是以现有的既定条件为前提的，在此基础上，还应通过各种创新措施，改变物流成本发生的条件，使物流成本不断降低。在这种观点下，企业物流成本结构存在两种状态：一是在现有条件下尚未使物流成本最低化的物流成本结构；二是已经实现了物流成本最低化的物流成本结构。前者主要是由于存在众多的非效率因素所致，一般可以通过"技术选择"来降低物流成本；对于已经使物流成本最低化的物流成本结构，其物流成本的进一步降低仅依靠现有的技术条件则无能为力，因而还必须借助于知识创新或者技术革新来求得物流成本的降低。这种观点对物流成本控制作了较为广义的理解，但仍然局限于物流成本降低本身。

7.2.2　影响物流成本控制目标的因素分析

确定物流成本控制目标要将物流成本控制放到企业物流活动、管理措施与战略选择的相互关系中考察。物流成本不是孤立的，不仅物流成本本身的发生受到各种因素的影响，物流成本同时又是企业作出各种管理措施与战略选择的核心因素之一。

将物流成本控制的重心过分聚集于物流成本本身，有可能引发物流成本控制措施的实施和企业战略选择之间的冲突。企业战略选择和管理措施的实施必须考虑物流成本的支撑力度和企业在物流成本方面的承受能力，而降低物流成本必须以不损害企业基本战略的选择和实施为前提，并要有利于企业管理措施的实施。

经济活动越复杂，物流成本与经济活动之间的关系也越复杂。尽管企业生产经营活动的情形千差万别，经济活动自身的规律和物流成本的目的性特征规范着物流成本与生产经营活动之间的关系。这些关系概括起来主要有三类。

1）物流成本是物流活动的制约因素

就具体业务而言，业务经办人员往往不希望有较多的物流成本约束。较少的物流成本限制意味着较多的自由度，业务处理过程就变得相对容易和轻松。物流成本与生产经营活动的这种关系既是物流成本控制措施难以贯彻实施的深层原因，也是委托物流成本得以产生的基础。

2）物流成本因物流活动而发生，降低消耗始终是物流活动的基本要求

节约规律要求人们在实现特定目标的过程中要尽可能降低物流成本。由于物流成本总额受到活动量的影响，降低物流成本的基本标志是降低单位物流成本。应该说，到目前为止，物流成本控制始终是将这种物流成本降低作为主要目标。在经济资源相对短缺时，降低物流成本还包含有利用特定的物流成本消耗实现更多的经济目标，用既定的物流成本总额提供更多的产出的思想。

3）物流成本的代偿性特征决定了人们对物流成本有不同的判断标准

在物流成本变动不影响其他指标的前提下，人们总是追求低物流成本，以物流成本绝对额的高低为标准来判断物流成本控制措施，然而物流成本的变动必然会影响到其他指标的变动。物流成本构成要素之间的相互代偿，往往使相互关联的物流成本构成要素之间发生互为消长的变化，一个部门，一个环节对低物流成本的追求有可能导致其他部门、其他环节以更高的物流成本为代价。

如果对物流成本代偿性特征的含义加以引申，物流成本和收入之间也存在代偿性，低物流成本可能支持低价格，而有意识地提高物流成本则有可能因提高产品或服务质量而维持高价格。收益则随物流成本、收入的变化而变化。

物流成本与各因素之间错综复杂的关系，使得判断物流成本高低的标准由于视野的不同

而有所不同。部门物流成本最低，企业整体物流成本最低，抑或以物流成本为支撑，最大限度地获取整体利益，等等。这些物流成本与诸因素之间的错综复杂的关系，使物流成本控制始终面临着种种抉择。

影响物流成本的因素有外部因素和内部因素。这些因素将重点聚焦在动因、时间、质量、效果诸方面。产品是物流成本的主要载体，降低产品物流成本成为物流成本控制的必然结果。但从长期来看，物流成本控制是通过控制引起物流成本发生的驱动因素来进行的。换言之，物流成本控制是直接控制物流成本发生的原因，而不是物流成本本身。通过控制物流成本动因可以使物流成本得到长期管理。物流成本动因驱动物流成本，但物流成本动因并不因物流成本控制而存在，企业生产经营的需要是决定物流成本动因的根本力量。如何在物流成本降低与生产经营需要之间作出权衡取舍，是物流成本控制无法回避的问题。

现代管理中，时间与时间物流成本被视为有力的竞争武器，公司越来越视时间为竞争的关键因素。而时间分析除涉及准备、等待、制造、传输等常规因素外，还涉及"瓶颈"资源的应用等因素。

质量与物流成本的关系则较为特殊，物流成本是支撑产品品种、质量及市场份额的重要因素。质量是维系物流成本、价格、市场份额、利润之间关系的重要纽带。用较低的物流成本生产出较高质量的产品总是良好的愿望。

理性地看，维系一定的质量需要一定的物流成本，物流成本和质量管理的一项重要任务就是要在物流成本与质量之间建立一种平衡，这种平衡包括市场的可接受标准、对扩大市场份额有利的质量与价格比及维系该质量标准的物流成本与价格的配合程度。以低物流成本维系适度的质量标准，从而以较低的价格赢得市场是一种策略；用较高的物流成本开发市场，维系较高水准的产品与服务质量，从而获得更大的市场份额和更多的利润也是一种策略。

尽管这些内容不一定都是物流成本控制的内容，但物流成本、质量、价格、销量之间的这种联动关系的存在，使物流成本控制无法单独着眼于物流成本本身。从单位物流成本及单位物流成本额获取的利润来看，追加物流成本的方式不一定很经济，但它有可能支持企业通过扩大销售规模等获取更多的利润总额。尽管"薄利多销"这一惯用语大多数情况下是指通过低价策略来赢得市场，但其原理也可以应用到高物流成本支持的高质量服务来赢得市场。高消耗维持的高质量与偷工减料式的低物流成本并不代表对质量与物流成本的合理选择。因而，理解和确定物流成本控制目标要将物流成本控制放在一个更广阔的背景中来考察。降低物流成本是物流成本控制目标的一个方面，但不是全部。

7.2.3 物流成本控制目标的确定

从上述分析可以看到，条件不同、观察角度不同，物流成本控制目标就有所不同。概括起来，物流成本控制过程中的目标定位应当考虑以下几个问题。

1）配合企业取得竞争优势

企业管理中，战略选择与实施是企业的根本利益之所在，战略的需要高于一切。物流成本控制首先要配合企业为取得竞争优势进行的战略选择和战略实施，在企业战略许可的范围内，引导企业走向物流成本最低化。企业的基本竞争战略有物流成本领先战略、差异化战略和目标聚集战略。物流成本领先战略的核心思想是以物流成本竞争为中心，利用低物流成本优势在竞争中取胜或者取得超过竞争对手的高额利润，或者以低物流成本为依托，通过价格竞争来扩大市场份额，最终扩大企业的利润，确立企业的竞争优势。由于这种战略以不遗余力地降低物流成本为前提，物流成本控制对实施该战略的作用是显而易见的。对于差异化战略和目标聚集战略，它们不可能单独实施，最终要与物流成本领先战略结合，在差异化战略和目标聚集战略过程中实现低物流成本，在低物流成本中走向差异化和目标聚集。可见，低物流成本既是一种战略，同时也是实施其他战略过程中所追寻的一种目标。

2）配合企业最大限度地取得利润

在既定的企业战略模式下，利用物流成本、质量、价格、销量等因素之间的联动关系，以物流成本支持质量、价格、扩大市场份额等对物流成本的需要，能促使企业最大限度地获得利润。

单纯以物流成本最低为标准容易形成误区。对"广种薄收"与"精耕细作"优劣的判断要因条件而异。"薄利多销"不仅代表一种价格与市场策略，有时也代表一种物流成本策略。以物流成本换效率有其可取之处。在某些情况下，具有战略意义的问题是通过增加物流成本以获取其他的竞争利益。股东投资报酬现值最大化这一企业经营目标对报酬、风险、长期战略等诸方面提出了要求。物流成本一般不改变风险，但可以改变报酬。通过减低物流成本提高报酬只是物流成本控制的一个方面；通过改变物流成本的构成、规模等提高报酬则是物流成本控制的另一方面。

3）降低物流成本

在任何设定的条件下，只要影响利润变化的其他因素不因物流成本的变化而发生变化，降低物流成本始终是第一位的。降低物流成本可以以两种方式来实现：一是在既定的经济规模、技术条件、质量标准条件下，通过降低消耗、提高劳动生产率、合理地组织管理等措施降低物流成本；二是改变物流成本发生的基础条件，即改变企业生产要素的配置，提高技术装备水平，使物流成本降低。前者更多地带有战术性，后者更多地带有战略性。

综上所述，物流成本控制存在一个目标体系，它包含三个层次：①通过物流成本控制配合企业的战略选择与实施，以获取物流成本优势，帮助企业取得竞争优势；②利用资源、物流成本、质量、数量、价格之间的联动关系，配合企业尽可能获取最大利润；③以改变物流成本发生的基础条件为措施降低物流成本。三个层次之间的主要差别在于考虑物流成本问题的视角不同。第一层次以企业与环境、企业与竞争的相互关系为视角，以企业的长期发展和竞争优势为重点；第二层次以企业内部为主要视角，考虑到价格、供求等市场因素，以利润为取向；第三层次以企业内部为视角，以降低物流成本为核心。

在物流成本控制目标的三个层次中，都贯穿着降低物流成本的要求，都不排斥降低物流成本的重要性。在其他变量不发生变化的情况下，降低物流成本因始终是一种理性追求而受到推崇。物流成本控制需要有一个长期的观点和更为宽广的基础，考察物流成本控制与物流成本控制目标，不应该将考虑问题的范围仅仅局限于物流成本本身，也不应该仅仅局限于物流成本的发生过程。同时，由于物流成本与诸多变量因素之间关系的复杂性，在许多情况下，单纯强调低物流成本不一定能代表经济上的合理性，因而需要将物流成本和与物流成本相关的变量因素联系起来加以考察。

7.2.4　物流成本控制的程序

物流成本控制应贯穿于企业生产经营的全过程。一般来说，物流成本控制应包括以下几项基本程序。

1. 制定成本标准

物流成本标准是物流成本控制的准绳，是对各项物流费用开支和资源耗费所规定的数量限度，是检查、衡量、评价实际物流成本水平的依据。物流成本标准应包括物流成本计划中规定的各项指标，但物流成本计划中通常都是一些综合指标，不能满足具体控制的要求，这就必须规定一系列具体的标准，确定这些标准的方法大致有三种。

1）预算法

用制定预算的办法来制定控制标准。有的企业基本上是根据年度的生产销售计划来制定费用开支预算，并把它作为物流成本控制的标准。采用这种方法要特别注意从实际出发制定预算。

2）计划指标分解法

即将大指标分解为小指标。分解时，可以按部门、单位分解，也可以按功能分解。

3）定额法

建立起定额和费用开支限额，并将这些定额和限额作为控制标准来进行控制。在企业里，凡是能建立定额的地方，都应把定额建立起来。实行定额控制的办法有利于物流成本控制的具体化和经常化。

在采用上述方法确定物流成本控制标准时，一定要进行充分地调查研究和科学计算。同时，还要正确处理物流成本指标与其他技术经济指标（质量、生产效率）的关系，从完成企业的总体目标出发，进行综合平衡，防止片面性。必要时，还应在多种方案中择优选用。

2. 监督物流成本的形成

根据控制标准，对物流成本形成的各个项目经常地进行检查、评比和监督。不仅要检查指标本身的执行情况，而且要检查和监督影响指标的各项条件，如设备、工作环境等。所以，物流成本日常控制要与生产作业控制等结合起来进行。

日常控制不仅要有专人负责和监督，而且要使费用发生的执行者实行自我控制，还应当在责任制中加以规定。这样才能调动全体职工的积极性，使物流成本的日常控制有群众基础。

3. 及时纠正偏差

针对物流成本差异发生的原因，查明责任者，区别情况，区别轻重缓急，提出改进措施，加以贯彻执行。对于重大差异项目的纠正，一般采用下列程序。

（1）提出课题。从各种物流成本超支的原因中提出降低物流成本的课题。这些课题首先应当是那些物流成本降低潜力大、各方关心、可能实行的项目。提出课题的要求，包括课题的目的、内容、理由、根据和预期达到的经济效益。

（2）讨论和决策。课题选定以后，应发动有关部门和人员进行广泛地研究和讨论。对于重大课题，可能要提出多种解决方案，然后进行各种方案的对比分析，从中选出最优方案。

（3）确定方案实施的方法步骤及负责执行的部门和人员。

（4）贯彻执行确定的方案。在执行过程中也要及时加以监督检查。方案实现以后，还要检查方案实现后的经济效益，衡量是否达到了预期的目标。

7.3　物流目标成本控制

7.3.1　物流目标成本控制的含义

物流目标成本控制是为了更有效地实现物流成本控制的目标，使客户需求得到最大限度的满足，从战略的高度分析，与战略目标相结合，使物流成本控制与企业经营管理全过程的资源耗用和资源配置协调起来，因而产生的成本控制方法。

物流目标成本控制是一种全过程、全方位、全人员的成本管理方法。

（1）全过程是指供应链产品从生产到售后服务的一切活动，包括供应商、制造商、分销商在内的各个环节。

（2）全方位是指从生产过程管理到后勤保障、质量控制、企业战略、员工培训、财务监管等企业内部各职能部门各方面的工作及企业竞争环境的评估、供应链管理、知识管理等。

（3）全人员是指从高层经理人员到中层管理人员、基层服务人员、一线生产员工。

物流目标成本控制与传统成本管理方法的明显差异在于，物流成本按目标成本法管理是否局限于企业内部来计算成本。因此，它需要更多的信息，如企业的竞争战略、产品战略及供应链战略。一旦有了这些信息，企业就可以从产品开发、设计阶段到制造阶段，以及整个物流的各环节进行成本管理。

在目标成本法引用的早期，企业通常首先通过市场调查来收集信息，了解客户愿意为这种产品所支付的价格，以及期望的功能、质量，同时还应掌握竞争对手所能提供的产品状况。公司根据市场调查得到的价格，扣除需要得到的利润及为继续开发产品所需的研究经费，计算出来的结果就是产品在制造、分销和产品加工处理过程中所允许投入的最大成本，即目标成本，用公式表示是：

$$物流目标成本 = 售价 - 利润$$

一旦建立了目标成本，企业就应想方设法来实现目标成本。为此，要应用价值工程等方法，重新设计物流过程与分销物流服务体系。一旦企业寻找到在目标成本点满足客户需求的方法，或者企业产品被淘汰以后，目标成本法的工作流程也就宣告结束。目标成本法将客户需求置于企业制定和实施产品战略的中心地位，将满足和超越产品品质、功能和价格等方面的客户需求作为实现和保持产品竞争优势的关键。

7.3.2　物流目标成本的制定

物流目标成本的制定程序会因企业物流活动内容的不同而不同，但大体上可以分为五个阶段，即物流目标成本的初步确定、物流目标成本可行性分析、物流目标成本分解、实现物流目标成本、物流目标成本的追踪考核与修订物流目标成本。

1. 初步确定物流目标成本

在这一过程中首先根据企业经营目标确定预计服务收入，其次是根据企业的物流经营决策确定目标利润，物流目标成本可以根据预计服务收入减去物流目标利润后的差额来确

定，即

$$物流目标成本 = 预计服务收入 - 物流目标利润$$

预计物流目标利润的方法如下。

1）目标利润率法

目标利润率法是根据有关的目标利润率指标来测算企业的物流目标利润的一种方法，其计算公式为：

$$物流目标利润 = 预计服务收入 \times 同类企业平均服务利润率$$

或：　$$物流目标利润 = 本企业净资产 \times 同类企业平均净资产利润率$$

或：　$$物流目标利润 = 本企业总资产 \times 同类企业平均资产利润率$$

【例 7 - 1】　某企业物流运输的同业平均服务利润率为 17.764%，预计本年服务量为 408 万吨千米，服务的市场价格为 1 元/吨千米，则：

$$物流目标利润 = 408 \times 1 \times 17.764\% = 72.5（万元）$$
$$物流目标总成本 = 408 \times 1 - 72.5 = 335.5（万元）$$
$$物流目标单位成本 = 335.5/408 = 0.82（元/吨千米）$$

采用目标利润率法的理由是：本企业必须达到同类企业的平均报酬水平，才能在竞争中生存。有的企业甚至使用同类企业先进水平的利润率来预计目标成本，其理由是别人能办到的事情我们也应该做到。

2）上年利润基数法

上年利润基数法是指在上年利润的基础上计算物流目标利润，其计算公式为：

$$物流目标利润 = 上年物流利润 \times 利润增长率$$

采用上年利润基数法的理由是：未来是历史的继续，应考虑现有基础（上年利润）；未来不会重复历史，要预计未来的变化（利润增长率），包括环境的改变和自身的进步。有时候上级主管部门或董事会对利润增长率有明确的要求，也促使企业采用上年利润基数法。

按上述方法计算出的物流目标成本，只是初步设想，提供了一个分析问题的合乎需要的起点。它不一定完全符合实际，还需要对其可行性进行分析。

2. 对物流目标成本进行可行性分析

物流目标成本的可行性分析，是指对初步测算得出的物流目标成本是否切实可行作出的分析和判断，包括分析预计服务收入、物流目标利润和目标成本。

企业分析预计服务收入有三种方法，可以进行市场调研，调查客户需要的物流服务功能和特色，也可以对竞争者进行分析，掌握竞争者物流服务的功能、价格、品质和服务水平等有关资料，并与本企业的资料进行对比。企业在进行客户需求研究、竞争者分析之后，可以通过比较确定自己的预计服务收入的可行性。

企业分析物流目标利润应与企业的中长期目标及利润计划相配合，同时考虑销售、利润、投资回报、现金流量、物流服务的品质、成本结构、市场需求、销售政策等因素的影响。

最后是企业根据自身实际成本的变化趋势、同类企业的成本水平，充分考虑成本节约的能力，分析物流目标成本的可行性。

3. 物流目标成本分解

所谓物流目标成本分解，是指设立的物流目标成本通过可行性分析后，将其按照企业的组织结构自上而下逐级分解，落实到有关的责任中心。物流目标成本的分解通常不是一次完成的，需要一定的循环，不断修订，有时甚至修改原来设立的目标。

物流目标成本分解的方法有以下几种。

1）按成本的经济内容进行分解

按成本的经济内容进行分解就是把服务成本分解成固定成本和变动成本；再把固定成本进一步分解成折旧费、日常费、办公费、差旅费、修理费等项目，把年度目标成本分解为季度或月份成本目标，甚至分解成旬或日的成本目标；把变动成本分解为直接材料、直接人工、各项变动费用。

2）按管理职能分解

按管理职能分解就是将物流目标成本在同一管理层次按职能部门分解。例如，推广部门负责推广费用、配送部门负责配送费用、运输部门负责运输费用、劳资部门负责工资成本、后勤部门负责燃料和动力费用、行政部门负责办公费用等。

3）按管理层次分解

按管理层次分解就是将物流目标成本按总公司、分公司、部门、班组、个人进行分解。这是一种自上而下的过程，分解内容包括材料、人工、费用三项。

4）按服务结构分解

按服务结构分解就是把服务成本分成各种材料耗用成本或人工成本，分派给各责任中心。

5）按服务形成过程分解

按服务形成过程分解就是按服务设计、服务材料采购、服务的提供、服务的推广过程分解成本，形成每一过程的目标成本。

上述方法，要根据企业物流组织结构和成本形成过程的具体情况，选择采用。

4. 实现目标成本

实现目标成本，首先要通过企业目前的物流成本与目标成本的比较，计算出成本差距。然后通过运用价值工程、成本分析等方法寻找最佳的物流过程设计，用最低的成本达到客户需求的功能、安全性、品质等。如果此时计算出的最佳物流过程设计下的成本仍高于目标成本，则重复应用上述手段寻求最佳成本。

5. 物流目标成本的追踪考核与物流目标成本的修订

此项工作包括对企业物流活动的财务目标和非财务目标完成状况的追踪考核、调查客户的需求是否得到满足、市场变化对物流目标成本有何影响等事项，并根据上述各阶段物流目标成本的实现情况对其进行修订。

7.3.3　物流目标成本的控制

由于企业物流成本管理的多层次和物流过程的多环节，使物流成本控制涉及企业生产经营活动的各个领域，因而，必须建立纵横交错、责任分明、互相衔接和制约的目标成本控制体系。该体系以企业总体物流目标成本控制为核心，横向以各职能管理部门和物流单位为目标成本控制分中心，纵向以各物流活动环节目标成本控制为基础，实施"横向到边，纵向

"到底"的目标成本管理，使各责任成本中心的控制状态与企业总体控制目标产生互动与共振。

企业物流目标成本控制在实施时，应针对企业物流活动不同环节采取不同的控制策略与措施，以保证预期的目标成本的完成与实现。

1）运输成本的控制

运输成本是运输物料、商品所耗用作业的费用，是影响物流成本的重要因素。运输成本控制的关键点主要体现在运输方式、运输价格、运输时间、运输的准确性、运输的安全可靠性及运输批量水平等方面。控制方式是加强运输的服务方式与价格的权衡，从而选择最佳的运输服务方式。

2）仓储成本的控制

仓储成本是指货物在存储过程中所需要的费用。控制的关键点在于简化出入库手续、增加仓库的有效利用和缩短存储时间等。控制方式主要有强化仓储各种费用的核算与管理。

3）装卸搬运成本的控制

装卸搬运成本是物品在装卸搬运过程中所支出费用的总和。装卸搬运活动是衔接物流各环节活动正常进行的关键，渗透到物流的各个领域。装卸搬运成本控制的关键点在于管理好存储物料与商品，减少装卸搬运过程中商品的损耗率、装卸时间、装卸搬运次数等。控制方式有：对装卸搬运设备的合理选择，防止机械设备的无效作业，合理规划装卸方式和装卸作业过程，如减少装卸次数，缩短操作距离等。

4）包装成本的控制

包装起保护商品、方便储运、促进销售的作用。包装成本控制的关键是包装的标准化和包装材料的耗费。控制方式有：选择包装材料要进行经济效益分析；运用价值分析的方法优化包装的功能和成本；开展旧包装的回收和再利用等；努力实现包装尺寸的标准化，包装作业的机械化；有条件时组织散装物流。

5）流通加工成本的控制

商品进入流通领域后，按照客户的要求进行一定的加工活动，称为流通加工，由此而支付的费用为流通加工成本。不同的企业流通加工成本是有所不同的。首先应选择反映流通加工特征的经济指标，如流通加工的速度等，观察、测算这些指标，对标准值与观察值的差异，必要时进行适当的控制。控制方式有：合理确定流通加工的方式，合理确定加工能力和改进流通加工的生产管理。

7.3.4 物流目标成本完成情况的考核

物流目标成本完成情况的考核是建立物流目标成本控制体系的重要环节，考核目的在于充分调动职工的积极性，发挥激励机制的作用，将企业的兴衰同管理者和生产者的经济利益紧密挂钩，同时运用目标激励，榜样激励，参与管理激励，自身价值实现激励等精神激励作用，使全体职工的聪明才智和创造能力得到充分的体现。

物流目标成本完成情况考核分为两大部分。

1）对物流目标成本计划完成情况的考核

由于物流目标成本计划是按各物流部门和各物流活动环节纵横体制制定与分解下达的，因而目标成本考核同样按这一纵横体系设计，即公司对各职能部门实行归口成本指标考核，对物流单位则实行综合成本指标考核，同时，各职能管理部门又对物流单位实行分解分项归口成本指标考核，形成互相牵制，双重考核的体系。

2）对超额完成目标成本计划的考核

对于超额完成目标成本计划的部门、单位和职工个人，采取上不封顶的激励措施，按超额完成的情况，加大经济激励和精神奖励的力度，以充分肯定它们对企业效益和发展所做的贡献。

7.4 物流标准成本控制

7.4.1 物流标准成本的含义

物流标准成本是指经过调查分析和运用技术测定等科学方法制定的、在有效经营的条件下物流活动开展进行时应当发生的成本，是一种预定的目标成本。以此为基础，把成本的实际发生额区分为标准成本和成本差异两部分。成本差异是因实际成本脱离预定"目标"而向人们发出的一种"信号"，以此为线索进行研究，具体掌握差异形成的原因和责任，并据此采取相应的措施及时消除物流活动中各种不正常的、低效能的因素，进而避免各种"不利"差异的重新出现，以达到对物流成本进行有效控制的目的。

企业实施物流标准成本控制时，一般包括以下几个步骤：

（1）制定单位物流作业的标准成本；

（2）根据实际作业量和成本标准计算物流作业的标准成本；

（3）汇总计算物流作业的实际成本；

（4）计算标准成本和实际成本的差异；

（5）分析成本差异发生的原因；

（6）向成本负责人和单位管理者提供成本控制报告。

7.4.2 物流标准成本的制定

物流标准成本的制定是企业实施物流标准成本控制的第一步，也是计算标准成本差异、进行成本分析和提供成本控制报告的基础和先决条件。制定物流标准成本主要有以下三个方面：

（1）直接人工的标准成本；

（2）直接材料的标准成本；

（3）物流间接费用的标准成本。

制定标准成本的程序一般如下：

（1）确定直接材料和直接人工的标准成本；

（2）确定物流间接费用的标准成本；

（3）确定单位物流作业的标准成本。

在制定时，无论哪一个成本项目，都需要分别确定其用量标准和价格标准，两者相乘后得出成本标准。其中用量标准包括单位物流作业材料耗用量、单位物流作业直接人工工时等，主要由生产技术部门主持制定；价格标准包括原材料单价、小时工资率、小时间接费用分配率等，由会计部门和其他有关部门共同研究确定。无论用量标准还是价格标准，都可以是理想状态或正常状态下的，下面主要讨论正常状态下的正常标准成本的制定。

1）物流直接人工标准成本的制定

物流直接人工标准成本应根据物流直接人工的用量标准和物流直接人工的工资率标准确定，其计算公式如下：

$$物流直接人工标准成本 = 标准工资率 \times 工时标准$$

在制定物流直接人工标准成本时，如果是计件工资，标准工资率就是计件工资单价；如果是计时工资，标准工资率是单位工时工资，可由标准工资总额除以标准总工时得到。对工时标准需要根据现有物流运作技术条件，测算提供某项物流服务所需的时间，包括调整设备时间、直接服务操作时间、工间休息时间等。

2）物流直接材料标准成本的制定

物流直接材料标准成本应根据物流直接材料的用量标准和物流直接材料的价格标准确定，其计算公式如下：

$$物流直接材料标准成本 = 价格标准 \times 用量标准$$

其中，用量标准即标准耗用量，是用统计方法、工业工程法和其他技术方法确定的，包括理想耗用和正常损失两部分；价格标准是预计下一年度实际需要支付的进料单位成本，包括发票价格、运费、检验费和正常损耗等成本。

3）物流间接费用标准成本的制定

物流间接费用标准成本分为变动物流间接费用标准成本和固定物流间接费用标准成本。

（1）变动物流间接费用标准成本。变动物流间接费用标准成本可根据变动物流作业数量标准和变动物流作业价格标准确定。物流作业数量标准可采用单位物流作业直接人工工时标准、机械设备工时标准或其他标准，但需与变动物流间接费用之间存在较好的线性关系。价格标准即每小时变动物流间接费用的标准分配率，可根据变动物流间接费用预算除以数量标准总额得到。在采用单位物流作业直接人工工时标准时，变动物流间接费用标准成本的计算公式为：

$$变动物流间接费用标准成本 = 单位物流作业直接人工标准工时 \times 每小时变动物流间接费用标准分配率$$

其中：

$$每小时变动物流间接费用标准分配率 = \frac{变动物流间接费用预算总额}{物流作业直接人工标准总工时}$$

（2）固定物流间接费用标准成本。固定物流间接费用标准成本可根据固定物流作业数量标准和固定物流作业价格标准确定。物流作业数量和价格标准的确定与变动物流间接费用相同。

$$固定物流间接费用标准成本 = 单位物流作业直接人工标准工时 \times 每小时固定物流间接费用标准分配率$$

其中：

$$每小时固定物流间接费用标准分配率 = \frac{固定物流间接费用预算总额}{物流作业直接人工标准总工时}$$

将以上确定的物流直接材料、物流作业直接人工和物流间接费用的标准成本按物流作业加以汇总，就可确定有关物流作业全部的标准成本。

7.4.3　物流成本差异的计算与分析

物流成本差异是指企业物流的实际成本与标准成本之差。物流标准成本是由物流直接材料、物流直接人工和物流间接费用三大部分组成，物流成本差异也相应可分为以下三个部分：

（1）物流直接人工成本差异；

（2）物流直接材料成本差异；

（3）物流间接费用成本差异。

管理部门通过观察、分析物流成本差异，就可以了解物流各部门的效率，提高对物流经营活动的调控能力，并利用差异来评价物流各部门的业绩。

导致物流成本差异的原因是多种多样的，总差异往往是由多种因素综合作用的结果，但从计算的角度看，这些因素可归结为"用量因素"和"价格因素"两类，由这两种因素变动形成的差异分别称之为用量差异和价格差异。成本差异分析的基本方法就是将物流直接材料、物流直接人工和物流间接费用三部分差异分别分解为用量差异和价格差异。计算差异的通用模型为：

$$\begin{aligned}
成本差异 &= 实际成本 - 标准成本 \\
&= 实际用量 \times 实际价格 - 标准用量 \times 标准价格 \\
&= 实际用量 \times 实际价格 - 实际用量 \times 标准价格 + \\
&\quad 实际用量 \times 标准价格 - 标准用量 \times 标准价格 \\
&= 实际用量 \times (实际价格 - 标准价格) + (实际用量 - 标准用量) \times 标准价格 \\
&= 价格差异 + 用量差异
\end{aligned}$$

在计算物流直接材料成本差异、物流直接人工成本差异和物流间接费用成本差异时可直接运用该模型公式。

1）物流直接人工成本差异的计算和分析

物流直接人工成本差异是指物流直接人工实际成本与标准成本之间的差额，它也可分为"价差"和"量差"两部分。价差是指实际工资率脱离标准工资率的差额，按实际工时计算确定，又称工资率差异；量差是指实际工时脱离标准工时的差额，按标准工资率计算确定，又称人工效率差异。其计算公式如下：

$$物流直接人工工资率差异 = 实际工时 \times (实际工资率 - 标准工资率)$$
$$物流直接人工效率差异 = (实际工时 - 标准工时) \times 标准工资率$$

计算出工资率差异和人工效率差异之后，应对此进行分析。一般地，工资率差异形成的原因包括直接操作工人升级或降级使用、奖励制度未产生实效、工资率调整、出勤率变化等因素，应归属于人事劳动部门管理。其差异的具体原因会涉及操作部门或其他部门；而直接人工效率差异形成的原因则包括工作环境不良、劳动情绪不佳、作业计划安排不当、作业量太少无法发挥批量优势等因素，应主要由操作部门负责，但在实践中还需要具体问题具体分析。

2）物流直接材料成本差异的计算与分析

物流直接材料成本差异是物流直接材料实际成本与标准成本之间的差额，其形成原因为：一是价格脱离标准，二是用量脱离标准。前者按实际用量计算，称为价格差异；后者按标准价格计算，称为用量差异。其计算公式如下：

物流直接材料价格差异 = 材料实际用量 ×（材料实际价格 – 材料标准价格）

物流直接材料用量差异 =（材料实际用量 – 材料标准用量）× 材料标准价格

计算出价格差异和用量差异后，应对此进行分析。一般地，材料价格差异是在采购过程中形成的，不应由耗用材料的操作部门负责，而应由采购部门作出解释。采购部门未能按标准价格进货的原因很多，如物价上涨、违反合同被罚款、采用了不必要的快速运输方式等，企业应针对各种原因确定合理的责任归属。而材料用量差异是在材料耗用过程中形成的，反映操作部门的成本控制业绩。

材料用量差异形成的具体原因有很多，如操作失误造成废品和废料增加、机器不适用造成用料增加等。有时多用料也不一定是操作部门的责任，如购入的材料质量低劣、规格不符等，故应具体问题具体分析，合理确定责任归属。

3）物流间接费用成本差异的计算与分析

物流间接费用成本差异，可分为变动物流间接费用成本差异和固定物流间接费用成本差异。

（1）变动物流间接费用成本差异的计算与分析。变动物流间接费用成本差异是指实际变动物流间接费用与标准变动物流间接费用之间的差额，它也可分解为"价差"和"量差"两部分。价差是指变动物流间接费用的实际小时分配率脱离标准，按实际计算的差额，它反映耗费水平的高低，故称为变动物流间接费用耗费差异；量差是指实际工时脱离标准工时，按标准小时费用率计算确定的差额，它反映工作效率变化引起的费用节约或超支，故称为变动物流间接费用效率差异。其计算公式如下：

变动物流间接费用效率差异 =（实际工时 – 标准工时）× 变动物流间接费用标准分配率

变动物流间接费用耗费差异 =（变动物流间接费用实际分配率 –

变动物流间接费用标准分配率）× 实际工时

引起变动物流间接费用效率差异的原因与引起物流直接人工效率差异的原因基本相同。变动物流间接费用耗费差异的形成往往是因为变动物流间接费用开支额或工时耗费发生变化，责任一般在物流操作部门。

（2）固定物流间接费用成本差异的计算与分析。固定物流间接费用成本差异由固定物流间接费用差异、闲置能量差异和效率差异组成，其计算公式为：

固定物流间接费用耗费差异 = 固定物流间接费用实际成本 – 固定物流间接费用标准成本

固定物流间接费用闲置能量差异 =（计划物流作业量标准工时 –

实际物流作业量实际工时）× 标准费用分配率

固定物流间接费用效率差异 =（实际物流作业量实际工时 –

实际物流作业量标准工时）× 标准费用分配率

固定物流间接费用效率差异产生的原因与人工效率差异产生的原因大致相同；导致闲置能量差异的原因是开工不足、车辆开动率和仓容利用率低，责任往往在管理部门；耗费差异的原因比较复杂，如成本制定得不切实际，实际物流服务量少于计划等。对这类差异要进行深入分析，才能分清责任部门。

通过分析标准成本差异产生的原因，找到责任部门，就可以采取经济有效的措施，控制不恰当差异，降低物流成本。

【例 7 – 2】　　假设某企业某项物流作业的标准成本和实际成本资料如表 7 – 1 和表 7 – 2 所示。

表 7 – 1　物流作业标准成本资料

成本项目	标准单价或标准分配率	标准用量	标准成本/元
物流直接材料	1 元/千克	150 千克	150
物流直接人工	5 元/工时	10 工时	50
变动物流间接费用	2 元/工时	10 工时	20
物流变动成本合计			220
固定物流间接费用	1 元/工时	10 工时	10
单位物流标准成本			230

表 7 – 2　物流作业实际成本资料

成本项目	实际单价或实际分配率	实际用量	实际成本/元
物流直接材料	1.10 元/千克	148 千克	162.8
物流直接人工	5.20 元/工时	9.5 工时	49.4
变动物流间接费用	1.80 元/工时	9.5 工时	17.1
物流变动成本合计			229.3
固定物流间接费用	1.20 元/工时	9.5 工时	11.4
单位物流标准成本			240.7

该项物流作业预计全月的计划物流作业量标准总工时为 5 000 工时，计划提供物流服务 500 次，实际提供物流服务 520 次，购入直接材料 80 000 千克。有关物流成本差异计算如下。

（1）计算物流直接材料成本差异。

① 物流直接材料价格差异以采购量为基础计算：

$$物流直接材料价格差异 = (1.1 - 1) \times 80\,000 = 8\,000（元）$$
$$物流直接材料用量差异 = (148 \times 520 - 150 \times 520) \times 1 = -1\,040（元）$$

由于价格差异以采购量为基础计算，与实际耗用量不同，故无法计算实际成本与标准成本的总额。这一计算方法的优点在于能给管理部门及时提供材料采购的差异信息，在责任会计制度下，该方法有利于分清经济责任。

② 直接材料价格差异以耗用量为基础计算：

$$物流直接材料价格差异 = [(1.1 - 1) \times 148] \times 520 = 7\ 696(元)$$
$$物流直接材料用量差异 = (148 \times 520 - 150 \times 520) \times 1 = -1\ 040(元)$$
$$物流直接材料成本差异 = 7\ 696 - 1\ 040 = 6\ 656(元)$$

物流直接材料价格差异以耗用量为基础计算，其优点在于它与用量差异以同一耗用量为基础计算，能给管理部门提供物流直接材料差异的信息。

（2）计算物流直接人工成本差异：

$$物流直接人工工资率差异 = (5.2 - 5) \times 9.5 \times 520 = 988(元)$$
$$物流直接人工效率差异 = (9.5 - 10) \times 520 \times 5 = -1\ 300(元)$$
$$物流直接人工成本差异 = 988 - 1\ 300 = -312(元)$$

（3）计算变动物流间接费用成本差异：

$$变动物流间接费用耗费差异 = (1.8 - 2) \times 9.5 \times 520 = -988(元)$$
$$变动物流间接费用效率差异 = (9.5 - 10) \times 520 \times 2 = -520(元)$$
$$变动物流间接费用成本差异 = -988 - 520 = -1\ 508(元)$$

（4）计算固定物流间接费用成本差异：

$$固定物流间接费用耗费差异 = 1.2 \times 9.5 \times 520 - 1 \times 10 \times 500 = 928(元)$$
$$固定物流间接费用闲置能量差异 = (10 \times 520 - 9.5 \times 520) \times 1 = 60(元)$$
$$固定物流间接费用效率差异 = (9.5 \times 520 - 10 \times 520) \times 1 = -260(元)$$
$$固定物流间接费用成本差异 = 928 + 60 - 260 = 728(元)$$

7.5　物流成本日常控制

在实际工作中，物流成本的日常控制可以按照不同的对象进行，一般说来，物流成本的日常控制对象可以分为以下几种形式。

（1）以运输、包装、仓储、装卸搬运、流通加工等物流功能作为控制对象。通过对构成物流活动的各项功能进行技术改善和有效管理，从而降低其所耗用的物流责任成本费用。

（2）以物流成本的形成过程为控制对象。从物流系统（或企业）投资建立，产品设计（包括包装设计），材料物资采购和存储，产品制成入库和销售，一直到售后服务，凡是发生物流成本费用的各个环节，都要通过各种物流技术和物流管理方法，实施有效的成本控制。

（3）除了以上两种成本控制对象划分形式之外，物流系统还可以按照各责任中心（运输车队、装卸班组、仓库等）、各成本发生项目（人工费、水电气费、折旧费、利息费、委托物流费等）进行日常成本控制，而这些成本日常控制的方式往往是建立在前面所述的物流成本管理系统的各种方法基础上的，需要与物流成本的经济管理技术有效结合起来运用。

7.5.1　物流运输成本的控制

运输是物流系统的核心功能。物流运输成本控制的目的，是使运输总成本最低，但又不影响运输的可靠性、安全性和快捷性要求。在实际工作中，影响运输成本的因素很多，因此，运输成本的控制要根据不同的情况采取不同的措施。

1. 合理选择运输方式

对于不同货物的形状、价格、运输批量、交货日期、到达地点等特点，都有与之相对应的适当运输方式。运输方式的经济性与迅速性、安全性、便利性之间存在着相互制约的关系。因此，在目前多种运输方式并存的情况下，在控制运输成本时，必须注意根据不同货物的特点及对物流时效的要求，对运输方式所具有的不同特征进行综合评估，以便作出合理选择运输方式的策略。表 7 - 3 为各种运输方式选择的一般原则。

表 7 - 3　各种运输方式选择的一般原则

运输方式	技术经济特点	运输对象
铁　路	初始投资大，运输容量大，成本低廉，占用的土地多，连续性强，可靠性好	适合于大宗货物的中长途运输
公　路	机动灵活，适应性强，短途运输速度快，能源耗用大，成本高，空气污染严重，占用土地多	适合于短途、零担运输，门到门的运输
水　路	运输能力大，成本低廉，速度慢，连续性差，能源耗用及土地占用较少	适合于中长途大宗货物运输，海运、国际货物运输
航　空	速度快，成本高，空气和噪声污染严重	适合于中长途及贵重货物运输，保鲜货物运输
管　道	运输能力大，占用土地少，成本低廉，连续输送	适合于长期稳定的流体、气体和浆化固体货物运输

2. 合理确定拥有车辆的数量

车辆的拥有数量要根据发货量的多少来安排，当拥有辆数过少，发货量多时，难免出现车辆不足的现象，要从别处租车。相反，拥有辆数过多，发货量少时就会出现车辆闲置现象，造成浪费。因此，应综合考虑自备用车费用、自备用车闲置费用和租车费用等因素。

3. 通过合理装载，降低运输成本

在单位运输费用一定时，通过改善装卸方式，提高装卸水平，充分利用运输车辆的容积和额定载重量，可以使单位运输成本降低，最终减少运输总成本。合理的装载方式如下。

1）利用组合运输，减少空载

运输中经常存在回程空载现象，这样，运输同一批货物到同一地点，就多花了一倍的费用。在运输工具回程前，通过各种方式安排好回程的货物，尽可能利用回程车辆进行运输，可以减少运输成本。

2）轻重配载

即将重量大、体积小的货物与重量小、体积大的货物组装，可以充分利用运输工具的装载空间和载重定额，提高运输工具的使用效率。

3）拼装整车运输

由于整车运输和零担运输的运费差别较大，进行拼装整车运输可以减少部分运输费用。拼装整车运输的做法有：零担货物拼整车直达运输；零担货物拼整车接力直达运输；整车分卸、整装零担等。

4）解体运输

即对于体积大、笨重、不易装卸、易损坏的货物，可拆卸装车，分别包装。这样既缩小占据的空间，又易于装卸和搬运，可以提高运输效率。

5）多样堆码

根据运输工具的货位情况、所载货物的特点，采用不同的堆码方式，如多层装载等，以便提高运输工具的装载量。

4. 运用现代技术降低运输成本

各种新技术在物流实践中的推广使用，也可以使运输成本得到降低。

1）集装箱化运输

集装箱作为现代运输的重要载体，既是一种包装容器，又是一种有效的运输工具。通过集装箱运输可以提高装载效率、减轻劳动强度，可以起到加强外包装的作用，节约大量商品包装费用和检验费用，并防止货损货差。

2）托盘化运输

全程以托盘作为单位货载进行运输，可以缩短中转时间、加快中转速度，同时可以提高实际操作的可靠性和机械化程度。

3）特殊运输工具和运输技术

新运输工具和运输技术的运用，解决了原先运输的许多难题。例如，专用散装罐车使粉状、液态状运输的损耗大、安全性差的问题得到解决；集装箱高速直达车船加快了运输速度。

5. 开展直达运输，降低运输成本

直达运输，就是在组织货物运输过程中，越过商业、物资仓库环节或铁路、交通中转环节，把货物从产地或起运地直接运到销地或用户，以减少运输中间环节，降低相关费用。

直达运输是追求运输合理化的重要形式，它对合理化的追求要点是通过减少中转换载，从而提高运输速度，节省装卸费用，降低中转货损。直达运输的优势尤其是在一次运输批量和客户一次需求量达到了一整车时表现最为突出。此外，在生产资料、生活资料运输中，通过直达，建立稳定的产销关系和运输系统，也有利于提高运输的计划水平，考虑用最有效的技术来实现这种稳定运输，从而提高运输效率。

特别需要提的是，直达运输的合理性也是在一定条件下才会有所表现，不能绝对认为直达一定优于中转，这要根据客户的要求，从物流总体出发做综合判断。如果从客户需要量看，批量大到一定程度，直达是合理的；批量较小时，则中转是合理的。

6. 采用集运方式降低运输成本

在商品运输中，运输批量越大费率越低，这样企业通过采用大批量运输方式，即将小批量货物合并成大批量进行运输是降低单位运输成本的主要方法。集运一般有以下四个途径。

1）运输车辆合并

这是在拣取和送出的货物都达不到整车载重量的情况下，为提高运载效率可以安排同一车辆到多个地点取货或送货。为实现这种形式的规模经济就需要对行车路线和时间表进行整体规划。

2）仓库合并

企业进行仓储的根本原因是可以远距离运送小批量货物。例如，用于拆装作业的仓库。

3）库存合并，即形成库存以服务需求

这样做可以对大量的货物，甚至是整车物品进行运输，并转化为库存。这也是库存控制的根本要求。

4）时间合并

在这种情况下，企业将在一定时间内积累客户的订单，这样可以一次性发运大批量的货物，而不是多次小批量送货。通过对大批量的运输路径进行规划，使单位运输费率降低，企业可以获得运输中的规模经济效益。当然，由于没能在收到订单之后及时发货可能会造成服务水平的下降，因此还应在运输成本和对服务的影响之间寻求平衡。

7.5.2　物流仓储成本的控制

仓储成本具有经济上的合理性，因为它能平衡运输和生产采购成本。也就是说，储备一定数量的库存，企业常常可以调整经济生产批量和生产批次来降低生产运营成本。同时，储备库存也可以通过更大、更经济的运输批量来降低运输成本，保证运营总成本的节约。因此，企业在进行仓储成本控制时应权衡其利弊得失，合理确定控制的策略与措施。

1. 优化仓库布局，做到适度库存集中

库存集中是指利用存储规模优势，以适度集中存储来代替分散的小规模存储，以实现仓储成本的优化。目前，包括海尔在内的许多企业通过建立大规模的物流中心，把过去零星库存集中起来进行管理，并对一定范围内的用户进行直接配送，从而显著降低了仓储成本。所以进行适度库存集中，可以提高对单个用户的保证能力，有利于采取机械化、自动化方式，也有利于形成一定批量的干线运输，并有利于形成支线运输的始发点。

但是，在进行仓库布局时注意仓库的减少与库存的集中，有可能会增加运输成本。因此，企业要在运输成本、仓储成本和配送成本综合平衡的基础上考虑仓库布局与集中存储，在总储费与运输费之间取得最优。

2. 合理选择适当的订货方式控制仓储成本

不同的企业，可以根据自身的特点，通过采用订货点控制法和订货批量控制法来安排货物的采购，以降低仓储成本。

1）订货点控制法

订货点控制法是以固定订货点为基础的一种存货控制方法。即当存货库存量下降到预定的最低的库存数量（订货点）时，按规定数量进行订货补充的一种库存管理方式。

订货点控制法的重点在于确定订货批量和订货点，订货批量一般采用经济订货批量，订货点的高低主要由三大因素所决定。

（1）订货提前期。这段时间主要由两部分组成，即货物在途时间和生产销售准备时间。

（2）平均每日需要量。存货平均日需要量有两种情况，一是平均每日正常需要量，二是平均每日最大需要量。

（3）安全储备量，又称为保险储备，是为了应付产销量的突然扩大和采购货物不能按时到达所进行的储备。如在正常情况下，提前期时间是 7 天，但由于某种原因，采购的货物 10 天才到达，延迟了 3 天。在正常情况下，某种材料的正常需要量是 100 kg，但有时的需要量达到 120 kg。为了应付这些情况的发生，就需要建立安全储备量。

由以上分析得知，订货点的计算有四种情况。

（1）每天销售量和进货期基本不变：

订货点 = 某种存货的平均每日正常需要量 × 正常订货提前期

平均每日正常需要量 = 年需要量/360

（2）日需要量不够稳定，但订货提前期基本稳定：

订货点 = 平均每日正常需要量×正常订货提前期 + 安全储备量

安全储备量 = （平均每日最大需要量 – 平均每日正常需要量）×正常订货提前期

（3）日需要量基本稳定，仅订货提前期不够稳定：

订货点 = 平均每日正常需要量×正常订货提前期 + 安全储备量

安全储备量 = 平均每日正常需要量×（最长订货提前期 – 正常订货提前期）

（4）日需要量和订货提前期都不够稳定的情况：

订货点 = 平均每日正常需要量×正常订货提前期 + 安全储备量

安全储备量 = 平均每日最大需要量×最长订货提前期 – 平均每日正常需要量×正常订货提前期

使用订货点控制法管理方便，订货时间和订货量不受人为因素影响，可以保证库存管理的准确性，并便于按经济订货量订货，节约库存成本。订货量确定后，便于按计划安排库内的作业活动，节约管理费用。但是也要注意使用该方法不便于对库存进行严格的管理，所以该办法适用于单价比较便宜、不便于少量订货的物品；或通用性强，需求总量比较稳定的物品；或消费量计算复杂，品种数量多，库存管理量大的物品。

2）订货批量控制法

所谓订货批量是指一次订货所订的货物数量。订货批量是不能随意确定的，因为订货批量的高低直接影响库存量的高低，也直接影响货物供应的满足程度。订货批量过大，虽然可以较充分满足客户需求，但将使库存量过高，成本升高；订货批量过低，库存量虽然可以降下来，但不一定能保证满足客户的需要，所以订货批量要确定得适当。

企业要降低库存成本，就要制定适当的订货策略，协调订货费用与保管费用的关系。订货批量的大小关系到订货费用与保管费用的高低。在一定时期内，物资的总需求量一定时，订货批量大，订货次数就会减少，订货费用就会降低，然而保管费用会提高；若订货批量小，保管费用就会降低，而订货次数就会增加，订货费用增加。

设企业一定时期内物资的总需求量为 D，每次订货费用为 K，单位物资在一定时期内的保管费用为 C，订货批量为 Q，则：

$$一定时期内的保管费用 = \frac{Q}{2} \times C$$

$$一定时期内的订货费用 = \frac{D}{Q} \times K$$

$$一定时期内的订货费与保管费总额 \ TC = \frac{D}{Q} \times K + \frac{Q}{2} \times C$$

由经济订货批量的含义可知，需找到能使总成本 TC 达到最小的每次订货数量 Q^*，Q^*即为最佳订货批量。

以 Q 为变量，对 TC 求导，则有：

$$\frac{\mathrm{d(TC)}}{\mathrm{d}Q} = -\frac{D}{Q^2}K + \frac{C}{2}$$

令 $\dfrac{\mathrm{d(TC)}}{\mathrm{d}Q} = 0$，又有 $\dfrac{\mathrm{d^2(TC)}}{\mathrm{d}Q^2} = \dfrac{2DK}{Q^3} > 0$

所以，对应的 Q^* 就是可以使总成本 TC 达到最小的经济订货批量，即

$$Q^* = \sqrt{\frac{2DK}{C}}$$

【例 7-3】 某企业年需用的甲材料为 720 件，该材料的单位购置成本为 20 元/件，单位材料保管费用为 4 元/件，平均每次订货费用为 40 元/次。则材料的经济订货批量为：

$$Q^* = \sqrt{\frac{2DK}{C}} = \sqrt{2 \times 720 \times \frac{40}{4}} = 120(件)$$

3. 利用 ABC 分类法控制存货成本

利用 ABC 分类管理就是将库存物品按品种和占用资金的多少分为特别重要的库存（A 类）、一般重要的库存（B 类）和不重要的库存（C 类）三个等级，然后针对不同等级分别进行管理与控制。

经济学家帕累托在研究财富的社会分配时提出一个重要结论：80% 的财富掌握在 20% 的人手中，即关键的少数和次要的多数规律。后来人们发现这一普遍规律存在于社会的各个领域，称为帕累托现象。帕累托现象也出现在企业经营管理中，表现为企业多数的利润由少数品种的产品贡献。因此，对这些少数产品管理的好坏就成为企业经营成败的关键，有必要在实施库存管理时对各类产品分出主次，并根据不同情况分别对待、突出重点。

存货 ABC 分类的依据是库存物资所占总库存资金的比例和所占总库存物资品种数目的比例。A 类商品指品种少而资金占用大的商品，即 A 类库存品种约占库存品种总数的 5%～10%，而其占用资金金额占库存金额的 60%～70%。B 类库存品种约占库存品种总数的 20%～30%，其占用资金金额占库存总金额的 20% 左右。C 类库存品种约占库存品种总额的 60%～70%，其占用资金金额占库存总金额的 15% 以下。

【例 7-4】 某企业存货共有 11 800 种，年占用资金 8 310 万元，各类存货及资金占用见表 7-4，要求列出 ABC 分类排列表，并说明管理方式。

表 7-4 某企业存货品种及资金占用表

存货编号	存货品种	占用资金/万元
201	505	5 130
202	585	990
203	540	540
204	1 350	108
205	1 170	720
206	1 260	225
207	270	20
208	2 700	217
209	630	290
210	2 790	70
合　　计	11 800	8 310

根据表7-4所列资料，对各类存货按其资金占用多少，从大到小排序。分别计算各编号的资金占用存货总金额的百分比和每个品种占总品种数的百分比。根据以上两个百分比，将存货分为 ABC 三类，并绘制 ABC 分析表，如表7-5所示。

表7-5　企业存货 ABC 分析表

类别	存货编号	占用资金/万元	品种比重/%	资金比重/%	类别比重/%	类别资金比重/%
A	201	5 130	4.28	61.73	9.24	73.64
	202	990	4.96	11.91		
B	205	720	9.92	8.66	14.50	15.16
	203	540	4.58	6.50		
C	209	290	5.34	3.49	76.26	11.20
	206	225	10.68	2.71		
	208	217	22.88	2.61		
	204	108	11.43	1.30		
	210	70	23.64	0.84		
	207	20	2.29	0.24		
合计		8 310	100	100	100	100

在对库存进行 ABC 分类之后，要根据企业的经营策略对不同级别的库存进行不同的管理和控制。

A 类库存物资数量虽少但对企业却最为重要，是最需要严格管理和控制的库存。企业必须对这类库存定时进行盘点，详细记录及经常检查分析物资使用、存量增减、品质维持等信息，加强进货、发货、运送管理，在满足企业内部需要和顾客需要的前提下维持尽可能低的经常库存量和安全库存量，加强与供应链上下游企业合作，降低库存水平，加快库存周转率，最终达到控制库存成本的目的。

B 类库存物资居于一般重要的地位，对这类库存的管理强度介于 A 类库存和 C 类库存之间，对 B 类库存一般进行正常的例行管理和控制即可。

C 类库存物资数量最大但对企业的重要性最低，因而被视为不重要的库存。就库存成本控制而言，由于该存货的价值不大，所以可以采取尽可能简单的管理方式，以节约库存成本，如减少这类库存的管理人员和设施。

7.5.3　物流包装成本的控制

一般说来，包装是企业生产环节的终点，又是销售物流的起点。企业在进行物流包装成本控制时，应注意以下几个方面。

1）选择包装材料时，要进行成本效益分析

企业在包装某一商品时，如有数种材料可供选择，那么在其效果相同的情况下，则应选择价格较低的材料。同时，应不断地开发新材料，采用新工艺，以代替那些质次价高的旧材料。

2）在设计包装形态时要有区别

在设计包装形态时，外包装、内包装、个体包装应有明显的区别。外包装和内包装除设法降低形态本身的费用外，还必须考虑这种包装能否使运输费用和保管费用降低。

3）发展包装机械化，降低包装费用

通过包装机械化降低包装费用主要表现在两个方面：一是可提高劳动生产率，从而有利于降低包装费用；二是可以大大降低劳动工资费用。例如，就瓦楞纸箱而言，分别有纸箱组装机、装箱机、贴封签机、钉合机等，将上述几种机器连接起来，组成全自动瓦楞纸箱机械系列，可比原来节约 70% 的劳动力，生产效率可大幅度提高。

4）实现包装规格的标准化

包装规格的标准化，不仅能促进包装工业生产的发展，而且可使包装成本大幅度下降，主要表现在包装材料耗用的下降。

5）组织散装运输，降低包装费用

散装是现代物流中备受推崇的技术，也被称为无包装运输。散装是指对水泥、谷物等颗粒状或粉末状的商品，在不进行包装的情况下，运用专门的散装设备（车或船）来实现商品的运输。从另一个角度上看，这种专用的散装设备，实际上本身是一种扩大了的包装。目前，美国、日本等物流发达国家水泥散装率（散装运输总量与全部运输量之比）超过了90%，而中国仅为 15% 左右。显然，理想的包装费用为零，在有条件的情况下，组织散装运输和无包装运输应引起经营者的高度重视并加以推广。

6）包装物的回收和旧包装的利用

商品包装回收是将使用过的商品包装和其他辅助包装材料，通过各种渠道和各种方式收集起来，然后由有关部门进行修复、清洁、改造、再次使用的过程。包装物的回收使用可以相对地节约包装材料，节约加工劳动，节约因包装而造成的能源、电力的耗用等。

7.5.4　物流装卸搬运成本的控制

在企业物流过程中，装卸搬运活动是不断出现和反复进行的，它出现的频率高于其他各项物流活动。因此，在物流装卸搬运成本控制中，加强装卸搬运的组织设计和搬运机械的操作管理，对于提高物流速度、降低物流成本、减少物流过程损耗具有重要意义。

1）实现装卸作业的机械化、标准化

随着生产力的发展，装卸搬运的机械化程度将不断提高。此外，由于装卸搬运的机械化能把工人从繁重的体力劳动中解放出来，尤其对于危险品的装卸作业，机械化能保证人和货物的安全，这也是装卸搬运机械化程度不断提高的动力。装卸搬运的标准化有利于节省装卸作业时间，提高作业效率。如货物的集装化中，托盘的使用标准、集装箱的使用标准等，都是为了使装卸搬运省力。

2）充分利用机械，实现"规模装卸"

为了进一步降低单位装卸工作量的成本，对装卸机械来说，也有"规模"问题，装卸机械的能力达到一定规模，才会有最优效果。追求规模效益的方法，主要是通过各种集装处理，实现间断装卸时一次操作的最合理装卸量，从而使单位装卸成本降低，也可通过散装实现连续装卸的规模效益。

3）合理规划装卸搬运作业过程

装卸搬运作业过程是指对整个装卸作业的连续性进行合理安排，以缩短运距和装卸次数。装卸搬运作业现场的平面布置是直接关系到装卸、搬运距离的关键因素，装卸搬运机械要与货场长度、货位面积等相互协调。要有足够的场地集结货物，并满足装卸搬运机械工作面的要求，场内的道路布置要为装卸搬运创造良好的条件，有利于加速货位的周转。使装卸搬运距离达到最小的平面布置是减少装卸搬运距离的最理想的方法。

提高装卸搬运作业的连续性应做到：作业现场装卸搬运机械合理衔接；不同的装卸搬运作业在相互联结使用时，力求使其装卸搬运速率相等或接近；充分发挥装卸搬运调度人员的作用，一旦发生装卸搬运作业障碍或停滞状态，立即采取有力的补救措施。

4）减少搬运次数，缩短搬运距离

减少搬运次数，缩短搬运距离，也就意味着减少了装卸搬运的作业量，这样不但可以减少装卸搬运成本，而且还能加快物流速度。采取的措施是：装卸搬运设备的参数要和建筑物的参数、特点相匹配；配备适应性强的物流设备；提高装卸搬运作业的组织调度水平；做好车间、库房、铁路专用线、主要通道的布局，缩短作业距离。

5）利用重力因素，实现装卸作业的省力化

充分利用重力和消除重力影响进行少耗用的装卸，即在装卸时考虑重力因素，可以利用货物本身的重量，进行有一定落差的装卸，以减少或根本不耗用装卸的动力，这是合理化装卸的重要方式。例如，从卡车、铁路货车卸货时，利用卡车与地面或小搬运车之间的高度差，使用溜槽、溜板之类的简单工具，可以依靠货物本身重量，从高处自动滑到低处，这就无须耗用动力。

在装卸时尽量消除或削弱重力的影响，也会求得减轻体力劳动及其他劳动耗用的合理性。例如，在进行两种运输工具换装时，如采取落地装卸方式，即将货物从甲工具卸下并放到地上，一定时间之后或搬运一定距离之后再装到乙工具上，这样在"装"时要将货物举高，这就必须耗用动力。如果进行适当安排，将甲、乙两工具进行靠接，从而使货物平移，从甲工具转移到乙工具上，就能有效消除重力影响，实现合理化。总之，采取各种措施优化装卸搬运作业，可以提高装卸搬运作业效率，减少各种耗费，降低装卸搬运成本。

6）推广组合化装卸

在装卸搬运过程中，根据不同物品的种类、性质、形状、重量来确定不同的装卸作业方式。处理物品装卸搬运的方法有三种形式：普通包装的物品逐个进行装卸，叫做"分块处理"；颗粒状物品不加小包装而原样装卸，叫做"散装处理"；物品以托盘、集装箱、集装袋为单位进行组合后装卸，叫做"集装处理"。对于包装的物品，尽可能进行集装处理，实现单元化装卸搬运，可以充分利用机械操作。

7）减少装卸搬运损失

装卸搬运是比较容易发生货损和事故的环节。对装卸搬运作业进行安全管理，既可以防止和消除货物损坏、人员伤亡事故，又可以减少装卸搬运的事故损失成本。

7.5.5 物流流通加工成本的控制

1）确定合理的流通加工方式

物流部门的流通加工是以满足用户的需要而设定的。流通加工的方式很多，加工方式又与流通加工成本之间存在一定的联系。流通加工作业应根据服务对象，选择适当的加工方法和加工深度，因为不同的加工方法和加工深度的成本支出是不同的，所以在确定加工方式时必须进行经济核算和可行性研究，合理确定加工成本的支出。

2）确定合理的加工能力

流通加工成本与加工的批量、加工数量存在正比关系，即加工批量越大、加工数量越多，流通加工成本也相应增加。但是，加工批量是否均衡，加工数量是否稳定，会给加工带来很大的影响。当被加工的批量和数量大于加工能力时，表现为加工能力不足；反之，则表现为加工能力过剩。前者会因加工能力不足而失去获得加工利润的机会；后者会因加工能力过剩而造成加工设备、加工人员的闲置，即成本损失。因此，应根据物流需要和加工者的实际能力来确定加工批量和数量。

3）加强流通加工的生产管理

流通加工的生产管理与流通加工成本之间的联系十分密切。一般说来，生产管理的水平越高，其成本水平越低。流通加工生产管理的内容很多，如劳动力、设备、动力、物资等方面的管理，无一不与流通加工成本密切相关。例如，套裁型流通加工，其最有特殊性的管理是出材率管理，当加工出材率高，物资利用率高时，流通加工成本相对下降，从而经济效益好。由此涉及的耗用定额管理、套裁规划设计等，都非常重要。

4）制定相应的经济指标

流通加工的对象是已经成为商品的产品，因而它不同于生产过程中的加工，它是对生产加工的一种辅助和补充。为了更好地反映流通加工的经济效益，应制定能反映流通加工特征的经济指标，如利用反映流通加工后单位产品增值程度的增值率、反映流通加工在材料利用方面的材料出材率、利用率等指标来进行考核。

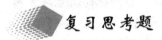

复习思考题

1. 物流成本事前、事中和事后控制的内容分别是什么？
2. 物流成本控制的一般要求有哪些？
3. 物流成本控制的原则有哪些？
4. 物流成本控制的一般程序是什么？
5. 什么是物流目标成本控制？
6. 如何进行物流目标成本的制定？
7. 什么是物流标准成本？进行物流标准成本控制的一般步骤是什么？
8. 如何进行物流标准成本的制定？
9. 物流直接材料费用、物流直接人工成本和物流间接费用的成本差异如何计算？
10. 如何进行物流运输成本和物流仓储成本的日常控制？
11. 如何进行物流包装成本、装卸搬运成本及流通加工成本的日常控制？

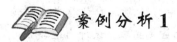

案例分析 1

斯美特公司物流成本的控制

斯美特作为物流行业的一颗新星，如今，物流成本的控制已促使其快速地向前发展。

在实际工作中，物流成本的控制可以按照不同的对象进行。其一就是以物流成本的形成过程为控制对象，即从物流系统（或企业）投资建立、产品设计（包括包装设计）、物资采购存储和销售，直到售后服务，凡是发生物流成本费用的环节，都要通过各种物流技术和物流管理方法，实施有效的成本控制。这种成本控制就是物流成本的纵向控制。

1. 投资阶段的物流成本控制

投资阶段的物流成本控制主要是指企业在厂址选择、物流系统布局规划、设备购置等过程中对物流成本进行的控制。其内容如下。

（1）合理选择厂址。厂址选择合理与否，往往在很大程度上决定了以后物流成本的高低。长春斯美特把廉价的土地使用费、廉价的劳动力和良好的外部环境作为选择厂址的第一要素，在远离原料（面粉、纸箱、棕榈油、蔬菜食品等）地点选点建厂（德惠），这造成物流（配送、运输、采购、设备维护等）成本的上升。同时其竞争对手（榆树的锦丰、四平的白象、双城的华丰及长春未来的康师傅）同一竞争要素的存在，使长春斯美特在物流成本这方面的优势就显得很黯淡。

（2）合理设计物流系统格局。如何选择物流中心和配送中心（分公司）的位置、如何规划运输和配送系统、如何设计物流运营流程等，对于整个系统投入运营后的成本耗费有着决定性的影响。长春斯美特公司既是物流中心又是配送中心，配送运输辐射东北三省及内蒙古，公司设计出了较完备的运营流程，公司已走出了过去的投资性怪圈，逐渐形成了自己独特的以资本为纽带的第三方运输配送和以业务推进为基础的流程机制。

（3）优化物流设备的购置。物流设备投资是为了提高物流工作效率和降低物流成本。企业发展到一定阶段往往需要购置一些物流设备，采用一些机械化、自动化的措施（叉车、自动流程传送、托盘等）。但在进行设备投资时，一定要注意投资的经济性，要研究机械化、自动化的经济临界点。长春斯美特在成立初期，因其规模和生产能力的限制，没有购进必要的物流设备，随着企业的进一步发展，公司配置了与其规模和生产能力相匹配的叉车、托盘、网络仓库等物流设备，这避免了设备的持有成本，降低了物流成本。

2. 产品设计阶段的物流成本控制

物流过程中发生的成本大小，与物流系统中所服务产品的形状、体积和重量等密切相关，同时还与这些产品的组合、包装形式、重量及大小有关。特别是对于制造业来说，产品设计对物流成本的重要性尤为明显。具体地说，产品设计阶段的物流成本控制主要包括如下几方面的内容。

（1）产品体积和形态的优化组合。产品体积和形态对物流成本有着直接的影响，如方便面规格和包数的不同，直接影响了纸箱成本的核算，改变了生产的批量，同时对运输工具也提出了较大的要求，进而影响到物流成本控制。因此，在设计产品的形态和体积的时候，还必须考虑如何降低纸箱的成本，如何扩大生产批量，如何减小运输成本等后续影响。

（2）产品批量的合理化。当把数个产品集合成一个批量保管或发货时，就要考虑到物流过程中比较优化的容器容量，例如，长春斯美特根据产品的批量化要求，设计出适合公司要求的托盘（1.2 m×1.2 m），组织了适合公司要求的集装货车（7.2 m、9.6 m 的高栏车和12 m 集装箱车等）。

（3）成品损耗率。企业在设计产品时，还必须考虑产品的包装材料、耐压力、搬运、装卸、运输途中的损耗对产品设计的影响。

3. 供应阶段的成本控制

供应与销售阶段是物流费用发生的直接阶段，这也是物流成本控制的重要环节。供应阶段的物流成本控制主要包括以下内容。

（1）优化供应商。企业进货和采购的对象很多，每个供应商的供货价格、服务水平、供货地点、运输距离等都会有所区别，其物流成本也就会受到影响。企业应该在多个供应商中考虑供货质量、服务水平和供货价格的基础上，充分考虑其供货方式、运输距离等对企业物流成本的综合影响，从多个供货对象中选取综合成本较低的供货厂家，以有效地降低企业的物流成本。

（2）运营现代化的采购管理方式。JIT（及时制）采购和供应是一种有效的降低物流成本的物流管理方式，它可以减少供应库存量，降低库存的持有成本，而库存持有成本是供应物流成本的一个重要组成部分。另外，MRP 采购、供应链采购、招标采购、全球采购等采购管理方式的运用，也可以有效地加强采购供应管理工作。对于斯美特来说，集中采购也是一种有效的采购管理模式。例如，有些体积小重量小的物品可以通过总公司的规模化批量采购来降低成本，进而实现分公司的批量低成本调拨。

（3）控制采购批量和再订货点。每次采购批量的大小，对订货成本与库存持有成本有着重要的影响。采购批量大，则采购次数减少，总的订货成本就可以降低，但会引起库存持有成本的增加；反之亦然。因此，在采购管理中，对订货批量的控制是很重要的。可以通过相关数据分析，计算其主要采购物资的最佳经济订货批量点和再订货点，从而使得订货成本与库存持有成本之和最小。

（4）供应物流作业的效率化。企业进货采购对象及其品种很多，接货设施和业务处理讲求效率。例如，斯美特公司的各分公司需购多种不同物料时，可以分别购买、各自订货，也可由总公司根据各分公司进货要求，由总公司统一负责采购和仓储的集中管理，在各分公司有用料需要时，由总公司仓储部门按照固定的线路，把货物集中配送到各分公司。这种有组织的采购、库存管理和配送管理，可使公司物流批量化，减少繁杂的采购流程，提高配送车辆和各分公司进货工作效率。

（5）采购损耗的最小化。供应采购过程中往往会产生一些途中损耗，运输途耗也是构成企业供应物流成本的一个组成部分。运输中应采取严格的预防保护措施尽量减少途耗，避免损失、浪费，降低物流成本。销售、供应物流互补化。销售和供应物流经常发生交叉，这样可以采取共同装货、集中发货的方式，把销售商品的运输与外地采购的物流结合起来，利用回程车辆运输的方法，提高货物运输车辆的使用效率，降低运输成本。同时，还有利于解决交通混乱，促使发货、订货业务集中化、简单化，促进搬运工具、物流设施和物流业务的效率化。

4. 生产时的物流成本控制

生产物流的组织与企业生产的产品类型、生产业务流程及生产组织方式等密切相关，因此生产物流成本的控制是与企业的生产管理方式密不可分的。在生产过程中有效控制物流成本的方法主要如下。

（1）生产工艺流程的合理布局。企业生产工艺流程的合理布局对生产起着非常重要的作用，布局的合理与否直接关系着产品成本的高低，同时对减少工作环节、提高工作效率、增强员工的责任心等方面有重要的作用，对于斯美特公司来说，就必须按照制面的工艺流程来工作。

（2）合理安排生产进度。企业的生产进度与采购、销售、仓库、消费、成品率等息息相关。生产进度的加快，原材料的采购进度就要提速，成品率就会降低，仓库持有成本就会上升，同时预示着销售周期的缩短，消费数量的增加。减少半成品和产品库存。产品库存量的大小直接影响着库存持有成本的高低，同时影响产品的销售风险。

（3）实施物料领用控制。对于斯美特公司来说，必须严格地实施物料领用的控制，生产的批量与领用物料的批量相对称，多领用的原材料必须在第一时间内回归仓库，这样降低了原料的损耗，使生产与采购、调拨、销售的信息对称，减少了库存，盘活了公司的流动资金。

（4）节约物料使用。勤俭节约是中华民族的传统美德，也是我们每一个人的优良作风。勤俭节约不仅是斯美特公司的企业文化，更是斯美特人的立家之本。

5. 销售物流阶段的成本控制

销售物流活动作为企业市场销售战略的重要组成部分，不仅要考虑提高物流效率、降低物流成本，而且还要考虑企业销售政策和服务水平。在保证客户服务质量的前提下，通过有效的措施，推行销售物流的合理化，以降低销售阶段的物流成本，主要措施如下。

（1）加强订单管理，与物流相协调。订单的重要特征表现在订单的大小、订单的完成效率等要素上。订单的大小和完成效率往往会有很大的区别，在有的企业中，很多小批量多次数订单（自提订单）往往会在数量上占了订单总数的大部分，它们对物流和整个物流系统的影响有时会很大。因此，为了提高物流效率、降低物流成本，在订单上必须充分考虑商品的特征和订单周期及其他经营管理要素的需要。

（2）销售物流的大量化。这主要通过延长备货时间，以增加运输量，提高运输效率，减少运输总成本。例如，公司把产品销售配送从"一日配送"改为"三日配送"或"周指定配送"就属于这一类。这样可以更好地掌握货物配送数量，大幅度提高配货满载率。为了鼓励运输大量化，在满足可续货物需求的前提下，可以采取一种增大一次订购批量折扣或给予更多地促销的办法，促进销售，降低小批量手续费，节约的成本由双方分享。

（3）商流与物流相分离。现在，商流与物流分离的做法已经被越来越多的企业所采纳。其具体做法是将订货活动与配送活动相分离，由销售系统负责订单的签约，而由物流系统负责货物的运输和配送。运输和配送的具体作业，可以由自备车队完成，也可以通过委托运输的方式来实现，这样可以提高运输效率，节省运输费用。此外，还可以把销售设施与物流设施分离开来，如把企业所属的各销售网点（分公司）的库存实行集中统一管理，在最理想的物流地点设立仓库，集中发货，以压缩物流库存，解决交叉运输，减少中转环节。这种"商物分流"的做法，把企业的商品交易从大量的物流活动中分离出来，有利于销售部门集中精力搞销售。而物流部门也可以实现专业化的物流管理，甚至面向社会提供物流服务，以提高物流的整体效率。

（4）增强销售物流的计划性。以销售计划为基础，通过一定的渠道把一定量的货物送到指定地点。方便面属季节性消费品，随着季节的变化可能会出现运输车辆过剩或不足，或装载效率下降等因素。为了调整这种波动性，可事先同客户商定时间和数量，制订出运输和配送计划，使公司按计划供货。

（5）物流共同化。物流已是一个社会化的行业，它的规模效应已初见端倪，企业的单个物流必须融入到社会物流之中，从而享受社会物流带来的规模效益。

　　案例思考题：阅读上面的材料，请思考期美特公司在供应阶段和销售阶段是如何控制物流成本的，你有什么好的建议？

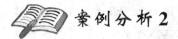 **案例分析 2**

奥康，物流运作三个"零"的成功案例

　　奥康集团 20 年来的皮鞋产量足以使浙江省每人拥有一双奥康鞋。面对每年上千万双的鞋子，如何做到物畅其流呢？据了解，现在的奥康，正朝着企业经营三个"零"的方向发展，物流管理零库存、物流运营零成本、物流配送零距离。

1. 物流管理零库存

　　1998 年以前，奥康沿用以产定销营销模式。当时整个温州企业的物流形式都是总部生产什么，营销人员就推销什么，代理商就卖什么。这种模式导致与市场需求脱离、库存加大、利润降低。

　　1999 年，奥康开始实施产、销两分离，全面导入订单制，即生产部门生产什么，不是生产部门说了算，而是营销部门说了算。营销部门根据市场的信息、分公司的需求、代理商的订单进行信息整合，最后形成需求，向生产部门下订单。这样，奥康的以销定产物流运作模式慢慢形成。

　　2004 年以前，奥康在深圳、重庆等地外加工生产的鞋子必须通过托运部统一托运到温州总部，经质检合格后方可分销到全国各个省级公司，再由省级公司向各个专店和销售网点进行销售。没有通过质检的鞋子需要重新打回生产厂家，修改合格以后再托运到温州总部。这样一来，既浪费人力、物力，又浪费了大量的时间，加上鞋子是季节性较强的产品，错过上市最佳时机，很可能导致这一季的鞋子积压。

　　经过不断探索与实践，奥康运用将别人的工厂变成自己仓库的方法，来解决这一问题。具体操作方法是：如奥康在深圳、重庆生产加工的鞋子无需托运回温州总部，只需温州总部派出质检人员前往生产厂家进行质量检验，质量合格后生产厂家就可直接从当地向奥康各省级公司进行发货，再由省级公司向各营销点进行分销。

　　奥康集团总裁王振滔表示，当时机成熟时，奥康完全可以撤销省级的仓库，借用别人的工厂和仓库来存储奥康的产品，甚至可以直接从生产厂家将产品发往当地直销点。这样，既节省大量人力、物力、财力，又节省大量时间，使鞋子紧跟市场流行趋势。同时，可以大量减少库存甚至保持零库存。按照这样的设想，奥康在 30 多家省级公司不需要设置任何仓库，温州总部也只需设一个中转仓库就可以了。

2. 物流运营零成本

　　奥康提出的物流运营零成本并非是物流运营不花一分钱，只是通过一种有效的运营方式，最大限度地降低成本，提高产品利润。

　　现代市场的竞争，就是比谁看得准、谁下手狠。特别是对皮鞋行业而言，许多是季节性很强的产品，对这类产品，就是比时间、比速度。对一些畅销品种，如果能抢先对手一星期上货、一个月出货，就意味着抢先占领了市场。而对于市场的管理终极目的也在于此，如果

你的产品慢于对手一步，就会形成积压。

积压下来无法销售掉的鞋子将会进行降价处理，如此一来，利润减少，物流成本加大。实在处理不掉的鞋子，将统一打回总部，二次运输成本随之产生，物流成本也就在无形中增加了。据了解，奥康将一年分为8个季，鞋子基本上做到越季上市。一般情况下，在秋季尚未到来的半个月前，秋鞋必须摆上柜台。这在一定程度上考验奥康的开发设计能力，必须准确地把握产品的时尚潮流信息。为此，奥康在广州、米兰等地设立信息中心，将国际最前沿的流行信息在第一时间反馈到温州总部。这样就可以做到产品开发满足市场需求、减少库存、增加利润。

很多消费者可能都有这样一种经历，电视台上有些大打广告的产品，当你心动准备去购买的时候，跑遍了所在城市的每一个角落，也找不到它们的踪影。如此一来，信息成本加大，进一步导致利润降低。

奥康的广告策略是广告与产品同时上市或广告略迟于产品上市。这样做既可以使产品在上市之初进行预热，又可以收集到产品上市后的相关信息，有利于对返单的鞋子进行产品宣传及进一步的开发设计，达到高销量的要求。同时也降低了物流运营成本。

3. 物流配送零距离

以最短的时间、路程对产品进行配送。传统的库存管理主要通过手工做账与每月盘点的方法来实现，但面对当今市场高速运行、皮鞋季节分化日益明显的态势，不能及时清晰对库存结构及数量作出准确的反映，就会在企业的运营中出现非常被动的局面。有时你的库存处于警戒线上，你必须在一个月后，经过全国大盘点后才可以得知，而这时，当你想进行调整的时候已经有些晚了。

为此，奥康采用了用友U8系统，并于2005年在整个集团公司开始试用ERP系统。着手建立了全国营销的分销系统，为每个分公司、办事处配备计算机，并与总部计算机进行连接，使各网点与总部联网，最后达到信息快速共享的目的。

这样，总部与分公司、分公司与终端网点的信息沟通、反馈及处理就全部在计算机上操作完成。形成一个快速的信息反应链，这样每个销售分公司的销售网点每天的销售情况就一目了然了。

现在，无论到奥康全国任何一个分公司、办事处的任何一台计算机上，都可以了解到公司产品的库存总数、当天销售、累计销售、某一类型产品的数量及尺码，总部对一些畅销品种就能马上作出反应，打好时间仗，产品的南货北调迅速完成。促进了总部的决策活动与全国物流整体把握，把全国物流风险降低，提高整体的经济效益。

据了解，奥康现在除了在台湾、香港、澳门三地没有设立营销机构外，在全国31个省市、自治区都拥有自己的营销网络，106个营销机构，2 000多家连锁专卖店，1 000多家店中店，并在意大利的米兰成立了境外分公司，在西班牙的马德里设立了办事处。强大的终端网络，促使奥康物流"能流"、"速流"。现在，奥康产品三天之内就可以通过专卖店及商场专柜等终端出现在消费者面前，实现了营销工作的第一步"买得到"。

同样一款夏季凉鞋，出现在吉林和海南两地市场上的时间差绝不会超过一天，出现在浙江和北京市场上的时间差不会超过两天，只有这种完善的营销网络才能做到物畅其流。

案例思考题：阅读以上的材料，奥康公司是如何实现物流低成本运作的？

第8章

物流绩效管理与成本绩效评价

本章要点

- 理解物流绩效管理的含义；
- 掌握企业物流绩效管理总体程序；
- 理解企业物流绩效计划、组织及协调与控制；
- 掌握平衡计分卡方法及与 SWOT 法的集成运用；
- 掌握物流成本绩效评价的步骤与原则；
- 掌握物流成本绩效评价主要指标的计算。

开篇案例

某公司甲、乙两客户每季度都从公司购买 100 件产品。但甲每次订 20 件，而乙每次订 25 件。由于公司产品 20 件装箱，对乙的订货还需使用散装货。表面上公司似乎能从乙客户获得更多利润，因为他只订 4 次货。但经过成本核算发现，公司由于为乙客户提供了散装货服务，较之甲客户为乙客户多提供了 20 个散装产品的挑选、移动作业，结果使为乙客户供货实际物流成本比甲客户高。如果没有将成本与服务综合考虑，很可能会得出公司从乙客户得到的利润与甲客户一样多或比甲客户更多的结论。

思考题：阅读以上材料，请思考该公司应从哪些方面对物流成本进行绩效评价？

8.1 企业物流绩效管理概述

8.1.1 绩效管理的含义

绩效可看做是业绩和效率的总称，它包括作业活动过程的效率和作业活动的效果两层含义，指的是一定经营期间的企业经营效益和经营者的业绩。绩效既可以看做是一个过程，也可以看做是该过程产生的结果。

- 从管理学的角度看，绩效是组织期望的结果，是组织为实现其目标而展现在不同层面的有效输出，它包括个人绩效和组织绩效两个方面。
- 从经济学的角度看，绩效与薪酬是员工和组织之间的对等承诺关系，绩效是员工对组织的承诺，薪酬是组织对员工所作出的承诺。
- 从社会学的角度看，绩效意味着每个社会成员按照社会分工所确定的角色承担他的那份责任。他的生存权利是由其他人的绩效保证的，而他的绩效又保障其他人的生存权利。

绩效管理（Performance Management）是通过对企业战略的建立、目标分解和业绩评价，将绩效成绩用于企业日程管理活动中，以激励员工业绩持续改进并最终实现组织战略及目标的一种管理活动。也有学者认为，由于绩效管理由许多内在因素组成，如考核主体、考核目标、培训、流程、信息确认、考核结果与结果应用等，因此可以把绩效管理看做是一种投资行为。但它又是在传统的绩效评估（Performance Appraisal）基础上发展起来的。

绩效评估的历史悠久，在西方工业领域，罗伯特·欧文斯最先于19世纪初将绩效评估引入苏格兰，美国军方于1813年开始采用绩效评估。绩效管理的初态是企业的绩效评估。随着经济与管理水平的发展，传统的绩效评估中只是静态地、孤立地对员工的业绩进行考核而与组织文化、战略目标等因素相脱离，注重评估过程和形式而不注重评估价值等缺陷日益明显。

在对传统绩效评估的基础上，现代绩效管理思想逐渐形成和发展起来。现代绩效管理是一个完整的系统，在这个系统中对员工和组织的绩效不仅是事后的评估，而且还包括制定目标和绩效计划，以提高员工的个体绩效和组织绩效，最终实现企业的整体战略目标，对其绩效进行监督、指导、评估、反馈及结果运用的完整过程。绩效管理与绩效评估之间的区别可以归纳为如表8-1所示的内容。

表 8-1　绩效管理与绩效评估的区别

区　别	绩效管理	绩效评估
着眼点	通过计划、组织、指挥、协调与控制等管理手段促使企业、部门及员工个人绩效的提高，以确保企业战略目标的实现	事后评价，着眼与上级对下级的控制
过　程	包含绩效计划制订、日程绩效指导与反馈、绩效考核及个人回报等	包含于绩效管理的过程中，属于绩效管理的一个环节
形　式	动态的、连续的考察	静态的、孤立的评估
方　法	完善的计划、监督和控制的手段与方法	静态的考核方法

8.1.2　物流绩效管理的作用

物流绩效管理是在满足客户服务要求条件下，在物流运作全过程中对物流成果与效用的产生、形成和评价所进行的计划、组织、协调与控制。本章所讨论的物流绩效管理是基于已制定的企业物流服务水平，监控管理企业物流战略目标及物流服务水平的实际执行情况，对执行过程中出现的问题进行统计、反馈，分析问题产生的原因，动态修正相关的指标与技术措施，进而修正企业物流服务水平或企业物流战略。

企业物流绩效管理在企业管理中的作用主要表现在以下几个方面。

1）强化企业物流成本管理以提高成本效益

企业所制定的物流服务水平与物流成本相对应，将物流成本指标分解至各工序、部门甚至员工，则可加强员工的物流成本意识，激发员工的成本效益意识，以促进企业实现成本效益的最大化。

2）有效监督企业所制定的物流服务水平的执行

企业经决策后确定企业合理的物流服务水平，分解后可得物流服务水平各影响指标的组合值，通过物流绩效评价体系对物流服务水平执行情况进行评价，从中寻找差距和分析原因，从而有效地监督执行既定的企业物流服务水平。

3）促使企业物流战略目标的实现

企业物流绩效评价指标体系是基于企业物流战略发展目标，逐层分解得来的，对企业、部门、员工及这些指标进行检验与监控。由于三层评价指标之间存在强相关关系，可以有力地促进企业物流战略目标的实现。

4）为管理者对员工进行指导、培养和激励提供条件

通过对企业部门、员工绩效的管理，可以使得企业管理者及时和准确地掌握员工的工作状态及其需要，从而制订相应的指导、培养方案，从物质或者精神方面对员工进行激励。

8.1.3　企业物流绩效管理总体程序

对企业物流绩效进行管理，首先应确立企业物流战略目标及相应的考核指标；其次确立物流相关对策和技术措施、物流部门绩效目标和物流部门考核指标；最后建立员工层面的绩效考核指标体系。至此，企业三层级物流绩效考核指标即已建立。接下来就应该按照绩效管理计划的内容，逐层推进和实施，对有关物流绩效数据进行分析，根据分析结果查找差距和问题产生的根源，进而对企业物流战略目标、物流相关对策和技术措施等进行修正。

企业物流绩效管理总体程序如图 8-1 所示。

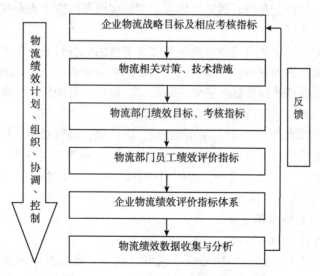

图 8-1　企业物流绩效管理总体程序图

物流绩效计划、组织、协调与控制贯穿于企业物流绩效管理的整个过程，其中，物流相关对策、技术措施的制定应基于企业物流战略发展目标与企业合理的物流服务水平，从企业物流战略目标的制定到物流绩效考核数据的收集与分析，都应属于物流绩效管理的内容。

8.2 企业物流绩效的评价、计划组织及协调控制

8.2.1 企业物流绩效评价

1. 企业物流绩效评价的含义

企业物流绩效评价是指为达到降低企业物流成本的目的，运用特定的企业物流绩效评价指标、比照统一的物流评价标准，采取相应的评价模型和评价计算方法，对企业对物流系统的投入和产效（产出和效益）所作出的客观、公正和准确的评判。对物流企业绩效评价进行研究，可以进一步丰富绩效评价理论，同时，绩效评价则是绩效管理的前提和基础。

物流绩效评价是对整个物流结构中特定过程进行的定量衡量，设计最佳的物流系统及其组成部分关键取决于进行绩效衡量的标准是什么。一个系统在这个标准下衡量很好，在另外一个标准下衡量就不一定好。我们的目标是要设计一个系统使它在多数选择的评价标准中都能满足要求或超过期望要求。

物流评价标准随系统定义范围（各种功能领域如：生产、分配、运输、保管和供货商的选择等）、不同领域的物流功能要求、定量评价及定义系统的能力的不同而不同。因此，设计评价标准的步骤一般有以下三步：

(1) 对需要评价的系统及其组分进行定义；

(2) 确定性能要求和系统的预期目标；

(3) 确定定量评价性能要求的准则。

理解各评价准则之间的关系也是很重要的，因为某一个或多个准则都可能影响另一评价准则的性能，例如，铁路上在按时送达货物方面的顾客服务取决于火车按时到达或离开的时间、车站的服务时间等。

系统的评价能力对设计或改善物流系统是非常关键的。各行各业为了保持或增加自己的市场份额和利润不断改进各方面的工作，因为大家都明白建立一套合理的评价标准是任何组织成功的关键。成功的绩效评价标准通常非常清晰、简单、易理解，它能反映具体业务活动中重要的工作状况，既包括经济指标也包括非经济指标。

评价标准的重要性取决于所衡量的功能领域，某一评价因素对一个物流系统来说是主要的，而对另一个物流系统来说可能就是次要的。例如，运输管理者认为"业务处理错误率"和"库存调整的价值"是不太重要的，而他们打分最高的"及时送货"等标准在配送管理者看来却不应排在第一位。

2. 物流绩效评价的特点和分类

物流绩效评价应具有如下特点。

(1) 静态性和动态性相结合。物流绩效既可以是一个静态的评价结果，也可以是产生该结果的动态的活动过程。两者既可以单独地评价，也可以同时作为考核指标，这样充分体现了应用灵活的特点。

(2) 物流绩效评价应具有可组合性和可分解性。

(3) 物流绩效评价系统应该具有完整性、开放性等特点。

物流评价标准用来测试各物流功能组织内、外部的工作绩效，衡量标准重点在时间、质

量、可得性、费用、利润和可靠性等方面。物流绩效评价分为内部绩效评价和外部绩效评价。

内部绩效衡量系统或物流系统内部各成分，如生产工厂、仓库和运输设备等，其指标包括机器利用率、仓库存储量和卡车利用率等。外部绩效评价是非物流组织对预期目标的反映，如顾客、股票市场、政府和第三方代理商等。外部绩效衡量指标包括次品修复时间、配送频率、货物及时送达的比率等。外部绩效衡量取决于所包括的外部实体单位。一个顾客购买某一公司的服务，服务可以用时间、费用和质量等指标来衡量。对于一个银行或投资公司，服务重点放在系统水平绩效上，可以看出内部绩效影响外部绩效，运输中及时送货的比例是一个外部评价标准，然而，它受内部评价标准（如，送货车及时出发、车辆可靠性、在路上的时间比例等）的影响。外部绩效是典型的经济方面，并面向服务的物流评价标准。

物流绩效评价研究的目的是为了通过绩效评价找到物流运作的薄弱环节，通过持续改进从而更好地实现物流目标。一般的物流绩效改进措施有以下几点。

（1）优秀的物流绩效基于测量评估—计划—改进循环的有效性。所以，要建立有效的物流绩效管理体系，要确保有效的监督和交流系统。

（2）整合物流功能，包括内部整合与外部整合，实现物流绩效改进。实证研究发现，物流整合与物流绩效改进有显著相关性。内部物流整合成功的重要因素包括高层管理者支持、公司范围内的承诺/态度变革、组合内的交流与培训、切实的计划、好的信息获取、支持顾客服务的系统设计、易于使用与系统柔性、成本收益比率等；与外部的整合就是要实施供应链管理，建立实时、互动、共享的集成信息平台。

（3）加强顾客关系管理、知识管理。通过关系管理和知识管理，获取与共享信息和知识及顾客的感知，寻找企业与顾客感知差距，从而缩小与顾客感知的差距，改进物流绩效。

（4）建立与供应商、三方物流提供商的战略伙伴关系，帮助他们改进物流绩效。

8.2.2 企业物流绩效计划

企业物流绩效计划是指物流绩效考核负责人对应该实现的工作绩效进行计划、确定的过程。企业物流绩效计划包括以下几个方面：

（1）确定绩效管理的目标及其步骤；

（2）数据收集；

（3）建立绩效考核指标体系；

（4）确定评估周期等。

数据资料的收集主要应考虑以下几个方面的内容：

1）收集哪些数据

收集的数据包括涉及企业物流战略的一些外部环境数据、企业历史经营情况和技术措施、员工对企业的满意度和相关建议等。

2）由谁收集数据

数据的收集应当由物流绩效管理负责人（一般为企业高级管理人员）统一安排，由物流绩效推进团队内部的有关负责人员进行收集。

3）收集的数据交给谁

有关数据收集后应交由负责制订物流绩效计划的团队进行分析。

对于绩效评估周期的确定，不同层面的考核周期是应该不相同的，一般企业级的绩效考核周期为年度考核，部门级的考核周期可以为季度考核加上年度考核，员工级的考核周期为月度考核加上年度考核。总体的趋势为三个层面的监控周期和监控频度从上往下逐渐加大，其主要原因有以下两个。

（1）员工是具体工作的执行者，其工作质量的高低直接决定了部门和企业的绩效，加强对员工工作的监控和指导，在最短时间内发现问题、解决问题，及时纠正他们可能出现的失误和偏差，可最大限度地确保员工工作与部门和企业工作的一致性和吻合性。

（2）企业高级物流管理人员的工作以决策为主，面临的问题非常复杂，所作决策对企业影响甚大且实施过程也相对较长；部门经理以部门内部管理为主，是有关决策的具体执行负责人，工作具有一定的综合性，但影响主要限于一个部门内；而员工以具体执行为主，工作相对单纯且影响相对最小。这三个层级人员所从事的工作的效果的显现周期从上至下依次缩短，决定了他们各自绩效评估周期的差异性。

8.2.3 企业物流绩效管理的组织、协调与控制

1. 企业物流绩效管理组织工作注意事项

（1）组建企业物流绩效管理团队并明确负责人及相关人员的责任；

（2）企业物流绩效管理计划必须逐层推进和实施；

（3）注意物流绩效考核的周期性，在一个周期过后应根据实际情况进行调整，有时还需对物流绩效管理的流程进行重新分析。

2. 企业物流绩效管理的协调

物流绩效协调部分应实现两大功能：评价功能和沟通功能。

评价功能是指考核者根据客观事实对被考核者进行评价，给出一个正确的考核结果。沟通功能是指通过沟通，改善及增强考核者与被考核者上下级之间的融洽关系，分析、确认、显示被考核者的强项及优缺点，帮助被考核者善用强项克服弱点，明确被考核者训练及发展的需要，以便日后更加出色有效地完成工作。

在进行部门及员工层面绩效考核指标的确定时，物流绩效管理团队也应与部门及内部员工层级人员进行沟通，共同制订考核计划。

3. 企业物流绩效的控制

对物流绩效的控制，也就是在考核期内对企业物流绩效进行评价后，要分析其结果与计划或标准之间的差距，再根据指标间的因果关系，追根溯源，动态地对物流服务评价指标、物流绩效目标、物流对策与技术措施、企业物流战略目标等进行修正。

8.3　平衡计分卡与 SWOT 的集成运用

8.3.1　SWOT 及平衡计分卡概述

随着企业绩效管理日益受到国内外专家学者及企业管理者的重视，用于绩效评价的方法也越来越多，它们大致可分为定性和定量两类。

定性分析方法主要有 KPI 考核法、标杆法、工作标准法、叙述评价法、量表测评法、每日评法、记录法、关键事件记录评价法、目标管理法、强制比例分布法和配对比较法等，它们主要侧重于绩效指标的制定和绩效考核方法的选择。

定量分析法主要有灰色分析法、主成分分析法、类加权主成分分析法、EDA 分析和 AHP – 模糊综合评价法等，主要侧重于绩效考核数据的分析和对绩效考核结果进行评价。

上述方法各有侧重，也各有利弊。此外，还有一种很好的绩效管理方法——平衡计分卡。它能够有效地平衡财务指标与非财务指标、短期指标与长期指标、前置指标与滞后指标、内部指标与外部指标之间的关系，但单独使用不一定能够产生很好的效果。采用集成运用 SWOT 和平衡计分卡两种方法，可以更为有效地加强对企业物流绩效的管理。

SWOT 和平衡计分卡这两种方法各有其优势并存在不同管理过程的适用性差异。SWOT 适用于"事前计划"，平衡计分卡则更适用于"事中控制"和"事后评价"，而集成运用 SWOT 和平衡计分卡要比单独地使用其中任何一种方法制定、执行企业物流战略与对策措施显然要更加科学合理。

在企业物流绩效管理的实践中，若要有效地集成运用 SWOT 和平衡计分卡，关键在于掌握 SWOT 和平衡计分卡两者衔接使用的正确流程，能够将企业物流战略按照平衡计分卡的原理分解为具体的、可操作的物流相关对策和技术措施及相应的考核指标体系等，并充分利用绩效评价结果的有关信息调整物流绩效目标与技术措施及相应的指标体系，进而对企业物流战略、企业物流服务水平等实行修正。

1. SWOT

SWOT 是一种态势分析法，最早由 Learned 等人于 1965 年提出，但最初只是孤立地对内部优势、劣势，外部机会、威胁加以分析。经过多年的应用发展及其理念的不断提升，SWOT 已经成为一种将这些似乎独立的因素相互匹配起来进行系统分析的理论研究方法和管理工具，使得企业战略的制定更加科学全面。

这种分析法的关键是通过分析企业自身的优势和劣势，以及面临的机会和威胁，将所确认的企业内部优势、劣势与外部机会、威胁进行匹配，形成战略地位评估矩阵（如图 8 – 2 所示），以此制定或修改企业的物流发展战略。

SWOT 是企业物流战略规划中常用的方法，其主要优势如下。

（1）能够系统、全面地分析影响企业物流战略的各种因素。制定战略时企业决策者应系统、全面地考虑到企业内部优势、劣势与外部机会、威胁这些变化因素。SWOT 用系统的思想将这些似乎独立的因素相互匹配而进行综合分析，从大方向上避免遗漏上述某类信息或孤立地对它们加以分析而产生的错误，有利于对企业所处环境进行全面、系统和准确的分析。

SWOT	内部优势（S） 1）…… 2）…… ……	内部劣势（W） 1）…… 2）…… ……
外部机会（O） 1）…… 2）…… ……	SO战略 依靠内部优势 利用外部机会	WO战略 利用外部机会 克服内部劣势
外部威胁（T） 1）…… 2）…… ……	ST战略 依靠内部优势 回避外部威胁	WT战略 减少内部劣势 回避外部威胁

图 8 - 2　SWOT 的战略地位评估矩阵

SWOT 对企业物流战略决策需要的信息做了两个区分。

①内外区分，即将企业自身信息与其所处环境的信息进行区分。

②利弊区分，即对有利于企业的内部优势、外部机会与有害于企业的内部劣势和外部威胁进行区分。

这一分类大大明晰和简化了企业制定物流战略时需要掌握的信息及其来源。

（2）SWOT 本身简单直观但内涵丰富宽泛，根据不同需要，企业决策者利用该法既可通过粗略分析明确大致的方向，也可通过深度调查研究进而得出翔实可靠的依据和明晰的结论。

SWOT 是一种相对静态而以定性分析为主的方法，且难有判别优势、劣势、威胁和机会的客观标准，该法的最终运用效果取决于分析决策者对企业及其所处外部环境的认知程度。SWOT 特别适合于在企业外部环境相对稳定的时期对企业进行长期战略规划，而在企业外部环境动荡时期，使用 SWOT 的物流战略在其实施过程中就有可能需要进行一定范围的修正甚至启动新一轮的物流战略计划。

2. 平衡计分卡

平衡计分卡（Balanced Score Card，BSC）是 Kaplan 教授与 Norton 博士于 1992 年提出的一种企业绩效评价方法。《哈佛商业评论》在庆祝创刊 80 周年之际（2002 年），经评选推出了"过去 80 年来最具影响力的十大管理理念"，其中 BSC 位居第二。平衡计分卡是绩效管理中的一种新思路，适用于对部门的团队考核。

平衡计分卡打破了传统的单一使用财务指标衡量业绩的方法。而是在财务指标的基础上加入了未来驱动因素，即客户因素、内部业务流程和员工的学习成长。有数据表明，全球前 500 强企业有 80% 以上都在使用 BSC，在我国也有越来越多的企业开始使用这种方法。

平衡计分卡方法的关键在于将企业战略目标逐层分解转化为财务、客户、内部业务流程、学习与创新四个方面的绩效考核指标体系，并对这些指标的实现状况进行不同时段的考核，从而为企业实施战略建立起可靠的执行基础。

平衡计分卡的核心思想就是通过财务、客户、内部业务流程及学习与发展四个方面的指标之间的相互驱动的因果关系展现组织的战略轨迹，实现绩效考核、绩效改进及战略实施、战略修正的战略目标过程。它把绩效考核的地位上升到组织的战略层面，使之成为组织战略的实施工具。

　　平衡计分卡反映了财务、非财务衡量方法之间的平衡，长期目标与短期目标之间的平衡，外部和内部的平衡，结果和过程平衡，管理业绩和经营业绩的平衡等多个方面。所以能反映组织综合经营状况，使业绩评价趋于平衡和完善，利于组织长期发展。平衡计分卡最大的优点在于：它从企业的四个方面来建立衡量体系：财务、客户、内部业务流程和人员的培养和开发。这四个方面是相互联系、相互影响的，其他三类指标的实现，最终保证了财务指标的实现。同时平衡计分卡方法下设立的考核指标既包括了对过去业绩的考核，也包括了对未来业绩的考核。如图 8 - 3 所示。

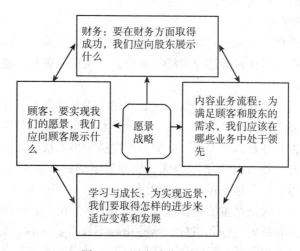

图 8 - 3　平衡计分卡框架图

　　平衡计分卡方法中，在客户方面，管理者确认了组织将要参与竞争的客户和市场部分，并将目标转换成一组指标。如市场份额、客户留住率、客户获得率、顾客满意度、顾客获利水平等。BSC 中的内部业务流程方面，为吸引和留住目标市场上的客户，满足股东对财务回报的要求，管理者需关注对客户满意度和实现组织财务目标影响最大的那些内部业务流程，并为此设立衡量指标。在这方面，BSC 重视的不是单纯的现有业务流程的改善，而是以确认客户和股东的要求为起点、满足客户和股东要求为终点的全新的内部业务流程。BSC 中在学习和成长方面确认了组织为了实现长期的业绩而必须进行的对未来的投资，包括对雇员的能力、组织的信息系统等方面的衡量。组织在上述各方面的成功必须转化为财务上的最终成功。产品质量、完成订单时间、生产率、新产品开发和客户满意度方面的改进只有转化为销售额的增加、经营费用的减少和资产周转率的提高，才能为组织带来利益。因此，BSC 的财务方面列示了组织的财务目标，并衡量战略的实施和执行是否在为最终的经营成果的改善作出贡献。BSC 中的目标和衡量指标是相互联系的，这种联系不仅包括因果关系，而且包括结果的衡量和引起结果的过程的衡量相结合，最终反映组织战略。

　　平衡计分卡的设计包括四个方面：财务角度、客户角度、内部业务流程、学习和成长。这几个角度分别代表企业三个主要的利益相关者：股东、客户、员工，每个角度的重要性取决于角度本身和指标的选择是否与公司战略相一致。其中每一个方面，都有其核心内容。

1）财务层面

财务业绩指标可以显示企业的战略及其实施和执行是否对改善企业盈利作出贡献。财务指标通常与获利能力有关，其衡量指标有营业收入、投资回报率、经济增加值等，也可能是销售额的迅速提高或创造现金流量。

2）客户层面

在平衡计分卡的客户层面，管理者确立了与其业务单位竞争的客户和市场，以及业务单位在这些目标客户和市场中的衡量指标。客户层面指标通常包括客户满意度、客户保持率、客户获得率、客户盈利率，以及在目标市场中所占的份额。客户层面使业务单位的管理者能够阐明客户和市场战略，从而创造出出色的财务回报。

3）内部业务流程层面

在这一层面上，管理者要确认组织必须擅长的关键的业务流程，这些流程帮助业务单位提供价值主张，以吸引和留住目标细分市场的客户，并满足股东对卓越财务回报的期望。

4）学习与成长层面

它确立了企业要创造长期的成长和改善所必须建立的基础框架，确立了目前和未来成功的关键因素。平衡计分卡的前三个层面一般会揭示企业的实际能力与实现突破性业绩所必需的能力之间的差距，为了弥补这个差距，企业必须投资于员工技术的再造、组织程序和日常工作的理顺，这些都是平衡计分卡学习与成长层面追求的目标。如员工满意度、员工保持率、员工培训和技能等，以及这些指标的驱动因素。

最好的平衡计分卡不仅仅是重要指标或重要成功因素的集合。一份结构严谨的平衡计分卡应当包含一系列相互联系的目标和指标，这些指标不仅前后一致，而且互相强化。例如，投资回报率是平衡计分卡的财务指标，这一指标的驱动因素可能是客户的重复采购和销售量的增加，而这两者是客户的满意度带来的结果。因此，客户满意度被纳入计分卡的客户层面。通过对客户偏好的分析显示，客户比较重视按时交货率这个指标，因此，按时交付程度的提高会带来更高的客户满意度，进而引起财务业绩的提高。于是，客户满意度和按时交货率都被纳入平衡计分卡的客户层面。而较佳的按时交货率又通过缩短经营周期并提高内部过程质量来实现，因此这两个因素就成为平衡计分卡的内部业务流程指标。进而，企业要改善内部业务流程质量并缩短周期的实现又需要培训员工并提高他们的技术水平，员工技术水平成为学习与成长层面的目标。这就是一个完整的因果关系链，贯穿平衡计分卡的四个层面。

平衡计分卡通过因果关系提供了把战略转化为可操作内容的一个框架。根据因果关系，对企业的战略目标进行划分，可以分解为实现企业战略目标的几个子目标，这些子目标是各个部门的目标，同样各中级目标或评价指标可以根据因果关系继续细分直至最终形成可以指导个人行动的绩效指标和目标。

平衡计分卡方法应用于企业管理的突出贡献和特色在于：首先把企业战略置于评价与考核的中心位置，然后再将其转化为兼顾长期目标与短期财务指标与非财务指标、滞后指标与先行指标、外部指标与内部指标的考核指标体系，既强调目标与结果，又能通过对有关指标变化的对比分析得出结果的动因及其形成过程。该方法具有如下主要优势。

（1）平衡计分卡方法所涉及的四项内容都是企业未来发展成功的关键要素，它提供的管理报告将看似不相关的要素有机结合在一起，但能使企业决策者快速、全面地掌握企业现状。

（2）平衡计分卡方法通过对企业各要素的组合，使得决策者能综合考虑企业各职能部门在运营中的不同作用与功能。

（3）平衡计分卡方法突出战略目标和激励动因的结合，鼓励企业员工创造性地（而非被动地）实现目标，可有效形成企业的激励机制。

（4）平衡计分卡方法强调动态管理，可通过定期反馈及时发现企业运作中存在的问题。

（5）评价指标体系全面而具体，平衡计分卡方法的评价指标体系包含了财务指标及非财务指标，能够对企业的经营业绩和竞争能力进行系统的评价。

平衡计分卡在业绩考核层面运用时，是对传统绩效评价方法的一种突破，但是不可避免地也存在自身的一些缺点。考核指标体系覆盖面较大，指标计算及评价较烦琐，工作量大，实施成本高；若考核指标之间不呈正相关关系，可能会使企业发展误入歧途等。

（1）实施难度大。平衡计分卡的实施要求企业有明确的组织战略；高层管理者具备分解和沟通战略的能力和意愿；中高层管理者具有指标创新的能力和意愿。因此管理基础差的企业不可以直接引入平衡计分卡，必须先提高自己的管理水平，才能循序渐进地引进平衡计分卡。

（2）指标体系的建立较困难。平衡计分卡对传统业绩评价体系的突破就在于它引进了非财务指标，克服了单一依靠财务指标评价的局限性。然而，这又带来了其他问题，即如何建立非财务指标体系、如何确立非财务指标的标准及如何评价非财务指标。财务指标的确立是比较容易的，而其他三个方面指标的确立则比较难，需要企业长期探索和总结。而且不同的企业面临着不同的竞争环境，需要不同的战略，进而设定不同的目标，因此在运用平衡计分卡时，要求企业的管理层根据企业的战略、运营的主要业务和外部环境加以仔细斟酌。

（3）指标数量过多。指标数量过多，指标间的因果关系很难做到真实、明确。

平衡计分卡涉及财务、客户、内部业务流程、学习与成长四个业绩评价指标，按照 Kap-klan 的说法，合适的指标数目是 20～25 个。其中，财务角度 5 个，客户角度 5 个，内部业务流程角度 8～10 个，学习与成长角度 5 个。如果指标之间不是呈完全正相关的关系，在评价最终结果的时候，应该选择哪个指标作为评价的依据，如果舍掉部分指标，是不是会导致业绩评价的不完整性，这些都是在应用平衡计分卡时要考虑的问题。

平衡计分卡对战略的贯彻基于各个指标间明确、真实的因果关系，但贯穿平衡计分卡的因果关系链很难做到真实、可靠，就连它的创立者都认为"要想积累足够的数据去证明平衡计分卡各指标之间存在显著的相关关系和因果关系，可能需要很长的时间，可能要几个月或者几年。在短期内经理对战略影响的评价，不得不依靠主观的定性判断"。而且，如果竞争环境发生了剧烈的变化，原来的战略及与之适应的评价指标可能会丧失有效性，从而需要重新修订。

（4）各指标权重的分配比较困难。要对企业业绩进行评价，就必然要综合考虑上述四个层面的因素，这就涉及一个权重分配问题。更使问题复杂的是，不但要在不同层面之间分配权重，而且要在同一层面的不同指标之间分配权重。不同的层面及同一层面的不同指标分配的权重不同，将可能会导致不同的评价结果。而且平衡计分卡也没有说明针对不同的发展阶段与战略需要确定指标权重的方法，故而权重的制定并没有一个客观标准，这就不可避免地使得权重的分配有浓厚的主观色彩。

（5）部分指标的量化工作难以落实。尤其是对于部分很抽象的非财务指标的量化工作非常困难，如客户指标中的客户满意程度和客户保持程度如何量化，再如员工的学习与成长指标及员工对工作的满意度如何量化等。这也使得在评价企业业绩的时候，不可避免地带有主观的因素。

（6）实施成本大。平衡计分卡要求企业从财务、客户、内部业务流程、学习与成长四个方面考虑战略目标的实施，并为每个方面制定详细而明确的目标和指标。在对战略的深刻理解外，需要消耗大量精力和时间把它分解到部门，并找出恰当的指标。而落实到最后，指标可能会多达 15～20 个，考核与收集数据，也是一个不轻的负担。并且平衡计分卡的执行也是一个耗费资源的过程。一份典型的平衡计分卡需要 3～6 个月去执行，另外还需要几个月去调整结构，使其规范化。从而总的开发时间经常需要一年或更长的时间。

SWOT 和平衡计分卡方法（BSC）的特点对比如表 8 - 2 所示。

表 8 - 2　SWOT 与 BSC 的特点对比

对比项目	SWOT	平衡计分卡（BSC）
优势及适用性	适合在企业外部环境相对稳定时期对企业进行战略规划；能够系统地、全面地分析影响企业战略的各种因素；明晰和简化了需要掌握的信息及其来源；直观、具体而又内涵丰富	提供的管理报告将涉及企业未来发展成功的关键要素有机结合在一起；决策者能够综合考虑企业各职能部门在运营中的不同作用与功能；评价指标体系全面且是一种动态管理；强调战略目标和激励动因的结合
缺陷及局限性	相对静态而以定性分析为主的方法；难有判别优势、劣势、威胁和机会的客观标准；运用效果取决于分析决策者对企业及其所处外部环境的认知程度	评价函数中权重的选择和确定主观性强；指标计算及评价较烦琐、工作量大、实施成本高；若测评指标之间不呈正相关关系，决策者往往会失去行为准则而茫然失措

8.3.2　SWOT 与平衡计分卡的集成运用过程

从 SWOT 与平衡计分卡的特点可以看出，两者分别适用于一定的范围。将 SWOT 和平衡计分卡进行集成运用有助于处理好企业物流管理中的"抬头看路"与"低头拉车"的关系，必须在把握方向的基础上"正确地做事"，避免出现"只低头拉车而不抬头看路"带来的问题。而使用 SWOT 可以有力地支持企业高屋建瓴地决策做"正确"的事，运用平衡计分卡是帮助企业"正确地做事"的有效管理工具，两者若能够集成运用和紧密衔接，就可避免企业物流战略与企业日常物流运作互相脱节的问题，达到相辅相成、相得益彰的效果。

企业物流绩效评估中 SWOT 与平衡计分卡（BSC）集成运用过程如图 8 - 4 所示。

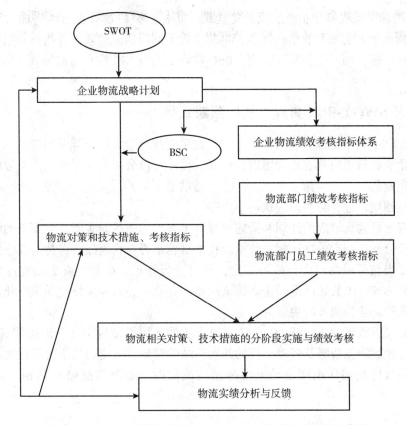

图 8 - 4　企业物流绩效评估 SWOT 与 BSC 集成运用过程示意图

其基本过程和步骤描述如下。

（1）运用 SWOT 分析法对企业目前所处物流环境的优势、劣势、机遇与挑战进行分析归纳，由有关专家、企业 CEO 和高层管理者等共同制定适合企业目前状况的物流战略发展目标，决策合理的物流服务水平，然后对企业物流战略目标进行分解，运用 BSC 分财务、客户、内部业务流程、学习与成长四个维度制定企业物流战略子目标、物流对策和技术措施和企业层面物流绩效评价指标。

（2）确立物流部门的物流绩效目标，并采用矩阵分析法选取与物流部门强相关的指标作为物流部门的 KPI 指标（与物流部门没有强相关关系的视为与物流部门无关，因为指标考虑越多，可能导致主次不分或绩效考核成本增大，因此一个维度通常宜选用 5~8 个部门有强相关关系的指标作为关键评价指标），并辅以依据部门职责、部门绩效目标、部门内部利益相关者关注点和企业管理制度来制定的 CPI（Common Performance Indicator）指标，建立物流部门层面的绩效评价指标体系。

（3）将制定好的物流部门层面的绩效目标与绩效评价指标体系分解至各个员工，并依据员工职责、部门职责和企业管理制度来制定 CPI，建立员工层面的绩效评价指标体系。

（4）对物流实绩进行分析与反馈。它是物流绩效管理中体现 SWOT-BSC 集成方法使用效果的关键环节。

采用 SWOT-BSC 集成方法的关键是对企业实行物流绩效管理时必须根据企业物流战略

规划和 BSC 的四个维度制定企业层面的物流绩效指标，并将物流服务水平的关键测评指标及物流成本指标纳入物流绩效指标体系，再制定物流部门物流绩效评价指标和物流部门内部员工绩效评价指标，而不是相反。否则，BSC 就将成为与 KPI 没有区别的战略实施计划检测工具。

8.3.3 运用 SWOT-BSC 集成方法的预期效果

通过对 SWOT 与平衡计分卡的集成运用，在平衡计分卡方法框架下制定的物流绩效考核指标体系与企业物流战略具有更为紧密的联系，借此可以分析改善企业物流绩效的目的是否已经达到、企业新的产品（服务），是否已经提供给了客户、员工，是否接受了相应培训、物流绩效未达预期目标，是否因为执行不力等。

如果所有改善物流绩效的计划和措施都得到了有力的执行和实施，但预期的物流目标仍未达到，则应分析所制定的物流相关政策及技术措施是否与物流战略保持高度一致，否则企业应重新审视当初所做的调查分析与结论，及时进行修正。在对物流实绩进行分析和反馈后，可循环使用 SWOT 修正既定的企业物流战略或在企业经营环境发生较大变化的情况下重新启动新一轮的企业物流战略规划的制定。

在企业物流绩效管理中，SWOT-BSC 集成方法的运用可使得企业管理层能够由被动地、僵化地执行企业的物流战略及将单一目的的物流绩效管理，转变为基于阶段性物流战略执行效果和物流绩效的反馈作用而主动灵活地制定或修改企业物流战略及其相关对策和管理措施。

8.4　物流成本绩效评价

8.4.1　物流成本绩效评价的步骤与原则

物流活动进行了一段时间，需要对成本效益进行评价，以便发现问题，及时反馈。物流成本绩效评价的一般实施步骤如下。

1）确定评价工作组织机构

评价组织机构直接组织实施评价活动，负责成立评价工作组。如果需要，评价组织机构还可选聘有关专家作为工作的咨询顾问。参加评价工作的成员应具备以下基本条件。

（1）具有较丰富的物流管理、财务会计、资产管理等专业知识。

（2）熟悉物流成本绩效评价业务，有较强的综合分析判断能力。

（3）评价工作主持人应有较长时间的经济管理工作经历，并能坚持原则，秉公办事。

2）制订评价工作方案

由评价工作组制订评价工作方案，确定以下内容。

（1）评价对象。不同的企业可能具有不同的物流活动，因此必须首先确定企业的具体物流环节，明确评价工作的对象。当对物流企业进行成本绩效评价时，评价对象就是整个物流企业。

（2）评价目标。物流成本绩效评价目标是整个评价工作的指南和目的。不同的评价目标决定了不同的评价指标、评价标准和评价方法的选择，其报告形式也不相同。

（3）评价指标。评价指标是评价对象对应于评价目标的具体考核内容，是评价方案的重点和关键。评价指标分为物流作业评价指标、物流企业评价指标等。

（4）评价标准。物流成本绩效评价标准取决于它的评价目标，常用的评价标准有年度预算标准、竞争对手标准等。

（5）评价方法。有了评价指标和评价标准，还需要一定的方法对评价指标和评价标准进行实际运用，以取得公正合理的评价结果。在物流成本绩效评价中常采用定量方法。

（6）报告形式。根据评价目标，确定最终需要形成的绩效报告形式，如成本—服务报告、趋势报告等。

3）收集和整理基础资料和数据

根据评价工作方面的要求及评分需要收集、核实和整理基础资料和数据，包括各项具体物流作业的基础数据；其他企业的评价方法及评价标准；企业以前年度的物流成本绩效评价的报告资料等。

4）评价计分

这是绩效评价过程的关键步骤。根据评价工作方案确定的评价方法，利用收集整理的资料数据计算评价指标的实际值。

5）编制报告

按评价工作方案确定的报告形式，填写相应的评价指标值，并对评价指标数据进行分析，结合相关资料，得出评价结论。

6）评价工作总结

将评价工作背景、时间地点、基本情况、工作中的问题及措施、工作建议等形成书面材料，建立评价工作档案。

必须注意的是，在进行物流成本绩效评价的过程中，需要牢牢把握以下原则。

（1）成本与服务协调原则。要使成本与花费这些成本所提供的服务数量、质量带来的收益相匹配。为客户花费的额外成本要分配到所提供的额外订单上。这样才能真正反映成本与服务的利益互换关系，从而确认和协调成本与收益，得出正确的评价总论。

（2）动态性原则。通过物流成本绩效评价，要能对未来时期的情况进行预测，并作出关键趋势判断。使得物流系统在突然失去控制前，通过成本评价信息，预见运作趋势的走向，并得出合理、正确的建议。

（3）例外性原则。物流活动涉及面广，内容繁多。通过评价，要能发现例外情况的存在，并使之与其他活动区别开，从而对这些需要解决的特定活动或作业进行更具深度的评价。

按上述步骤和原则进行物流成本绩效评价，可真正评估物流成本的绩效、发现问题，以便集中精力解决问题，起到帮助决策的作用。

8.4.2　物流成本绩效全面评价指标

计算出物流成本以后，可以计算以下各种全面分析指标。用这些指标同前年、大前年比较来考察企业物流成本的实际状况，如果可能，还可与同行业其他企业比较，或者与其他行业比较。

(1) 单位销售额物流成本率。单位销售额物流成本率越高，则其对价格的弹性越低，从本企业历年的数据中，大体可以了解其动向，另外，通过与同行业和行业外进行比较，可以进一步了解企业的物流成本水平。该比率受价格变动和交易条件变化的影响较大，因此作为考核指标还存在一定的缺陷。

单位销售额物流成本率计算公式为：

$$单位销售额物流成本率 = \frac{物流成本}{销售额} \times 100\%$$

(2) 单位成本物流成本率。这是考察物流成本占总成本比率的一个指标，一般作为企业内部的物流合理化目标或检查企业是否达到合理化目标的指标来使用，这个比率受原材料价格变动和工厂设备折旧影响较大。

单位成本物流成本率指标的计算公式为：

$$单位成本物流成本率 = \frac{物流成本}{总成本} \times 100\%$$

(3) 单位营业费用物流成本率。通过物流成本占营业费用（销售费用＋一般管理费用）的比率，可以判断企业物流成本的比重，而且，这个比率不受制造成本变动的影响，得出的数值比较稳定，因此，适合于做企业物流合理化指标。

单位营业费用成本率指标的计算公式为：

$$单位营业费用成本率 = \frac{物流成本}{销售费用 + 一般管理费用} \times 100\%$$

(4) 物流职能成本率。物流职能成本率指标可以明确包装、运输费、保管费、装卸费、流通加工费、信息流通费、物流管理费等各物流职能成本占物流总成本的比率。

物流职能成本率指标的计算公式为：

$$物流职能成本率 = \frac{物流职能成本}{物流总成本} \times 100\%$$

(5) 单位产品的物流成本。单位产品物流成本指标是指单位产品（服务）的物流成本，它不受产品价格变化和交易条件变化的影响，因此，广泛应用于企业内部管理。而且，通过历史数据的比较，可以比较准确地反映物流成本的实际变动情况和趋势。

单位产品物流成本指标的计算公式为：

$$单位产品的物流成本 = \frac{物流成本}{产品数量}$$

8.4.3　物流成本绩效详细评价指标

通过全面分析，可以了解物流成本的变化情况及变化趋势，但是对引起物流成本变化的原因，还要进一步按照职能分类，对物流成本进行详细分析，然后提出对策。通过对详细分析指标的序时分析或按企业内的部门、设施分类比较及与同行业企业进行比较，就可以掌握物流成本的发展趋势及其差异。

1）运输活动指标

运输活动指标主要包括运行周转率、单位车辆行驶三费（修理费、轮胎费、燃料费）单位运量运费、装载率、车辆开动率、单位车辆月行驶里程及损失率等指标。

$$运行周转率 = \frac{月总运行次数}{拥有辆数} \times 100\%$$

$$单位车辆行驶三费 = \frac{月实际行驶三费}{月总行驶里程}$$

$$行驶三费 = 修理费 + 内外胎费 + 燃料费$$

$$单位运量运费 = \frac{运输费}{运输总量}$$

$$装载率 = \frac{实际载重量}{标准载重量} \times 100\%$$

$$车辆开动率 = \frac{月总开动次数}{拥有辆数} \times 100\%$$

$$单位车辆月行驶里程 = \frac{月总行驶里程}{拥有辆数}$$

$$损失率 = \frac{经济损失之和}{运输业务收入} \times 100\%$$

或

$$损失率 = \frac{经济损失之和}{发运抵达商品总价值} \times 100\%$$

2）仓储活动指标

仓储活动指标主要包括仓储吨位成本、缺货率、库存周转次数、仓库利用率、投资费用率及商品缺损率等指标。

$$仓储吨位成本 = \frac{仓储费用}{库存量}$$

$$缺货率 = \frac{缺货次数}{顾客订货次数} \times 100\%$$

$$库存周转次数 = \frac{年出库金额（数量）}{平均库存金额（数量）}$$

$$仓库利用率 = \frac{库存商品实际数量或容量}{仓库应存数量或容量} \times 100\%$$

$$投资费用率 = \frac{投资费用}{单位库存/单位时间} \times 100\%$$

$$商品缺损率 = \frac{期内商品缺货量}{期内商品总数} \times 100\%$$

3）装卸活动指标

装卸活动指标主要包括装卸设备开工率、装卸效率、单位人时工作量及单位工作量装卸费等指标。

$$装卸设备开工率 = \frac{装卸设备实际开动时间}{装卸作业人时数}$$

$$装卸效率 = \frac{标准装卸作业人时数}{实际装卸作业人时数}$$

$$单位人时工作量 = \frac{总工作量}{装卸作业人时数}$$

（装卸作业人时数 = 作业人数 × 作业时间）

$$单位工作量装卸费 = \frac{装卸量}{总工作量}$$

用以上这些指标来考核、分析工作成绩，如果全面采取提高其各项指标水平的措施，多数情况下是不会取得预期效果的。因此，必须充分考虑有关因素之间的二律背反关系，抓住重点，采取对策，实现降低总体物流成本的目标。

8.4.4 物流成本绩效报告的编制

为了系统、扼要地反映物流成本经营绩效，在计算完物流成本后，需编制物流成本报告。需要编制的报告主要包括成本—服务报告、趋势报告及特别报告。

1）成本—服务报告

根据物流成本评价的成本—服务原则，需明确物流成本与服务之间的关系，为此应编制成本—服务报告。编制成本—服务报告应从以下几方面着手。

（1）分拨物流成本。分拨物流成本可能包括销售运输成本、产成品的仓储成本、装卸搬运成本、订单处理成本等。其中，运输成本通常包括产成品的入库和出库运输费、退货运费和延期交货运费。产成品的仓储成本包括产品持有成本、在途产品成本和存货过期成本等。根据需要，仓库里的装卸搬运成本和工厂里的装卸搬运成本可分开计算。订单处理成本往往包括客户订单、库存订单处理成本和延期交货订单处理成本。

（2）采购物流成本。采购物流成本的构成与分拨物流成本类似，也由运输成本、仓储成本、订单处理成本等组成。不过采购系统往往比分拨系统简单，成本种类也少些。

（3）客户服务水平。由于不能了解特定物流系统影响收入的过程，对客户服务水平只能以某些物理性度量方法来代替经济上的度量。分拨服务衡量指标通常包括平均现货比率、正常条件下订单周转时间和延期交货订单周转时间等。采购服务衡量指标可能是原材料缺货导致停工占可用生产时间的百分比等。

成本—服务报告显示了某一时期内总实物采购和实物分拨成本及所达到的相应客户服务水平，提供了为广泛进行物流控制所需要的某种类型的整体数据。

2）趋势报告

成本—服务报告不能反映物流活动效率和变化趋势，而物流管理层需要了解这方面的重要内容，因此需要编制趋势报告，编制趋势报告的步骤如下。

（1）选择用于反映物流活动成本绩效的指标，如运输活动指标、仓储活动指标等。

（2）根据需要，收集本期、上期或往年同期的数据。

（3）设计报表形式，填写报表。

趋势报告还可与同行业或其他行业平均水平比较，这样能够更清楚地评价企业的物流趋势。

3）特别报告

对于物流活动进行了分析和评价后，针对成本—服务报告和趋势报告中反映出的问题，进一步调查、研究，为改进工作提出特别报告。特别报告分为以下三类。

（1）为某个特定的运作态势提供详情的诊断报告。

（2）对现今或预期的问题，提供一个概括的选择性行动计划及相应结果的报告。常由部门经理提出，供决策层经理使用。

（3）关于政策修正的特别报告。一般由公司首席执行官指导或发起，内容几乎总是包括超越物流领域的活动。

特别报告针对问题，选择系统中的某些数据编制，能使管理层对内外部产生的变化，作出快速和有效的反应。

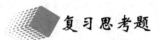 复习思考题

1. 什么是企业绩效管理？什么是物流绩效管理？
2. 企业物流绩效管理的总体程序是什么？
3. 什么是企业物流绩效评价？
4. 物流绩效评价体系有哪些特点？
5. 企业物流绩效计划应包含哪些方面？
6. 简述平衡计分卡方法在物流绩效评价中的运用。
7. SWOT与平衡计分卡方法在物流绩效评价中集成运用的基本步骤和过程是什么？
8. 简述物流成本绩效评价的一般实施步骤。
9. 物流成本绩效的常见的全面分析指标有哪些？
10. 物流成本绩效的常见的详细分析指标有哪些？

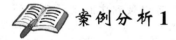 案例分析 1

深圳福保赛格公司物流绩效管理

深圳赛格储运有限公司下属的福保赛格实业有限公司（以下简称：福保赛格）。在深圳市福田保税区拥有28 000 m² 的保税仓库。公司的问题主要是保税仓库的固定资产超过8 000万元，而每年的利润却不到500万元，投资回报率太低。提高保税仓库工作人员士气，努力增强服务意识，注重品质提升；增大物流增值服务的比例，大幅提高仓租费以外的收入来源，争取到更多利润贡献率高的优质客户，淘汰利润率低的 C 类客户等都是亟待解决的问题。

1. 公司现状分析

福保赛格的主要客户包括日本理光国际通运有限公司、华立船务有限公司、柏灵顿国际物流有限公司、华润物流等近百家外资、港资物流企业和分布于珠三角地区的制造企业。福

保赛格面向这些企业，提供保税仓库的长租和短租服务，并附带从事流通加工等物流增值服务。福保赛格的在职员工约 40 名。包括 5 名管理人员，10 名左右的叉车工人和搬运工人，另外还有报关员、报检员、客户服务人员、仓库管理员、勤杂人员（含门卫和设备检修人员）等约 20 多人。

福保赛格的盈利模式是以仓库库位出租为核心的物流服务项目的收费。基本收费项目是仓租费。另外还有装车、卸车、并柜/拼箱，对货品进行贴标、缩膜/打板、换包装、简单加工（如分包、重新组合包装、简单装配等），以及代客户进行报关、报检等服务项目的收费。主要支出是人工、水电、仓储物资和设备折旧带来的维修维护费用等。

福田保税区的特点在于有通向香港落马洲的进出境通道（一号通道）和通向深圳市区的进出关通道（二号通道）。货物进出境只需向海关备案，而进出关则需要报关。客户可以利用保税区境内关外的政策优势，得到整批进境，分批入关的延迟纳税优惠和提前退税的好处。

2. 问题总结与整理

福保赛格的仓库主要是平面仓，有部分库区采用立体货架。以托盘为基本搬运单元，用叉车（及地牛）进行进出库搬运和库内搬运。一楼是越仓区，有五辆燃气动力的叉车。二楼到十楼为存储区，每层都有一到两辆电动叉车（用蓄电池驱动）。有两个大型货运电梯上下。车辆停靠的月台有十多个车位，可以停靠货柜车、厢式车等多种型号的运输车辆。

福保赛格目前仍然是以订单为驱动，以业务为中心进行运作的仓储服务企业。还没有转型到以客户服务为中心。在该公司管理层的推动下，公司上下全体员工已经树立了全面质量管理的理念，并以 ISO 9000 质量管理体系的要求建立了规范化的质量文档体系。但该公司尚未正式申请或通过 ISO 9000 质量体系认证。

3. 解决方案

福保赛格及其母公司赛格储运有限公司在 1999 年开发过一套基于 C/S 体系的管理信息系统，后因结算不准确、系统灵活性差、不能适应业务变化等原因放弃使用了。自 2002 年年底到 2003 年年底，赛格储运有限公司与赛邦软件合作开发了一套全新的、基于 Web 的 B/S 体系的物流管理系统，覆盖了运输业务、仓储业务、财务结算等各个方面，从而实现了客户网上下单、网上查询订单处理状态、库存状态、账单明细等，可以做到实时结算和预约结算。

福保赛格面临的最大的问题是如何提高投资回报率。保税仓库的固定资产超过 8 000 万，而每年的利润却不到 500 万元。与运输业务相比（货柜车辆的固定资产只有 1 000 多万元，每年贡献的利润却达到 2 000 万元以上），投资回报率太低。

提高保税仓库区工作人员士气，努力增强服务意识，注重品质提升；增大物流增值服务的比例，大幅提高仓租费以外的收入来源，争取到更多利润贡献率高的优质客户，淘汰利润率低的 C 类客户等都是可能的解决途径。

为了使得公司能够上台阶，提高保税仓库的投资回报率，并在适当的时候通过 ISO 9000 认证，福保赛格希望通过内部实现全面质量管理来持续改进自己的管理流程，并通过信息化的手段来辅助管理的开展。

他们所考虑的思路与质量管理学大师戴明所持的观点有很大程度的吻合，首先他们希望建立现代的岗位培训制度，建立严谨的教育及培训计划。然后通过在部门中持续不断地开展培训和流程监控，消除内部部门之间的隔阂，提升所有员工主动为客户服务的意识，并且消除员工对于管理层的恐惧感，敢于提出自己的观点和看法；逐步取消妨碍基层员工的工作畅顺的因素及量化考核指标；并且通过最高层领导的积极参与，在企业内部形成一种计划、执行、检查、处理（PDCA）的全体员工认同的管理文化。

对外开发更多的高端客户，树立以客户为中心的意识（强烈关注客户的满意度），提出"要把服务做在客户没有想到之前"的口号。通过内部的管理流程挖潜和对外客户的优质增值服务来获得新的竞争优势。

案例思考题：阅读上面材料，请思考福保赛格公司在物流绩效管理中有哪些特点？

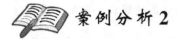 案例分析 2

近铁运通借助富勒解决方案实现精益化管理

近铁运通（KWE）是世界 500 强企业之一，近铁集团在北京设立的北京近铁运通运输有限公司是国内领先的现代化专业第三方物流企业。

日本近铁运通公司（Kintetsu Worldwide Express）是日本第二大专业物流公司。近铁集团创建于 1910 年，总部设在日本东京，分支机构遍布全球。KWE 以其半个世纪以来积累的经验、实力和信誉为全球客户提供专业化的运输、仓储、货运代理及其他综合性的物流服务。

项目背景：为了加速国内物流的发展，为客户提供更好的服务，KWE 从 2004 年年初启动了其全国物流信息系统的建设和推广计划，经过严格的评审，KWE 最终选择上海富勒信息科技有限公司（FLUX）作为其战略合作伙伴，在全国各物流中心循序渐进地推广实施仓储管理系统（WMS）和运输管理系统（TMS），在企业总部建立集成的物流管理平台、信息门户和 EDI 中心。经过近 5 年的不断完善和升级，整套系统在 KWE 的快速业务发展中发挥了重要的价值，并已经成为体现 KWE 核心竞争能力的最重要的平台。

对于一个集团化和网络化运营的物流企业，毫无疑问首先需要通过 WMS 和 TMS 管理每一个物流节点的物流作业，提升作业的效率，实现物流中心内的精益化管理。但更需要站在集团的高度，通过信息系统的支持对各物流节点的信息进行统一的采集、分析和监控，建立统一的信息系统接口和信息发布平台。基于这一战略思想，FLUX 协助 KWE 按照总体规划分步实施的策略进行了系统的分阶段部署。

在上海试点仓库部署 WMS，成功实施后在两年内将 WMS 部署到全国各地的物流中心。提高各地物流中心的操作效率、库存准确率，实现库存动态对总部和最终客户的透明。

部署 TMS 系统，实现对运输全过程的调度和跟踪，建立对外包承运商的绩效考核体系。

实施订单跟踪系统，建立面向客户服务的订单跟踪平台，使客户可以随时查询订单执行过程中的最新状态。实施 EDI 平台，建立与高端客户的 EDI 数据对接，实现与客户的高效业务协同。

以企业各个 RDC 为单元的系统，重点支持各 RDC 内的收货、上架、拣货、发货、库存管理等业务操作。其目的是有效地提高各 RDC 内的操作效率和库存准确度，实现仓库费用的自动结算。在主要业务环节中应用了条形码和 RF 等先进的技术手段。针对第三方物流业务的核心业务需求，系统在实施过程中重点关注了如下几方面的需求。

（1）多货主管理，通过一个 WMS 要能满足企业内几百个货主的个性化要求。

（2）网络化多仓（CDC/RDC/DC）管理。

（3）业务规则和业务流程可配置。

（4）透明和清晰的库存结构。

（5）灵活和精确的费用结算。

1. TMS：运输管理系统

通过对运输任务接收、调度、状态跟踪等过程来确定任务的执行状态，通过对应收应付的管理及运输任务所对应的收支的核算，统计分析出实际发生的费用和每笔业务的毛利润。在状态跟踪环节中集成了 GPS/GIS/GPRS 等技术。针对国内运输业务的现状，系统在实施过程中重点关注了如下几方面的需求。

（1）多种运输模式的支持。包括公路运输、铁路运输、水路运输、航空运输、短驳运输、多式联运、移库作业和提货作业等。

（2）灵活的订单分拆和分段功能。物流的核心业务就是资源整合，系统支持将一张订单进行横向分拆，或者纵向分拆，并把不同段的订单分配给不同的承运商进行运输作业。

（3）支持复杂的多方结算费率设置。提供多种费率因子设置和多种费用结算方式，同时根据业务需求提供承运商报价体系，为每个客户和承运方提供个性化费率和报价机制。

2. LogisticsMonitor

（1）物流数据中心（DataHub）。是指建立于企业总部的库存数据中，分布于各 RDC 内的库存及运输中的订单状态数据都集中于此，所有物流动态尽在总部的把握。

（2）监控（Alert）。消息预警系统，通过定义物流执行环节的各类事件，如安全库存警戒、延期送货等，当事件发生时，Alert 系统可以通过传真、短信或者 E-mail 发送消息给相关的事件关联人。

（3）集中基础数据/权限控制（MasterData）。企业级的基础数据设置，包括客户档案、产品代码、用户权限等，保证基础数据在企业内部（不同物流中心）的一致性和完整性。

3. Colaboration：EDI 电子数据交换平台

通过完全可配置的系统架构，满足客户与业务合作伙伴之间的 EDI 数据交互要求。针对不同业务伙伴的不同数据要求，可以通过简单的数据配置实现快速部署。

4. Portal

基于 Web 的在线库存分析工具和运单跟踪系统，使最终客户从不同的角度了解库存和订单运输的最新动态。

以上 5 个子系统构成了 KWE 完整的物流信息系统体系。通过 WMS 和 TMS 解决了第一线业务运作的问题，获得了准确的数据资源；通过 LogisticsMonitor 强化了总部的管理职能和调度职能；而通过 Collaboration 和 EDI 则实现了与供应链上下游企业特别是和最终客户的密切的业务协同，提供物流服务基础上的高附加值的信息服务，提高了服务品质和最终客户的满意度。

5. 项目实施中的要点及亮点

为了保障项目的成功实施，KWE 和 FLUX 在项目实施过程中除了关注 IT 技术本身，更多从如下几个角度进行了重点关注。

（1）流程重组。系统的成功实施有赖于建立一套标准规范的作业流程。在实施过程中，实施团队通过对各业务环节作业特点的认真分析，结合系统制定了统一的操作流程，并通过管理人员强有力的推进使流程得以贯彻实施。

（2）队伍建设。系统不但要成功上线，更重要的是要保证长久稳定的运行，为此需要一个拥有专业技能的实施和支持团队。实施过程中分别针对系统管理员、QA、系统操作员和现场操作人员进行严格和持续的培训。

（3）人员效率。实施系统的一个重要价值在于对于人员效率的提升。通过流程优化、数据自动处理、单据合理化设计、系统人性化设计等措施使管理人员从简单重复的劳动中解放出来，可以将更多精力放在加强管理和提升服务上。

6. 信息化提高 KWE 竞争力

KWE 通过信息系统的实施，显著提升了各物流中心的业务执行效率、库容使用效率，企业运营成本和管理成本大大缩减，同时 KWE 与客户及合作伙伴的业务协同能力显著提高，客户满意度和企业服务形象也得以提升。结合 KWE 领先的现代物流管理能力和市场意识，KWE 在国内的竞争力不断巩固和稳步提升。KWE 的经营模式、服务意识、先进的信息化水平都已成为第三方物流企业的标杆。

FLUX 在信息化实施过程中所提供的专业化高品质的产品和服务，赢得客户的高度赞誉。"作为 KWE 在 IT 领域的战略合作伙伴，FLUX 先进而实用的产品设计理念，不断创新的技术架构，可靠的服务品质为 KWE 在中国的高速业务成长提供了可靠的保障，FLUX 所提供的完整物流信息系统已经成为 KWE 为客户提供高品质服务的一个非常重要的平台。"KWE 中国副总经理/CIO 陈恺先生这样评价他们的合作伙伴。

案例思考题：阅读上面的材料，请思考 KWE 是如何实现高效物流绩效运作的。

参 考 文 献

[1] 严玉康，沈涛．物流企业会计．上海：立信会计出版社，2005.

[2] 傅桂林，袁水林．物流成本管理．北京：中国物资出版社，2007.

[3] 鲍新中．物流成本管理与控制．北京：电子工业出版社，2006.

[4] 黄由衡．物流成本管理理论及其应用．北京：中国物资出版社，2009.

[5] CONKINS GM．作业成本管理：成本会计制度的创新．谭军，等译．沈阳：辽宁人民出版社，2002.

[6] 宋华．物流成本与供应链绩效管理．北京：人民邮电出版社，2007.

[7] 傅锡原，高风琴．物流企业成本核算．北京：中国物资出版社，2006.

[8] 连桂兰．如何进行物流成本管理．北京：北京大学出版社，2004.

[9] 黄世一．物流成本核算与分析．北京：清华大学出版社，2009.

[10] 诊断师物流研究会．物流成本的分析与控制．宋华，曹莉，译．北京：电子工业出版社，2005.

[11] 顾熠．物流成本控制与优化．北京：中国物资出版社，2009.

[12] 陈良华．成本管理．北京：中信出版社，2006.

[13] 徐斌．绩效管理．北京：中国劳动社会保障出版社，2007.

[14] HARRISON A，HOEK R V．物流管理．张杰，译．北京：机械工业出版社，2001.

[15] 王之泰．物流工程研究．北京：首都经济贸易大学出版社，2003.

[16] 王华．企业物流成本控制研究．北京：北京大学出版社，2008.

[17] 王德敏．成本费用控制精细化管理全案．北京：人民邮电出版社，2009.

[18] 柯琼．成本会计．武汉：华中科技大学出版社，2009.